高等职业教育物流类专业系列教材

智慧仓配运营

主　编　覃　波　黄成菊

副主编　骆金鸿　资　葵　李　楠

参　编　谢　灿　郭梦莹　沈淼琼

机械工业出版社
CHINA MACHINE PRESS

本书以党的二十大精神为指引，落实立德树人根本任务，在编写过程中注重培养学生的劳动精神、奋斗精神、奉献精神、创造精神、勤俭节约精神；以“智慧入库：货物入库作业”和“智慧出库：货物出库作业”为教学情境，细分为8个项目，共计16个教学任务；以任务为教学载体，并按照“学习目标—作业标准—任务准备—任务派发—知识储备—任务实施—任务评价—总结与反思—任务巩固”进行模块化编排，强调“知行合一”。本书重视学生的职业精神、工匠精神的培养，以期落实培养学生成为德智体美劳全面发展的社会主义建设者和接班人的目标。

本书主要针对中、高职院校及应用型本科物流管理类专业开发，也适宜作为仓配管理初中级岗位员工的培训用书。

图书在版编目（CIP）数据

智慧仓配运营 / 覃波，黄成菊主编. —北京：机械工业出版社，2023.12（2025.4 重印）
高等职业教育物流类专业系列教材
ISBN 978-7-111-74474-0

Ⅰ. ①智… Ⅱ. ①覃… ②黄… Ⅲ. ①智能技术—应用—仓库管理—高等职业教育—教材 ②智能技术—应用—物流管理—高等职业教育—教材
Ⅳ. ① F25-39

中国国家版本馆 CIP 数据核字（2023）第 248754 号

机械工业出版社（北京市百万庄大街 22 号 邮政编码 100037）
策划编辑：乔 晨　　责任编辑：乔 晨 张美杰
责任校对：高凯月 张昕妍　　封面设计：王 旭
责任印制：郜 敏
中煤（北京）印务有限公司印刷
2025 年 4 月第 1 版第 3 次印刷
184mm×260mm · 15 印张 · 260 千字
标准书号：ISBN 978-7-111-74474-0
定价：49.50 元

电话服务　　网络服务
客服电话：010-88361066　　机 工 官 网：www.cmpbook.com
010-88379833　　机 工 官 博：weibo.com/cmp1952
010-68326294　　金 书 网：www.golden-book.com
封底无防伪标均为盗版　　机工教育服务网：www.cmpedu.com

前言

Foreword

近年来，现代物流业发展迅猛，给人们的生活带来了便利。可视化设备、网络传输技术以及自动智能化设备等技术逐步成熟和完善，并在物流领域不断推广应用，在很大程度上改变了传统物流的仓储与配送作业流程以及管理模式，并对仓配作业提出了低成本、低错损、高效率、高速度的要求。在数字经济时代，建立智能化的物流仓配作业体系，实现高效精准的出入库作业，使其适应社会发展需求，已成为现代物流业进一步发展的重点方向。

本书以两个模块“智慧入库：货物入库作业”和“智慧出库：货物出库作业”为教学情境，将其细分 8 个项目，共计 16 个教学任务；以任务为教学载体，并按照“学习目标—作业标准—任务准备—任务派发—知识储备—任务实施—任务评价—总结与反思—任务巩固”进行模块化编排，强调“知行合一”。

本书具有以下特点：

（1）在编写过程中体现“校企双元、数字化资源、以学生为中心、核心素养、学生评价”新型教材的特点，丰富了工作过程中需要的指导性信息，尽量删减了工作中不需要的传统、陈旧的理解记忆性知识。

（2）将“静态”教材转变为身心一体手册式的“动态”教材，让教师拥有从“传授”教学转为“引导”教学的工具，使“教材”转变为“学材”，潜移默化地培养学生的信息素养、职业素养，实现立德树人的教学目标。

（3）以注重学生的职业能力培养为核心，以物流服务师职业素养提升为目标，对接职业标准和工作岗位，以项目情境为载体开发的 16 个教学任务可实施、可评价、可训练。

（4）注重实践反馈，本书以货品的入库及出库运作过程为教学内容，在每个教学任务中都有配套的二维码教学资源，能有效引导学生进行任务训练，并在每个任务后都设置了相应的技能训练，有利于培养学生的动手能力和处理问题的能力。

本书由湖南电气职业技术学院覃波、黄成菊担任主编，湖南环境生物职业技术学院骆金鸿、湖南高速铁路职业技术学院资葵、湖南财经工业职业技术学院李楠担任副主编，湖南电气职业技术学院谢灿、郭梦莹、沈淼琼参与编写。覃波编写模块一项目一的任务一、项目四的任务一和任务二；黄成菊编写模块一项目一的任务二、项目二的任务一；骆金鸿编写模块一项目五的任务一和模块二项目六的任务一；资葵编写模块一项目五的任务二和模块二项目七的任务一，李楠编写模块二项目六的任务二和项目八的任务二，谢灿编写模块一项目二的任务二和项目三，郭梦莹编写模块一项目五的任务三、模块二项目七的任务二，沈淼琼编写模块二项目八的任务一。覃波负责全书审稿、修改和定稿。

本书在编写过程中得到了编者单位领导的大力支持，也得到了机械工业出版社和相关编辑的指导，同时还参考和借鉴了国内外许多专家学者的研究成果，以中诺思科技有限公司的教学软件为基础平台，在此对他们表示衷心的感谢。

本书配有电子课件等教师用配套教学资源，凡使用本书的教师均可登录机械工业出版社教育服务网 www.cmpedu.com 下载。咨询可致电：010-88379375，服务 QQ：945379158。

由于编者水平有限，书中难免存在不妥之处，敬请广大读者批评指正。

编　者

二维码索引

QR Code

（续）

序号	名　称	二维码	页码	序号	名　称	二维码	页码
17	叉车操作找茬		87	25	订单处理示范		176
18	入托		87	26	RF 拣选		181
19	起叉		88	27	审批		182
20	行走		88	28	电子标签拣选示范		195
21	摆放		88	29	台车系统操作示范		196
22	RF 上架		99	30	重型散货拣选示范		197
23	堆高车上架		101	31	阁楼 RF 操作示范		198
24	订单录入示范		175	32	装车示范		224

目 录

Contents

模块一

智慧入库：货物入库作业

项目背景资料

2023年3月20日，A公司物流仓配中心接到了一张入库通知，有一批万事通达商贸有限公司的货物将委托云通物流服务有限公司运输到仓配中心进行入库储存，入库通知单如下：

入库通知单

A公司物流仓配中心：

根据贵我双方签署的仓储合同，我公司现有一批货物委托云通物流服务有限公司运送至贵处进行储存，请安排接收，入库货物明细如下表所示，请在2023年3月21日前完成入库，联系人：刘飞，电话：021-8987××××

上海万事通达商贸有限公司

2023年3月20日

货物明细表

序号	货物编号	商品名称	商品条码	包装规格（mm）（长×宽×高）	重量/箱（kg）	数量（箱）	批次
1	S012	康师傅牛肉面（400g）	6901897445634	390×250×265	4	36	0321
2	J018	长城干红葡萄酒（500mL）	6925860563490	330×245×235	20	42	0318

仓配中心仓管员李遥在接到入库通知单后，向仓配中心主管张芒进行汇报，张主管安排李遥协同另外两位仓管员马来和李小白共同完成。李遥根据最新的职业标准和公司的岗位要求，将该批货物入库作业进行了任务分解。他们要在规定的时间内进行合理的分工协作。该批货物按照仓配中心要求，既要完成在仓库的实物入库，放到指定的仓位上，也要在仓储管理系统（WMS）中完成入库，在信息系统中能够及时地查询及确认。工作任务分解图和仓库食品区01货架仓位储存信息如下：

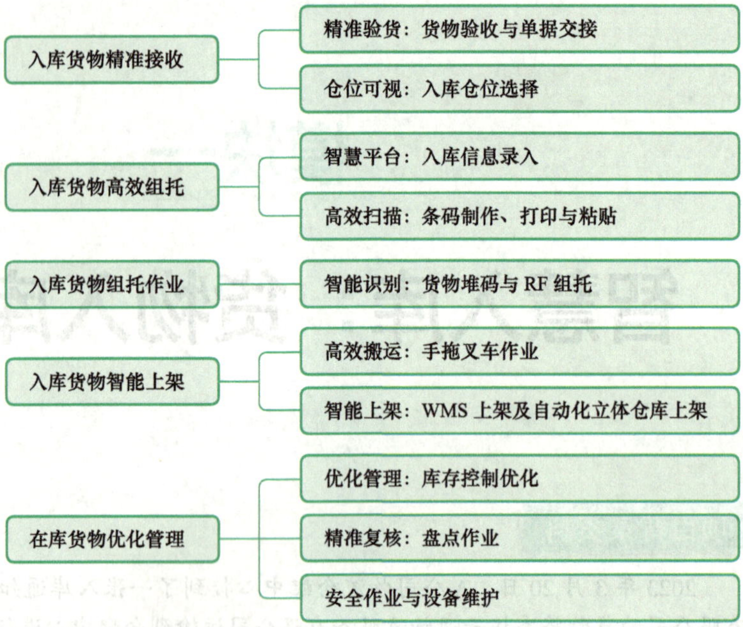

工作任务分解图

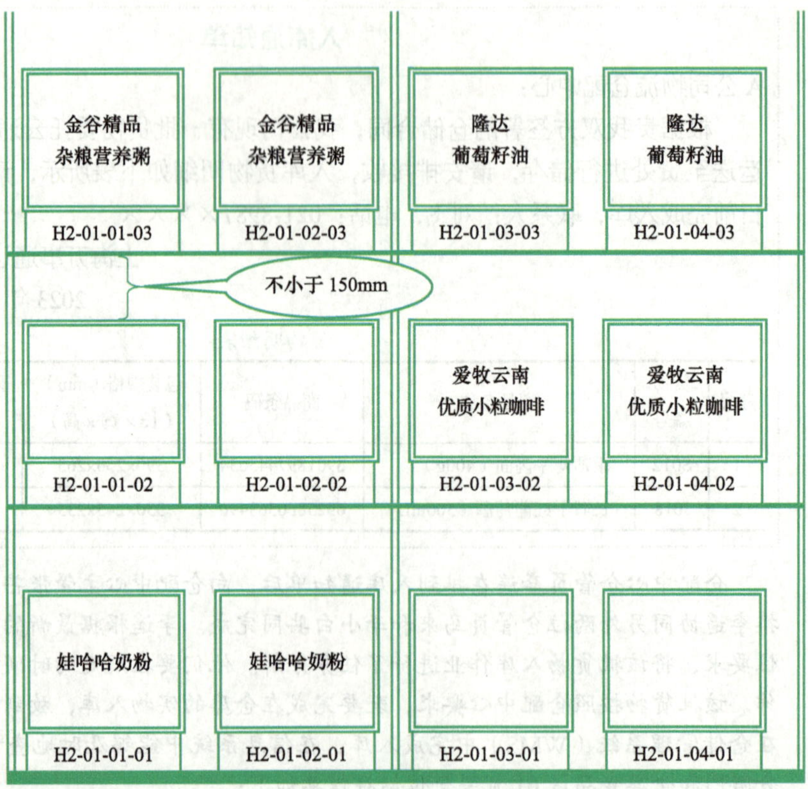

01 货架仓位储存信息图

项目一
入库货物精准接收

任务一　精准验货：货物验收与单据交接

学习目标

1．了解仓储与配送管理职业标准、岗位要求以及职业素养要求。

2．能够编制入库作业计划、完成验收前准备工作。

3．能够正确制作、填签货物运输单。

4．能够对拟入库货物进行正确的检验与核对。

作业标准

1．任务标准：任务评分表得分 80 分以上。

2．任务限时：10 分钟 / 人。

3．职业素养：填写细致、动作规范、操作安全、现场 6S 作业。

任务准备

一、职业标准中的技能要求

（1）职业名称：物流服务师。

（2）职业编码：4-02-06-03。

（3）职业定义：在生产、流通和服务领域中，从事物品采购、货运代理、物流信息服务，并组织进行仓储运输、配送包装、装卸搬运、流通加工等工作的人员。

（4）职业技能等级：本职业共设三个等级，分别为三级 / 高级工、二级 / 技师、一级 / 高级技师。

（5）颁布时间：2020 年 10 月 29 日。

二级物流服务师仓储与配送管理技能要求和知识要求

（6）颁布部门：人力资源社会保障部办公厅。

（7）职业技能要求：不同的职业技能等级有不同的职业技能要求，其中三级物流服务师职业功能 5 项，对接工作内容 10 项；二级物流服务师职业功能 6 项，对接工作内容 12 项；一级物流服务师职业功能 4 项，对接工作内容 9 项。职业标准中明确了三级和二级物流服务师仓储与配送管理的技能要求和知识要求。表 1-1 为三级物流服务师仓储与配送管理技能要求和知识要求，左侧二维码对应的是二级物流服务师仓储与配送管理技能要求和知识要求。

表 1-1　三级物流服务师仓储与配送管理技能要求和知识要求

职业功能	工作内容	技能要求	知识要求
1. 仓储与配送管理	1.1 仓储与配送作业管理	1.1.1 能编制仓储与配送作业计划 1.1.2 能组织资源实施仓储与配送作业计划 1.1.3 能处理仓储与配送作业中爆仓、货差、货损、设备故障等异常情况 1.1.4 能实施仓储与配送作业绩效考核 1.1.5 能制定防火防汛日常安全管理规范并及时处理安全隐患 1.1.6 能组织仓储与配送作业安全演练及培训	1.1.1 仓储与配送作业计划编制方法 1.1.2 仓储与配送作业计划实施流程 1.1.3 仓储与配送作业异常情况处理流程 1.1.4 仓储与配送作业绩效考核方法 1.1.5 防火防汛安全检查规范 1.1.6 仓储与配送安全作业规范
	1.2 仓储与配送作业质量管理	1.2.1 能对仓储与配送作业质量进行控制 1.2.2 能对仓储与配送作业质量问题进行责任界定 1.2.3 能分析仓储与配送作业质量偏差原因并制定改进措施	1.2.1 仓储与配送作业质量控制基本方法 1.2.2 仓储与配送作业质量控制内容 1.2.3 仓储与配送作业质量问题处理流程

从三级物流服务师职业标准中可以看出，仓配管理的工作内容有两大项：一是仓储与配送作业管理，涵盖编制仓储与配送作业计划，组织资源实施仓储与配送作业计划，处理仓储与配送作业中爆仓、货差、货损、设备故障等异常情况，实施仓储与配送作业绩效考核，制定安全管理规范以及组织安全演练与培训六个方面的技能要求。二是仓储与配送作业质量管理，涵盖仓储与配送作业质量控制、责任界定及改进措施三个方面的技能要求。

三级物流服务师在三个职业等级中对于仓储与配送管理的技能要求占比最高，达到 35%，二级物流服务师是 30%，一级物流服务师更侧重于规划方面，对于低层次的操作技能没做具体要求。具体如表 1-2 所示。

表 1-2 仓储与配送管理技能要求权重表

项目		技能等级		
		三级 / 高级工（%）	二级 / 技师（%）	一级 / 高级技师（%）
技能要求	仓储与配送管理	35	30	—

货物验收与单据交接的任务将涉及仓储与配送作业管理中的编制仓储与配送作业计划，组织资源实施仓储与配送作业计划，处理仓储与配送作业中爆仓、货差、货损、设备故障等异常情况，以及仓储与配送作业质量管理中的仓储与配送作业质量控制、责任界定这些技能。

二、工作岗位职责要求

云通物流服务有限公司仓管员岗位职责如表 1-3 所示。

表 1-3 云通物流服务有限公司仓管员岗位职责

企业名称	岗位名称	职责要求
云通物流服务有限公司	仓管员	1. 遵守公司各项规章制度和管理要求 2. 根据公司的有关规定和要求，有效地检验到货物品，必须符合公司要求的质量标准 3. 按照采购单中的内容和数量，办理验收手续 4. 验货时如发现数量差错、质量不符合要求，应拒绝收货并及时报告主管 5. 办理验收手续后，应及时通知有关部门取货 6. 填制每日收货汇总表 7. 协助采购部经理，跟踪和催收应到而未到的物品 8. 有条理地做好采购单的存档工作 9. 完成上级下达的其他工作任务 10. 积极提出改进工作的设想，协助领导做好本部门的工作

从云通物流服务有限公司仓管员岗位职责上看，仓管员作为基层岗位，更侧重仓配作业的组织实施，对于货物入库时的验收做出了四点具体的要求，见表 1-3 中的“2、3、4、5”点。

仓配作业管理可以分为入库作业管理、在库作业管理以及出库作业管理三大部分，货物验收与单据交接作为入库作业的第一步，是非常重要的一步，该环节的疏忽大意将为企业带来非常大的麻烦，在任务实施环节，请务必按流程规范作业。

任务派发

2023 年 3 月 20 日，A 公司的仓配中心收到万事通达商贸有限公司发出的入库通知单（如表 1-4 所示），货物由云通物流服务有限公司承运，要求 2023 年 3 月 21 日前完成货物入库。请编制货物入库计划，填签货物运输单，并按职业标准的要求完成验收和交接作业，形成良好的职业素养。

表 1-4　入库通知单

序号	货物编号	商品名称	商品条码	包装规格（长×宽×高）	每箱重量 /kg	数量 / 箱	批次
1	S012	康师傅牛肉面（400g）	6901897445634	390mm×250mm×265mm	4	36	0321
2	J018	长城干红葡萄酒（500mL）	6925860563490	330mm×245mm×235mm	20	42	0318

一、作业要求

（1）完成入库申请判定。

（2）编制入库作业计划。

（3）实施入库作业准备。

（4）完成运输单制作并打印。

（5）审核运输单，正确点检货物，完成货物验收。

（6）运输单填签与交接。

（7）正确处理验收异常货物。

二、实施条件

基本实施条件如表 1-5 所示。

表 1-5　基本实施条件

项目	基本实施条件	备注
场地	仓库 1 个，面积不小于 200m^2，要求照明通风良好	必备
设备	激光打印机 1 台、仓储管理系统（WMS）1 套、计算机 10 台	必备
工具	1 200mm×1 000mm×144mm 托盘 2 个、货物纸箱 80 个以上	根据需求选备

货物验收与单据交接任务的实施需要的设备和工具：激光打印机、WMS（Warehouse Management System，仓储管理系统）、纸箱和托盘，如图 1-1 所示。

a）

b）

图 1-1　设备与工具图示

a）激光打印机　b）WMS

c）　　　　　　　d）

图 1-1　设备与工具图示（续）

c）纸箱　d）托盘

知识储备

一、入库申请

入库申请是生成作业计划的基础和依据，是存货人（供应商）对仓储服务产生需求，并向仓储企业发出需求通知，仓储企业接到申请后，对此项业务进行评估并结合仓储企业自身业务状况做出反应：或拒绝该项业务，并做出合理解释，以求客户谅解；或接受此项业务，制订入库作业计划，并分别传递给存货人和仓储部门，做好各项准备工作。入库申请流程如图 1-2 所示。

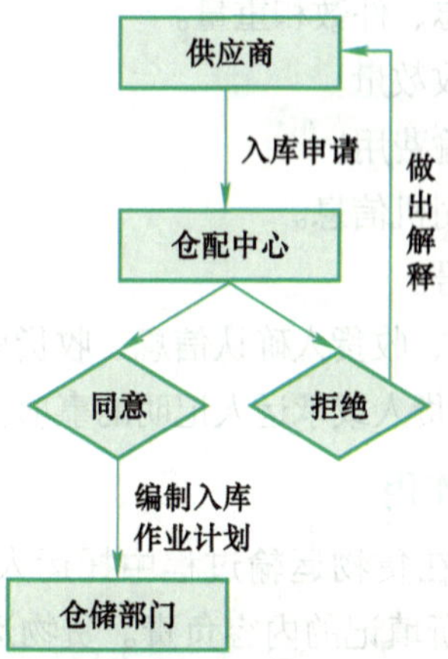

图 1-2　入库申请流程

二、入库作业计划

入库作业计划是存货人发货和仓库部门进行入库前准备的依据，是指仓库部门在接受货物之前根据本部门和存货人等内外部实际情况，权衡存货人的需求和仓库存储的可能性，通过科学分析入库货物的品种、规格、数量、包装状态、包装体积、到货时间、货物存期、货物理化特性和保管要求以及仓库存储能力、设备条件，编制货物入库作业计划，并将作业计划下达到各相应的作业人员。入库作业计划的作用如下：

（1）了解货物入库的时间、数量、包装形式、规格。

入库作业计划影响因素

思考：

请结合上述知识，谈谈影响入库作业计划的因素有哪些。

（2）计划货物所需占用的仓容大小。

（3）预测车辆到达的时间及送货车型。

（4）为了方便装卸搬运，计划车辆的停放位置。

（5）计划货物的临时存放地点。

（6）确定入库作业的相关部门。

三、货物运输单

1．货物运输单的内容

货物运输单是货物运输及运输代理的合同凭证，是运输经营者接受货物并在运输期间负责保管和据以交付的凭据，也是记录车辆运行和行业统计的原始凭证。货物运输单一般包括以下内容：

（1）订单号、运单号。

（2）托运人、收货人名称及其详细地址、联系电话。

（3）发出地址、装车时间。

（4）货物名称、批次。

（5）货物包装、标志、件数和重量。

（6）应收数量与实收数量。

（7）运到期限、运输费用。

（8）提货人信息、司机信息。

（9）货车类型及车号。

（10）实际收货时间、收货人确认信息、收货单位确认信息。

（11）其他需要由收货人或承运人记明的事项。

2．货物运输单的作用

货物运输单规定了在货物运输过程中托运人、承运人和收货人的权利、义务和责任，并对所填记的内容负责。货物运输单既是货物运输的原始凭证，又是划清承运人与托运人、收货人之间责任的重要依据，因此，货物在运输过程中，如果发生货运事故或货物损失，货物运输单就可以用来划分承运人与托运人、收货人之间的责任。

3．货物运输单示例

货物运输单的形式各个企业都不尽相同，但是所涵盖的信息大同小异，表1-6为货物运输单示例。表中所包含的信息比较全，在企业实际作业过程中，一般不需要每个项目都填全，但是有些信息必不可少，必须要填的项目有订单号、运单号、收货单位、发出仓库、产品名称、订单数量、实发、实收、实际收货时间、收货人签名等。

表 1-6　货物运输单

订单号：　　　　　　　　　　　　运单号：
收货单位：　　　　收货联系人：　　　　发出仓库：
收货地址：　　　　联系电话：　　　　计划装车时间：

产品名称	产品单位	等级	订单数量	单位体积	实发	实收	备注

要求送达时间　　　　提货人签名：　　　　实际收货时间：
提货车牌号：　　　　运输单位盖章：　　　　收货人签名：
司机身份证号：　　　　发货单位盖章：　　　　收货单位盖章：

订单号表明该批货物从存货人发出的订单批次，按照企业内部编号顺序填写，大部分企业采用日期顺序的方式填写，运输司机携带的货物运输单上通常已经打印好了订单号。

运单号表明运输企业运送的批次，按运输企业内部编号顺序填写。

四、货物入库验收

货物入库验收是指仓库在货物正式入库前，按照一定的程序和手续，对到库货物进行数量和外观质量等方面的检查，以验证它是否符合入库规定的一项工作，图 1-3 为待入库货物。

图 1-3　待入库货物图示

1．货物入库验收的作用

通过货物入库验收不仅可以防止仓储企业遭受经济损失，而且可以监督存货人和承运商，是产品进入生产或消费领域前进行的一道重要的检验程序。具体表现为：

（1）入库验收可为货物保管和使用提供可靠的保障。

（2）验收记录是退货、换货的依据。

（3）验收是存在货损货差的情况下，区分仓储企业、运输企业以及存货人责任的重要手段。

2. 货物入库验收和交接流程

仓储员接到入库通知单，同意入库申请之后，开始制订入库作业计划。最开始要进行货物入库验收与单据交接工作，货物入库验收和单据交接可以分为四个阶段，分别是验收准备阶段、核对单据阶段、实物查验阶段、单据与货物交接阶段；最后才能进行入库信息登记。图 1-4 为货物验收和交接基本流程图。

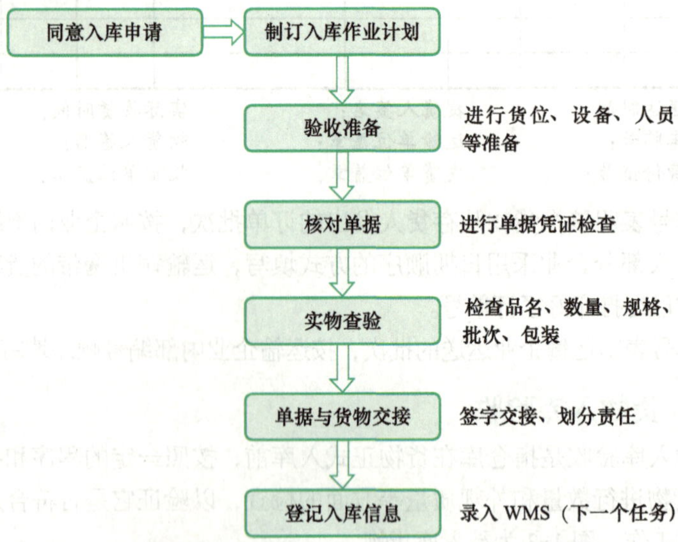

图 1-4　货物验收和交接基本流程

验收准备

（1）验收准备阶段。仓库接到到货通知后，应根据货物的性质和批量提前做好验收前的准备工作，掌握货物到达时间，提前准备好接运工具，具体包括以下内容：

1）人员准备。安排好负责质量验收的技术人员以及配合数量验收的装卸与搬运人员。

2）资料准备。收集并熟悉待验货物的有关文件，如技术标准等。

3）器具准备。准备好验收用的检验工具，并校验准确，如量具等。

4）货位准备。针对到库货物的性质、特点和数量，确定货物的存放地点和保管方法，其中要为可能出现的不合格货物预留存放地点。有仓储管理系统（WMS）的仓库，可以直接在 WMS 中查询空余仓位；没有 WMS 的小型仓库，仓储员必须现场查看仓位。

5）设备准备。大批量货物的数量验收，必须要有装卸与搬运机械的配合，应做好设备的申请调用。

（2）核对单据阶段。货物验收必须在各种单据和资料齐全的条件下进行，入库货物一般需要具备以下单据：

1）入库通知单或订货合同。

2）存货人提供验收凭证，包括发票、材质证明书、装箱单、磅码单、发货明细表等。

3）检查包装上是否贴有物料标签，标签内容是否齐全。

4）承运商提供的货物运输单。仓储员验收时需审核货物运输单，核对货物与单据反映的信息是否相符。若货物在入库前发现存在残损情况，还要有承运部门提供的货运记录或普通记录，作为向责任方交涉的依据。

核对单据

（3）实物查验阶段。实物查验就是根据入库单和有关技术资料对实物进行数量和质量检验。一般情况下，或者合同没有约定检验事项时，仓库仅对货物的品种、规格、数量、外包装状况，以及无须开箱、拆捆而可以直观可见可辨的外观质量情况进行检验。

在进行实物查验之前，必须要对待验货物进行理货处理，使其平整、有序、干净；应该做到每层数量一致，标签朝外，以便于清点和查验（具体的检查核对内容见下面的“货物入库验收的内容”）。

（4）单据与货物交接阶段。接货员与送货人员办理交接手续，如果验收没有异常情况出现，收货员接收货物，同时在货物运输单上签字盖章。如果在验收中有异常情况出现，必须在货物运输单上详细注明并由送货人员签字，这将作为事后处理的依据。

（5）入库信息登记。在 WMS 中，录入经过点检和查验的货物信息，包括存货人名称、日期、订单号、货物名称、数量等，形成入库作业单，这将是进行货物入库作业的凭证。

3．货物入库验收的内容

货物入库验收有“五注意”：品名、数量、规格、批次和包装，这是货物验收的重点内容。仓储员在对商品进行初步清点的基础上，按储放地点、包装标志进行分类并做出标记，然后根据货物运输单据的信息，对商品进行清理验收。

（1）品名。对商品名称的检查。有些货物从外包装上看一模一样，如不能细致检查商品名称，就会造成账实不一致，如“康师傅红烧牛肉面”和“康师傅爆椒牛肉面”，两者根本不是同一种商品，如果要入库“康师傅红烧牛肉面”20 箱，其中有 2 箱“康师傅爆椒牛肉面”，仓储员在验收环节不能检验出来，就是验收失误。

（2）数量。数量检验是保证货物数量准确的重点步骤，对于数量的清点，一定要在初步理货之后进行，否则极易点错数量，既浪费了时间，影响效率，还容易造成失误。

按货物性质和包装情况，数量检验主要有计件、检斤、检尺、求积等形式。在进行数量验收时，必须采用与存货人一致的计量方法。一般情况下，计件货物应全部逐一点清，对于固定件数包装的货物，如果包装完好，打开包装则不利于以后进行保管，所以国内货物一般只检查外包装，不拆包检查。按重量供货的应全部检斤，按理论重量供货的应全部检尺，然后换算为重量，以实际检验结果的数量为实收数。对于大批量、同包装、同规格、较难损坏的货物，质量较高、可信赖的，可以采用抽验的方式检验。

（3）规格。对于规格的查验，主要检查标签上的规格与货物运输单的规格是否一致，有的商品外包装箱相同，但是规格不同，价格也相差很大。如华为手机的“Mate 40”和“Mate 40 pro”，两者外包装箱基本一致，若不仔细核对，将两者混淆在一起，就容易造成验收错误。

（4）批次。有的商品外包装上会标有批次，运输单上面如有批次显示，在验收的时候则要重点检验批次是否一致，如“20230301”的批次和“20230307”的批次就不同，两者分别表示的是2023年3月1日生产和2023年3月7日生产的商品，因为数字十分相近，很容易看错。

（5）包装。如果前面的环节都没有异常，就进入包装检验环节。如果包装出现破损、水湿、渗漏、污染、二次封箱等异常情况，则需要重点检验，如果不能确定包装箱内的商品是否受损，该箱货物则不应入库，应当作待处理的异常货物分开存放，报请仓库主管处理，后续视情况开箱查验，或者做退货处理，但必须在货物运输单上做好记录，以便区分责任。

五、货物入库验收问题的处理

在货物入库验收过程中，如果发现货物数量或质量有问题，应该严格按照有关制度进行处理。

（1）承运部门造成的货物数量短缺、外观破损，填写货物运输单时须注明并签字，分清责任。

（2）必要的单据不齐的，应将货物置于待处理隔离区域，并做相应的标记，待单据齐全后再进行验收。

（3）当规格、品质、包装不符合要求或发生错发时，应先将合格品验收，并将不合格货物置于待处理隔离区域，做相应的标记，并应及时通知货主，以便尽快处理。

任务实施

一、审核入库申请

李遥在接到入库通知单后，查看了当前仓位储存情况，并对近期入库的货物进行了整理，发现食品区 01 货架还有四个仓位可供万事通达商贸有限公司储存这批货物，因此，他向仓储主管张芒汇报情况后，张主管审批了该批货物的入库申请。

二、编制入库作业计划

李遥准备编制入库作业计划，他先是和云通物流服务有限公司联系，得知该批货物预计会在 2023 年 3 月 21 日上午 10 点左右到达 A 公司仓配中心，而后对该批货物的外包装尺寸进行简单核算：

托盘尺寸：1 000mm×1 200mm，货架层高 1 200mm。

1．康师傅牛肉面（400g）

（1）尺寸及数量：390mm×250mm×265mm，箱数 36 箱。

（2）托盘每层可放康师傅牛肉面箱数估算：（1 000mm×1 200mm）÷（390mm×250mm）=12.3，约为 12 箱。

（3）需要放三层，三层总高度：265mm×3=795mm，795mm+150mm=945mm<1 200mm（注：150 为货架顶部必须保留的空间，见项目背景资料“01 货架仓位储存信息图”）。

（4）结论：36 箱康师傅牛肉面（400g）只需要一个货架仓位进行储存。

2．长城干红葡萄酒（500mL）

（1）尺寸及数量：330mm×245mm×235mm，箱数 42 箱。

（2）托盘每层可放康师傅牛肉面箱数估算：（1 000mm×1 200mm）÷（330mm×245mm）=14.8，约为 14 箱。

（3）需要放三层，三层总高度：235mm×3=705mm，705mm+150mm=855mm<1 200mm。

（4）结论：42 箱长城干红葡萄酒（500mL）只需要一个货架仓位进行储存。

入库作业计划如表 1–7 所示。

表 1–7　入库作业计划

序号	货品名称	供应商	入库时间	入库货架	仓位数	设备安排	接运搬运人员	验收人员	责任人
1	康师傅牛肉面（400g）	万事通达商贸	3 月 21 日 10:00	01 架	1	托盘 2 个、地牛 1 台、堆高车 1 台	马来	李小白	李遥
2	长城干红葡萄酒（500mL）	万事通达商贸	3 月 21 日 10:00	01 架	1				

三、制作与打印货物运输单

货物运输单的形式每家企业可能都不一样，但是基本的信息都必须要有，根据前面的样例，熟练制作单据相关内容。

（1）打开 Word。

（2）进行货物运输单表头和表格的制作，如表 1-8 所示。

表 1-8　货物运输单

订单号：　　　　　　　　　　　　　　　　　　　　运单号：

收货单位：A 公司物流仓配中心　收货联系人：李遥　发出仓库：

收货地址：　　　　　　　　　　　联系电话：　　　计划装车时间：

产品名称	产品单位	等级	订单数量	单位体积	实发	实收	备注
康师傅牛肉面（400g）	箱		36	390mm×250mm×265mm	36		
长城干红葡萄酒（500mL）	箱		42	330mm×245mm×235mm	42		

要求送达时间：　　　　　　提货人签名：　　　　　　实际收货时间：

提货车牌号：　　　　　　　运输单位盖章：　　　　　收货人签名：

司机身份证号：　　　　　　发货单位盖章：　　　　　收货单位盖章：

（3）连接激光打印机进行打印，如图 1-5 所示。

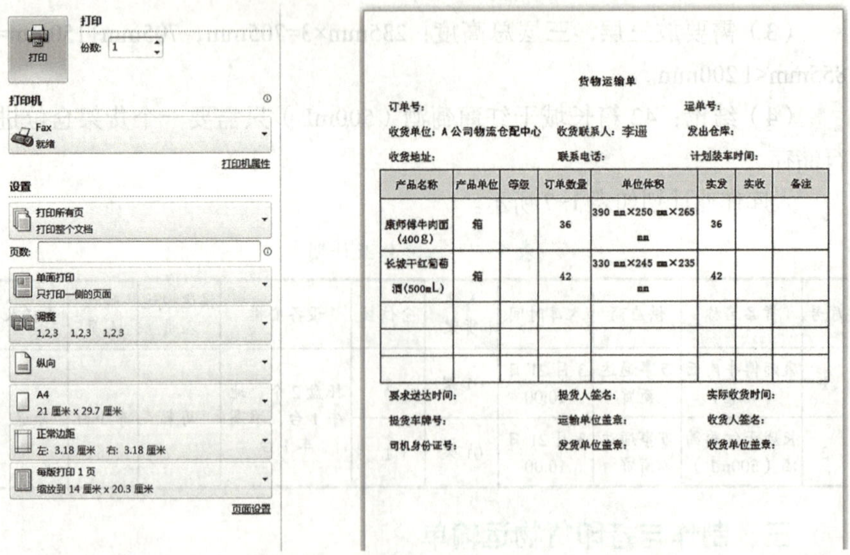

图 1-5　货物运输单打印图示

四、验收货物

对卸放在仓库入口的货物进行“五注意”验收。

（1）清理货物，初步理货，将货物整齐地摆放成两堆，每层数量一致，做到平整、有序，理货是为接下来准确、迅速地验收做准备（如图 1-6 所示）。

图 1-6　理货图示

（2）检查货物名称、规格、数量、批次及外包装。

1）仔细核对货物的名称，是否全部是“康师傅牛肉面”和“长城干红葡萄酒”，特别值得注意的是，“长城干红葡萄酒五星”和“长城干红葡萄酒四星”并不是同一种货物，若有不对的货物请找出来，放入待处理区。

2）仔细核对两类货物的规格，“康师傅牛肉面”的规格应全是 400g，“长城干红葡萄酒”规格应全是 500mL，若有不同规格的商品混在其中，则应找出来，放入待处理区。

3）仔细核对货物数量，一般按从上到下或从下到上的顺序逐层清点，因为在验收前已经进行过理货，因此每层的数量应该是一致的（如有尾数，尾数一般会放在最上层）。

4）仔细核对货物批次，“康师傅牛肉面”的批次应全是“0321”，“长城干红葡萄酒”的批次应全是“0318”，若有不一样的批次混入其中，则应找出来，放入待处理区。

5）外包装重点检验以下三个方面。

① 外包装箱是否有破损。外包装破损有可能是受到外力撞击造成的，那么箱内的货物有可能会被损坏，因此应将其找出来，放入待处理区。

② 是否有水渍。外包装箱有水渍有可能对箱内货物造成损坏，特别是电子产品，或者需要防潮防锈的物品，若有，应将其找出来放入待处理区。

③ 是否二次封箱。二次封箱是指封箱胶带有拆过的痕迹，是重新封贴

上去的。胶带被拆过，箱内的货物就有可能被调包，因此，看到二次封箱的外包装一定要找出来，放在待处理区，有需要时可以拆箱检查，没把握的情况可以拒绝入库。

图 1-7 为外包装箱检查图示。

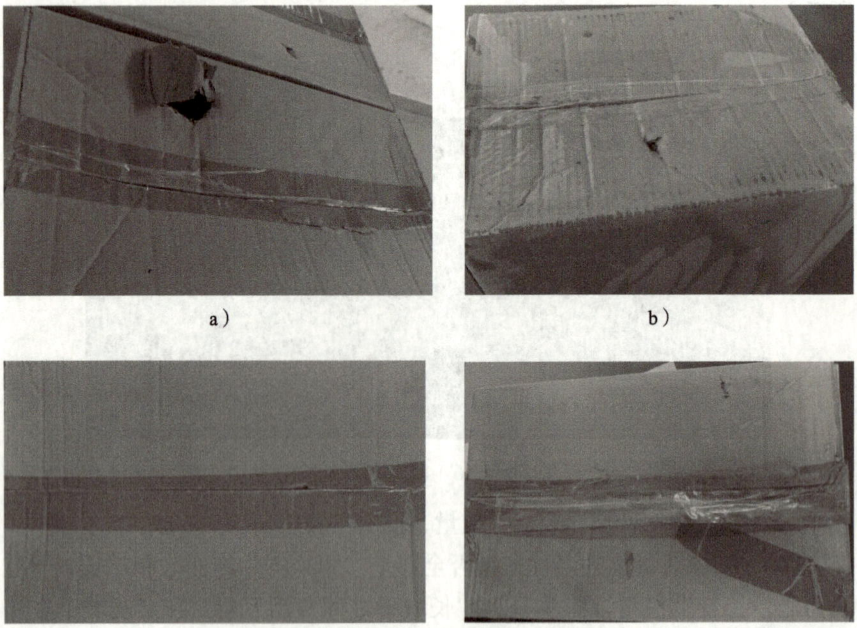

a） b） c） d）

图 1-7 外包装箱检查图示

a）外包装破损 b）外包装有水渍 c）正常胶带封箱 d）二次胶带封箱

五、填签货物运输单

具体要分验收无异常和验收有异常两种情况来分别填签。

1. 验收无异常

验收过程中待入库商品无异常，填签结果如图 1-8 所示，带“*”的信息为必填项。

（1）订单号有各种不同的编号方式，一般采用先日期再序号的方式编码，如 2023 年 3 月 21 日的第 1 单，可以编写成“2023032101”。还有许多其他的编写方式，只要符合一定的规律，存货人和企业内容能通用就行。

（2）运单号是运输企业填制的，一般采用“字母 + 序号”的方式来编码，如“HD000001”。

（3）根据任务单，发出仓库是万事通达商贸有限公司，收货单位是仓配中心。

（4）实收是填写的重点，一般出现变化的地方也在这里。如果验收没有异常，那么实收和实发填写数量一致，如果验收有异常，那么实收的数量一般小于实发的数量。

货物运输单

*订 单 号：2023032101　　　　　　　　　　　　*运 单 号：HD000001
*收货单位：仓配中心　　*收货联系人：李小白　　*发出仓库：万事通达商贸
收货地址：　　　　　　联系电话：　　　　　　计划装车时间：

*产品名称	产品单位	等级	*订单数量	单位体积	*实发	*实收	备注
康师傅牛肉面（400g）	箱		36		36	36	/
长城干红葡萄酒（500mL）	箱		42		42	42	/

要求送达时间：　　　　提货人签名：　　　　*实际收货时间：2023.3.21
提货车牌号：　　　　运输单位盖章：　　　　*收货人签名：李小白
司机身份证号：　　　　发货单位盖章：　　　　收货单位盖章：

图 1-8　验收正常的货物运输单填签

2. 验收有异常

验收过程中待入库商品有异常，如长城干红葡萄酒数量短缺 2 箱，填签结果如图 1-9 所示，带“*”的信息为必填项。

货物运输单

*订 单 号：2023032101　　　　　　　　　　　　*运 单 号：HD000001
*收货单位：仓配中心　　*收货联系人：李小白　　*发出仓库：万事通达商贸
收货地址：　　　　　　联系电话：　　　　　　计划装车时间：

*产品名称	产品单位	等级	*订单数量	单位体积	*实发	*实收	备注
康师傅牛肉面（400g）	箱		36		36	36	
长城干红葡萄酒（500mL）	箱		42		42	40	短缺 2 箱

要求送达时间：　　　　提货人签名：　　　　*实际收货时间：2023.3.21
提货车牌号：　　　　运输单位盖章：　　　　*收货人签名：李小白
司机身份证号：　　　　发货单位盖章：　　　　收货单位盖章：

图 1-9　验收异常的货物运输单填签

六、交接货运单据

将填签好的货物运输单和运输司机一同确定好之后，一份交给运输司机带走，一份仓库留存备查。单据交接意味着责任和风险转移，单据交接前的责任和风险都由存货人万事通达商贸有限公司和运输企业云通物流来承担，单据交接后的责任和风险由仓配中心来承担。若是货损货差的情况在单据交接前没有被确认，那么一般来讲，事后的损失只能由仓配中心负责。

思考：

在货物验收与交接过程中，你作为仓储员，实物验收环节发现货物实物的数量比货物运输单上的数量要少，那么实收的数量按实际情况填写就可以，比如实发数量显示36，验收只点检出34，那么实收填34就行了，但是如果发现货物实物的数量比货物运输单上的数量多了2件，实收填38可以吗？为什么？请大家思考。

职业素养 敬业

敬业是从业者基于对职业的敬畏和热爱而产生的一种全身心投入的认认真真、尽职尽责的职业精神状态。中华民族历来有“敬业乐群”“忠于职守”的传统，敬业是中国人民的传统美德，也是社会主义核心价值观的基本要求之一。早在春秋时期，孔子称敬业为“执事敬”，即行事要严肃认真不怠慢；宋代朱熹解释敬业为“专心致志，以事其业”。

在许多人眼中，仓库工作很简单，但是这些看似简单的“小事”，却需要仓管员日复一日严肃认真地完成。俗话说：失之毫厘，谬以千里。在数字上的一字之差就可能造成几万、十几万乃至无法估量的损失。当仓库需求逐渐增大，不仅到货次数会逐渐频繁，而且数量也随之增多，就更需要仓管员保持敬业精神，仓管工作才不会出错。看管好货物，保证货物和仓库的安全，是每个仓管员的责任。为了防火防盗，仓管员需要反复检查电源电器、防盗设施，确保安全无患后才能离开；为了保证库存的正确、真实，每天都要盘点，一件件核实，确认没有一丝差错之后，才能结束一天的工作。因此，一个合格的仓管员必须具备敬业精神。

任务评价

对于该任务单的完成情况，从职业素养和任务实施情况两个方面来制定评分标准，职业素养主要评价工作态度、步骤流程、安全规范和现场6S作业四个方面。任务实施情况的评价从入库作业计划制订、运单制作与打印、运单审核、质量验收、数量验收、运单签收与交接等方面来进行。

在上述评分标准的基础上，将任务实施的考核点细分，针对学生在练习和测试过程中容易出现的错误进行量化，制定出可操作的个人任务实施评分表，如表1-9所示。运用个人任务实施评分表，学生可以进行针对性的训练，在训练的过程中，可以清楚地发现哪些地方容易出错，哪些动作不规范，与任务实施的标准要求还有哪些差距。老师也可以在过程性考核中进行任务测评，掌握学生技能训练效果的实际情况。

思考

表 1-9　货物验收与单据交接任务个人评分表（课用）

任务实施人：　　　　　　　　　　　　　　开始时间：

评分人：　　　　　　　　　　　　　　　　完成时间：

<table>
<tr><th>评价内容</th><th>配分</th><th colspan="2">评分标准</th><th>得分</th><th>超时扣分</th><th>备注</th></tr>
<tr><td rowspan="4">职业素养</td><td rowspan="4">20 分</td><td>工作态度</td><td>礼貌（1 分）
着装（1 分）
填签字体工整（2 分）
纸张平顺无污痕（1 分）</td><td></td><td></td><td></td></tr>
<tr><td>步骤流程</td><td>步骤清晰（3 分）
动作规范（2 分）</td><td></td><td></td><td></td></tr>
<tr><td>安全规范</td><td>设备操作安全（3 分）
操作标准规范（2 分）</td><td></td><td></td><td></td></tr>
<tr><td>现场
6S 作业</td><td>干净（2 分）
整齐（2 分）
整洁等（1 分）</td><td></td><td></td><td></td></tr>
<tr><td rowspan="6">货物
验收与
单据交接</td><td rowspan="6">80 分</td><td>入库作业计划制订</td><td>入库作业计划全面准确（5 分）</td><td></td><td></td><td></td></tr>
<tr><td>运单制作与打印</td><td>运单制作快速（2 分）
运单信息齐全（5 分）
运单打印规范（3 分）</td><td></td><td></td><td></td></tr>
<tr><td>运单审核</td><td>运单审核细致（5 分）
运单审核规范（5 分）</td><td></td><td></td><td></td></tr>
<tr><td>质量验收</td><td>理货规范标准（5 分）
外包装检验准确（5 分）
型号检验准确（5 分）</td><td></td><td></td><td></td></tr>
<tr><td>数量验收</td><td>数量清点规范（5 分）
数量清点准确（5 分）
批次检验准确（5 分）</td><td></td><td></td><td></td></tr>
<tr><td>运单签收与交接</td><td>运单填写准确（15 分）
交接规范（10 分）</td><td></td><td></td><td></td></tr>
<tr><td colspan="4">总分合计</td><td></td><td></td><td></td></tr>
</table>

注：完成时限为 10 分钟，超时 1 分钟扣 10 分。

总结与反思

“学而不思则罔，思而不学则殆”学习需要总结与反思，在任务完成之后，你能发现自己存在的问题吗？认真回答下列问题，将有助于提升你的技能训练效果。

你的任务实施评分表得分是多少？职业素养得了多少分？你失分的主要原因是什么？你认为应该从哪些方面提高任务评分？请将你对该任务的总结与反思写在表 1-10 内。

表 1-10 货物验收与单据交接任务总结与反思表

班级		姓名	
任务完成时间		任务实施得分	
职业素养得分			
与你情况相符的请打√	□计算机打字不规范，影响速度 □验收标准不清楚 □单据信息填写不全 □其他______	□货物清点数量出错 □单据填写错误 □批次检查错误	
失分原因			
改进方向			
给老师的建议			

任务巩固

一、知识内化

请对整个任务知识进行复习，将你认为正确的答案填在（　　）中。

1. 货物入库时，仓库人员应先（　　）。

   A. 验单　　B. 卸货　　C. 搬运　　D. 检查货位

2. 在单据与货物交接阶段，下列做法有误的是（　　）。

   A. 验收没有异常，接收货物

   B. 验收没有异常，接货员在货物运输单上签字盖章

   C. 验收有异常，送货人员需要签字

   D. 验收有异常，接收员直接注明并签字就可以

3. 下列不属于货物验收“五注意”的是（　　）。

   A. 品名　　B. 条码　　C. 规格　　D. 包装

4. 下列不属于货物验收的作用的是（　　）。

   A. 验收可为货物保管和使用提供可靠的保障

   B. 验收记录是退货、换货的依据

   C. 验收是找出质量问题的关键

   D. 验收是存在货损货差的情况下，区分仓储企业、运输企业以及存货人责任的重要手段

5. 下列货物入库检验适合全检的是（　　）。

A. 袋装牛奶质量检验　　B. 电冰箱的数量检验

C. 羊毛的含水量检验　　D. 煤的燃烧值检验

二、学以致用

2023年3月25日，云通物流服务有限公司受莫云食品公司的委托，将32箱康师傅香菇炖鸡面（桶装）和36箱王老吉运往仓配中心，入库通知单如表1-11所示。请按下列要求完成验收和交接作业，并请同学对任务实施情况进行评价，将得分与扣分情况填入表1-12（货物情况根据现场实际准备确定）。

表1-11　入库通知单（练习用）

序号	货物编号	商品名称	商品条码	包装规格（长×宽×高）	每箱重量/kg	数量/箱	批次
1	S016	康师傅香菇炖鸡面（桶装）	6902564463292	385mm×315mm×250mm	4	32	0321
2	J010	王老吉	6956367338680	535mm×355mm×300mm	12	36	0318

作业要求：

（1）完成入库申请判定。

（2）编制入库作业计划。

（3）实施入库作业准备。

（4）完成货物运输单制作并打印。

（5）审核货物运输单，正确点检货物，完成货物验收。

（6）货物运输单填签与交接。

（7）正确处理验收异常货物。

表1-12　货物验收与单据交接任务个人评分表（练习用）

任务实施人：　　　　开始时间：

评分人：　　　　完成时间：

评价内容	配分	评分标准		得分	超时扣分	备注
职业素养	20分	工作态度	礼貌（1分） 着装（1分） 填签字体工整（2分） 纸张平顺无污痕（1分）			
		步骤流程	步骤清晰（3分） 动作规范（2分）			
		安全规范	设备操作安全（3分） 操作标准规范（2分）			
		现场6S作业	干净（2分） 整齐（2分） 整洁等（1分）			

（续）

评价内容	配分	评分标准		得分	超时扣分	备注
货物验收与单据交接	80分	入库作业计划制订	入库作业计划全面准确（5分）			
		运单制作与打印	运单制作快速（2分） 运单信息齐全（5分） 运单打印规范（3分）			
		运单审核	运单审核细致（5分） 运单审核规范（5分）			
		质量验收	理货规范标准（5分） 外包装检验准确（5分） 型号检验准确（5分）			
		数量验收	数量清点规范（5分） 数量清点准确（5分） 批次检验准确（5分）			
		运单签收与交接	运单填写准确（15分） 交接规范（10分）			
总分合计						

注：完成时限为10分钟，超时1分钟扣10分。

任务二　仓位可视：入库仓位选择

学习目标

1. 了解物流管理职业技能等级证书（中级）的存储规划技能要求。
2. 能够对仓库物动量进行统计。
3. 能够运用Excel对仓库货物进行ABC分类，并能根据结果选择仓位。
4. 形成良好的物流作业成本和效率意识。

作业标准

1. 任务标准：任务评分表得分80分以上。
2. 任务限时：10分钟/人。
3. 职业素养：细致、诚信、信息处理快速准确、现场6S作业。

任务准备

一、物流管理职业技能等级证书认知

物流管理职业技能等级证书（简称“物流管理X证书”）是首批5个领域试点证书之一，物流管理X证书分为初级、中级和高级三个级别，分

别对应业务操作、运作管理和运营管理岗位群，涵盖业务操作、运营管理和专业技术等多个职系。高等职业教育现代物流管理专业学生要求对应物流管理职业技能等级证书（中级）。

二、物流管理职业技能等级证书（中级）职业能力要求

物流管理职业技能等级证书（中级）职业能力要求包括一般要求和中级职业能力要求两个部分。一般要求涵盖的职业功能有三个：职业道德与职业安全及环保认知、物流基础与行业认知、基本管理技能应用。中级职业能力要求涵盖的职业功能有六个：物流市场开发与客户服务、仓储与库存管理、配送管理、运输管理、成本与绩效管理以及数字化与智能化。其中与本书内容相关联的有“仓储与库存管理”中的“仓储作业管理”，“配送管理”中的“配送作业管理”。物流管理职业技能等级证书（中级）仓储作业管理对于技能和知识的要求如表 1-13 所示。

表 1-13 中明确提出要理解“货物分类管理、存储策略”的知识点，拥有“制定存储规划，确定存储策略”的技能。

表 1-13　物流管理职业技能等级证书（中级）仓储作业管理技能要求和知识要求

职业功能	工作内容	技能要求	知识要求
仓储与库存管理	仓储作业管理	1. 能编制仓储作业计划，管理、协调作业资源 2. 能制定存储规划，确定存储策略 3. 能确定盘点策略，选择盘点方式	1. 仓储作业计划编制、实施和控制知识 2. 货物分类管理、存储策略的知识

仓位的选择会影响仓配作业的效率，正确选择仓位能缩短仓配作业的时间，降低仓配作业的成本；反之，则会增加仓配作业的时间和成本，降低仓配作业的效率。

任务派发

2023 年 3 月 20 日，A 公司的仓配中心收到万事通达商贸有限公司发出的入库通知单，如表 1-14 所示。3 月 21 日，在仓配中心仓管员李遥、马来和李小白三人的协同配合下，完成了货物的验收，并交接了单据，接下来，将由李遥对待入库的 36 箱康师傅牛肉面（400g）和 42 箱长城干红葡萄酒（500mL）进行仓位选择。李遥在 WMS 中查看了可视库存，发现 01 货架可以满足存储的要求（见项目背景资料“01 货架仓位储存信息图”）。请统计仓配中心物动量的数据，完成 ABC 分类，并帮助李遥选择合适的仓位进行入库。

表 1-14 入库通知单

序号	货物编号	商品名称	商品条码	包装规格（长 × 宽 × 高）	每箱重量/kg	数量/箱	批次
1	S012	康师傅牛肉面（400g）	6901897445634	390mm×250mm×265mm	4	36	0321
2	J018	长城干红葡萄酒（500mL）	6925860563490	330mm×245mm×235mm	20	42	0318

一、作业要求

（1）完成仓配中心近一个月物动量数据统计。

（2）准确地对仓配中心该货区的货物进行 ABC 分类。

（3）根据分类结果选择恰当的仓位。

二、实施条件

基本实施条件如表 1-15 所示。

表 1-15 基本实施条件

项目	基本实施条件	备注
场地	仓库 1 个，面积不小于 200m²，要求照明通风良好	必备
设备	激光打印机 1 台、仓储管理系统（WMS）1 套、计算机 30 台，Excel 软件	必备
工具	1 200mm×1 000mm×144mm 托盘 2 个、货物纸箱 80 个以上、货架一组（4×3）	根据需求选备

仓位选择这一任务的实施需要的设备和工具：激光打印机、WMS、Excel 软件、货架以及托盘。

知识储备

一、物动量

物动量是代表货物周转频率的一个名词，用在仓库上面，如 A 货物的物动量高，则表示 A 货物出入库频率比较高；反之，B 货物的物动量低，则表示 B 货物出入库频率比较低。通过物动量来分析货物的周转频率，比单纯考虑货物的价值更能提高仓库的作业效率。表 1-16 为某仓库出库作业周报，反映的就是仓库储存的货物一周出库物动量的统计。

表 1-16 出库作业周报（物动量统计）

制表人：李红　　　　制表时间：3.15–3.21

货品编码 / 条码	货品名称	出库量 / 箱
6954169500229	尚品萱蛋奶饼	20

（续）

货品编码 / 条码	货品名称	出库量 / 箱
6924743915848	乐事无限薯片黄瓜味	123
6936341301275	奇客五谷杂粮全麦饼	56
6911988011619	达利园法式小面包	90
6925860563490	长城干红葡萄酒（500mL）	110
4710098164268	蜜兰诺松塔 192g	35
6901665062031	趣多多曲奇饼干	65
6954434300868	江中猴姑酥性饼干	45
6920907801347	金谷精品杂粮营养粥	62
6949352201410	隆达葡萄籽油	85
5410126716016	和情缤咖时焦糖饼干	50
4891338004251	宝贝兔软毛儿童牙刷	45
6903148091715	舒肤佳苦艾本草型香皂	420
6903148141212	汰渍薰衣草香氛洗衣液	168
6927006113876	8 杯水保湿水嫩面膜	140
6949336007908	清风抽纸	65
6901285991219	怡宝饮用纯净水	1 300
6922646100149	公牛插线板	75
6932010061969	鹏泽海鲜锅底	120
6901897445634	康师傅牛肉面	260
6902635955645	洽洽香瓜子	18
6925303721367	统一绿茶	800
6902132080803	冷酸灵抗敏感牙膏	65
6944601600044	家鑫牌芳香防虫丸	38
6956367338680	王老吉	800
6932010061822	爱牧云南优质小粒咖啡	58
6908588402183	多美滋多学 3 加奶粉	215
6936461280795	三民毛巾	50
6920354803109	高露洁草本牙膏	78
6902083880781	娃哈哈桂圆莲子八宝粥	60

二、ABC 分类法

ABC 分类法（Activity Based Classification），全称应为 ABC 分类库存控制法，又称帕累托分析法，是根据事物在技术或经济方面的主要特征，进行分类排队，分清重点和一般，从而有区别地确定管理方式的一种分析方法。

ABC 分类法的概念及核心思想

1. ABC 分类原理

1879 年，帕累托在研究个人收入的分布状态时发现，少数人的收入占全部人收入的大部分，而多数人的收入却只占一小部分，这一现象被概括为“关键的少数、次要的多数”。他把这种现象描绘成一条曲线，就是著名的“帕累托图”。1951 年，GE（通用电气）公司的戴克将 “关键的少数和次要的多数”这一规律应用到库存管理中，于是就诞生了 ABC 分类法。将库存货物进行分类，分别采取不同的管理办法，尤其对重点物品实行重点管理原则，取得了很大成效。

仓库所保管的货物品种繁多，如果我们对每一种货物采用相同的保管方法，则可能投入的人力、资金很多，而效果则事倍功半。如何在管理中突出重点，做到事半功倍，是应用 ABC 分类法的目的。

80/20 原则是 ABC 分类法的基础。所谓 80/20 原则，简单地说，就是 20% 的因素带来了 80% 的结果，关键因素占少数。当然，这里所说的 20% 和 80% 并不是绝对的，可以是 23% 和 77%，26% 和 74% 等。在资源有限的情况下，注意力显然应该放在起着关键性作用的因素上，ABC 分类法正是在这个原则指导下，试图对库存货物进行分类，以找出物动量（或资金占比）大的少数库存货物，将其放置于便于周转搬运的仓位；对那些物动量（或资金占比）小的大多数货物，则将其放置于其他仓位。

2. ABC 分类法的核心

（1）ABC 分类法的核心之一是在决定一个事物的众多因素中分清主次，识别出少数的但对事物起决定作用的关键因素和多数的但对事物影响较少的次要因素。

（2）ABC 分类法的核心之二是对不同的对象采取不同的管理方法。

三、ABC 分类标准

人们一般将物动量（或资金价值）比率为 60% 左右，数量（或品项）比率为 15% 左右的物品划为 A 类；将物动量（或资金价值）比率为 15% 左右，数量（或品项）比率为 60% 左右的物品划分为 C 类。A 类和 C 类之间的是 B 类，物动量（或资金价值）比率为 25% 左右，数量（或品项）比率一般为 25% 左右，如表 1-17 所示。

表 1-17　ABC 分类标准

类别	物动量（或资金价值）比率	数量（或品项）比率
A	60% 左右	15% 左右
B	25% 左右	25% 左右
C	15% 左右	60% 左右

四、ABC 分类管理与仓位选择

仓库货物可以按资金价值进行 ABC 分类管理，也可以按物动量进行 ABC 分类确定仓位。具体如表 1-18 所示。

表 1-18　ABC 分类管理方法与仓位选择

类别	管理方法（按资金价值）	仓位选择（按物动量）
A	关键的少数，数量少，但是价值高，重点保管，经常盘点查看，防止缺货	数量少，物动量高，一般放入货架一层
B	数量多，价值属于次要地位，采用简单管理措施，定期进行盘点检查，适当提高安全库存，以防止缺货	数量居中，物动量居中，一般放入货架二层
C	数量多，价值低，采用简化管理方法，多存放库存，减少订货次数，以防止缺货	数量多，物动量低，一般放入货架三层及以上

五、ABC 分类步骤

ABC 分类步骤如图 1-10 所示。

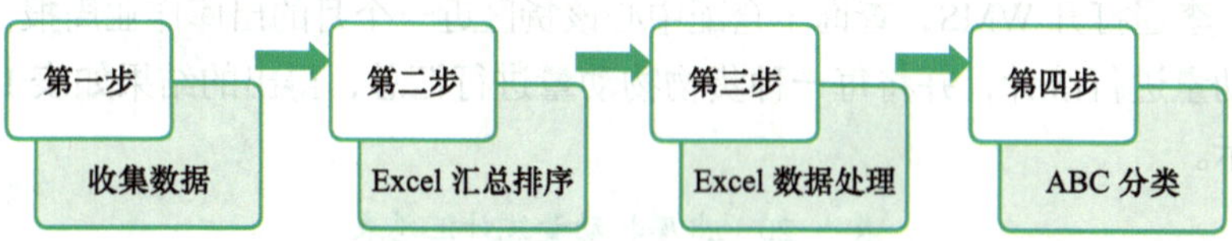

图 1-10　ABC 分类步骤

第一步：收集物动量（或资金价值）数据，搜集有关货物存储资料，包括各种货物的入库量、出库量及货物数量等，一般应收集一段时间的资料。

第二步：利用 Excel 汇总排序，用 Excel 汇总各种库存货物物动量（或资金价值），并按从大到小的顺序进行排序，制作成表格。

第三步：利用 Excel 处理数据，用 Excel 计算库存货物物动量（或资金价值）和数量的百分比，并计算累计百分比。

第四步：确定 ABC 分类，根据 ABC 分类标准，确定库存货物的 ABC 分类结果。

练习：应用 Excel 进行 ABC 分类。

某仓库仓管员张军负责管理的仓库中有冰箱、洗衣机、空调、吹风机、吸尘器、电饭煲、电风扇、空气净化器、豆浆机、电磁炉、热水器、电视机、微波炉、压力锅、电熨斗、燃气灶、吸油烟机等多种货物，单价及数量如表 1-19 所示。请按照上述步骤，利用 Excel 完成 ABC 分类。（Excel 操作过程及答案请扫描二维码）

应用 Excel 完成 ABC 分类实例

表 1-19 某仓库货物单价与数量统计

序号	货物名称	单价 / 元	数量 / 台	序号	货物名称	单价 / 元	数量 / 台
1	微波炉	1 280	45	10	燃气灶	1 680	30
2	冰箱	5 800	40	11	空调	8 800	35
3	热水器	2 800	18	12	电磁炉	680	50
4	电风扇	158	150	13	吹风机	68	100
5	豆浆机	575	120	14	压力锅	108	90
6	电视机	4 880	46	15	电饭煲	450	80
7	吸尘器	98	200	16	电熨斗	78	200
8	空气净化器	270	75	17	吸油烟机	1 080	40
9	洗衣机	2 580	30				

任务实施

一、物动量统计

李遥打开 WMS，查询了仓配中心该货区近一个月的出库作业周报，对物动量进行统计，并将每一种货物物动量进行汇总，得出的结果如表 1-20 所示。

表 1-20 出库物动量统计汇总表

货品编码 / 条码	货品名称	出库量 2 月 22 ～ 28 日	出库量 3 月 1 ～ 7 日	出库量 3 月 8 ～ 14 日	出库量 3 月 15 ～ 21 日	合计
6954169500229	尚品萱蛋奶饼	30	15	15	20	80
6924743915848	乐事无限薯片黄瓜味	90	87	167	123	467
6936341301275	奇客五谷杂粮全麦饼	120	34	75	56	285
6911988011619	达利园法式小面包	138	65	210	90	503
6925860563490	长城干红葡萄酒（500mL）	80	124	65	110	379
4710098164268	蜜兰诺松塔 192g	35	20	40	35	130
6901665062031	趣多多曲奇饼干	60	56	148	65	329
6954434300868	江中猴姑酥性饼干	45	58	38	45	186
6920907801347	金谷精品杂粮营养粥	57	47	60	62	226
6949352201410	隆达葡萄籽油	130	145	140	85	500
5410126716016	和情缤咖时焦糖饼干	68	49	25	50	192
4891338004251	宝贝兔软毛儿童牙刷	45	68	63	45	221
6903148091715	舒肤佳苦艾本草型香皂	280	320	450	420	1 470

（续）

货品编码 / 条码	货品名称	出库量 2 月 22 ～ 28 日	出库量 3 月 1 ～ 7 日	出库量 3 月 8 ～ 14 日	出库量 3 月 15 ～ 21 日	合计
6903148141212	汰渍薰衣草香氛洗衣液	215	187	150	168	720
6927006113876	8 杯水保湿水嫩面膜	118	95	135	140	488
6949336007908	清风抽纸	68	47	73	65	253
6901285991219	怡宝饮用纯净水	450	1 035	1 280	1 300	4 065
6922646100149	公牛插线板	40	66	45	75	226
6932010061969	鹏泽海鲜锅底	65	38	100	120	323
6901897445634	康师傅牛肉面（400g）	320	255	420	260	1 255
6902635955645	洽洽香瓜子	25	25	30	18	98
6925303721367	统一绿茶	450	348	600	800	2 198
6902132080803	冷酸灵抗敏感牙膏	78	70	90	65	303
6944601600044	家鑫牌芳香防虫丸	16	18	35	38	107
6956367338680	王老吉	570	680	750	800	2 800
6932010061822	爱牧云南优质小粒咖啡	34	34	57	58	183
6908588402183	多美滋多学 3 加奶粉	240	190	189	215	834
6936461280795	三民毛巾	50	50	55	50	205
6920354803109	高露洁草本牙膏	65	90	72	78	305
6902083880781	娃哈哈桂圆莲子八宝粥	73	65	320	60	518

二、Excel 数据处理

1．排序

将汇总后的物动量按从大到小的顺序排序，选择工具栏，执行“排序和筛选”—“自定义排序”命令，在弹出的“排序”对话框中，主要“关键字”选择“物动量合计”，“排序依据”选择“数值”，“次序”选择“降序”，如图 1-11 和图 1-12 所示。

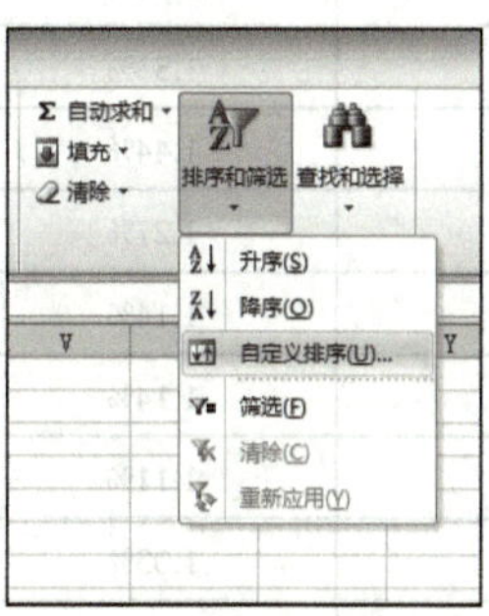

图 1-11　物动量排序

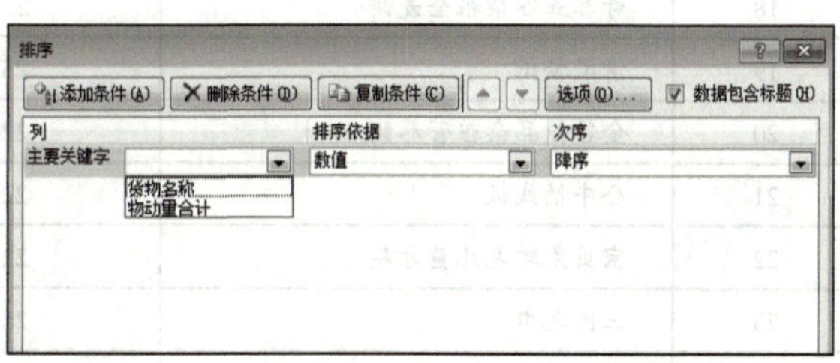

图 1-12　排序条件选择

2. 计算物动量百分比

先将所有的物动量进行求和汇总，然后用 Excel 计算百分比，需要注意的是，因为分母在拖拽过程中会发生改变，影响结果，因此必须将“C32”这个位置固定不变，在行和列代码前面加“$”符号，如图 1-13 所示。

A	B	C	D
序号	货品名称	物动量合计	物动量百分比
17	怡宝饮用纯净水	4065	=C2/C32

图 1-13　Excel 计算分母位置固定

位置固定后进行拖拽，得出结果，如表 1-21 所示。

表 1-21　物动量百分比结果

序号	货品名称	物动量合计	物动量百分比
1	怡宝饮用纯净水	4 065	20.48%
2	王老吉	2 800	14.11%
3	统一绿茶	2 198	11.07%
4	康师傅牛肉面（400g）	1 470	7.41%
5	舒肤佳苦艾本草型香皂	1 255	6.32%
6	多美滋多学 3 加奶粉	834	4.20%
7	汰渍薰衣草香氛洗衣液	720	3.63%
8	娃哈哈桂圆莲子八宝粥	518	2.61%
9	达利园法式小面包	503	2.53%
10	隆达葡萄籽油	500	2.52%
11	8 杯水保湿水嫩面膜	488	2.46%
12	乐事无限薯片黄瓜味	467	2.35%
13	长城干红葡萄酒（500mL）	379	1.91%
14	趣多多曲奇饼干	329	1.66%
15	鹏泽海鲜锅底	323	1.63%
16	高露洁草本牙膏	305	1.54%
17	冷酸灵抗敏感牙膏	303	1.53%
18	奇客五谷杂粮全麦饼	285	1.44%
19	清风抽纸	253	1.27%
20	金谷精品杂粮营养粥	226	1.14%
21	公牛插线板	226	1.14%
22	宝贝兔软毛儿童牙刷	221	1.11%
23	三民毛巾	205	1.03%
24	和情缤咖时焦糖饼干	192	0.97%

（续）

序号	货品名称	物动量合计	物动量百分比
25	江中猴姑酥性饼干	186	0.94%
26	爱牧云南优质小粒咖啡	183	0.92%
27	蜜兰诺松塔 192g	130	0.65%
28	家鑫牌芳香防虫丸	107	0.54%
29	洽洽香瓜子	98	0.49%
30	尚品萱蛋奶饼	80	0.40%
合计		19 849	

3. 计算品项百分比

该库区一共 30 种货物，那么每种货物所占的品项百分比就是 1/30，也就 3.33%。

4. 计算物动量累积百分比和品项累积百分比

步骤如下：

（1）在物动量累积百分比这一列“F2”位置，也就是对应“怡宝饮用纯净水”的位置输入等号“=”，接着选中怡宝饮用纯净水的物动量百分比“20.48%”。

（2）在该列第三行“F3”位置，输入等号“=”，单击“F2”位置，对应数值“20.48%”，输入加号“+”，接着单击“D3”位置，对应数值“14.11%”，如图 1-14 所示，得到公式“=F2+D3”。

	A	B	C	D	E	F
1	序号	货品名称	物动量合计	物动量百分比	品项百分比	物动量累积百分比
2	17	怡宝饮用纯净水	4065	20.48%	3.33%	20.48%
3	25	王老吉	2800	14.11%	3.33%	=F2+D3

图 1-14　物动量累积百分比的求解方式

（3）按回车键，得出结果，将光标置于该单元格右下角，变成黑色“+”时向下拖拽，得到所有的物动量累积百分比。品项累积百分比也可由此法依次得出。结果如表 1-22 所示。

表 1-22　物动量累积百分比和品项累积百分比结果

序号	货品名称	物动量合计	物动量百分比	品项百分比	物动量累积百分比	品项累积百分比	ABC 分类
1	怡宝饮用纯净水	4 065	20.48%	3.33%	20.48%	3.33%	A
2	王老吉	2 800	14.11%	3.33%	34.59%	6.67%	A

（续）

序号	货品名称	物动量合计	物动量百分比	品项百分比	物动量累积百分比	品项累积百分比	ABC分类
3	统一绿茶	2 198	11.07%	3.33%	45.66%	10.00%	A
4	康师傅牛肉面（400g）	1 470	7.41%	3.33%	53.07%	13.33%	A
5	舒肤佳苦艾本草型香皂	1 255	6.32%	3.33%	59.39%	16.67%	A
6	多美滋多学3加奶粉	834	4.20%	3.33%	63.59%	20.00%	B
7	汰渍薰衣草香氛洗衣液	720	3.63%	3.33%	67.22%	23.33%	B
8	娃哈哈桂圆莲子八宝粥	518	2.61%	3.33%	69.83%	26.67%	B
9	达利园法式小面包	503	2.53%	3.33%	72.36%	30.00%	B
10	隆达葡萄籽油	500	2.52%	3.33%	74.88%	33.33%	B
11	8杯水保湿水嫩面膜	488	2.46%	3.33%	77.34%	36.67%	B
12	乐事无限薯片黄瓜味	467	2.35%	3.33%	79.69%	40.00%	B
13	长城干红葡萄酒（500mL）	379	1.91%	3.33%	81.60%	43.33%	B
14	趣多多曲奇饼干	329	1.66%	3.33%	83.26%	46.67%	C
15	鹏泽海鲜锅底	323	1.63%	3.33%	84.89%	50.00%	C
16	高露洁草本牙膏	305	1.54%	3.33%	86.42%	53.33%	C
17	冷酸灵抗敏感牙膏	303	1.53%	3.33%	87.95%	56.67%	C
18	奇客五谷杂粮全麦饼	285	1.44%	3.33%	89.38%	60.00%	C
19	清风抽纸	253	1.27%	3.33%	90.66%	63.33%	C
20	金谷精品杂粮营养粥	226	1.14%	3.33%	91.80%	66.67%	C
21	公牛插线板	226	1.14%	3.33%	92.94%	70.00%	C
22	宝贝兔软毛儿童牙刷	221	1.11%	3.33%	94.05%	73.33%	C
23	三民毛巾	205	1.03%	3.33%	95.08%	76.67%	C
24	和情缤咖时焦糖饼干	192	0.97%	3.33%	96.05%	80.00%	C
25	江中猴姑酥性饼干	186	0.94%	3.33%	96.99%	83.33%	C
26	爱牧云南优质小粒咖啡	183	0.92%	3.33%	97.91%	86.67%	C
27	蜜兰诺松塔192g	130	0.65%	3.33%	98.56%	90.00%	C
28	家鑫牌芳香防虫丸	107	0.54%	3.33%	99.10%	93.33%	C
29	洽洽香瓜子	98	0.49%	3.33%	99.60%	96.67%	C
30	尚品萱蛋奶饼	80	0.40%	3.33%	100.00%	100.00%	C
合计		19 849					

因为前5种货物的物动量累积百分比为59.39%，品项累积百分比为16.67%，所以前5种货物为A类货物；后17种货物的物动量累积百分比为18.4%，品项累积百分比为56.67%，所以后17种货物为C类货物，其余的

为 B 类。

由表 1-22 可知，待入库的两种货物的类别：康师傅牛肉面（400g）为 A 类货物，长城干红葡萄酒（500mL）为 B 类货物。

三、仓位选择

根据物动量进行 ABC 分类的仓位选择办法，A 类货物一般放置于第一层，因为物动量大，第一层最容易上下架，C 类货物一般放置于第三层及以上，因为物动量比较小，出入库频率比较低，不需要经常移动，放置在上下架相对较难的位置；B 类货物一般放置于第二层，它的移动频率位于两者之间，仓位的上下架难度也居于两者之间。

仓位选择结果：

康师傅牛肉面（400g）为 A 类货物，放置于货架第一层，因为只需要一个托盘堆码，也就只需一个仓位，可放入 H2-01-03-01 或 H2-01-04-01。

长城干红葡萄酒（500mL）为 B 类货物，放置于货架第二层，也只需要一个仓位，可放入 H2-01-02-02 或 H2-01-01-02。

入库货物仓位选择结果如图 1-15 所示。

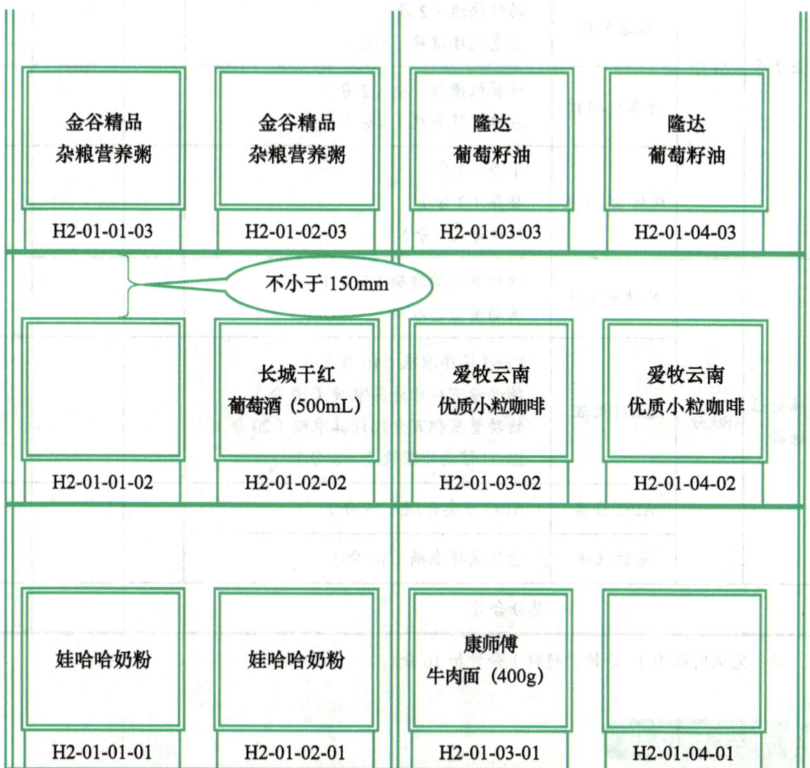

图 1-15　入库货物仓位选择结果

任务评价

对于该任务的完成情况，从职业素养和任务实施情况两个方面来制定评价标准，职业素养主要评价工作态度、信息处理、计算机操作、现场 6S 作业四个方面。任务实施情况的评价从物动量统计、Excel 处理、ABC 分类和仓位选择等方面来进行。在上述评分标准的基础上，将任务实施的考核点细分，针对练习和测试过程中的要点进行量化，制定出可操作的个人任务实施评分表，如表 1-23 所示。

表 1-23　入库仓位选择任务个人评分表（课用）

任务实施人：　　　　　　　　　　　　　　　开始时间：
评分人：　　　　　　　　　　　　　　　　　完成时间：

评价内容	配分	评分标准		得分	超时扣分	备注
职业素养	20分	工作态度	礼貌（1分） 细致（2分） 耐心（2分）			
		信息处理	动作快速（2分） 信息处理准确（3分）			
		计算机操作	计算机操作安全（2分） 表格规范美观（3分）			
		现场 6S 作业	干净（2分） 整齐（2分） 整洁等（1分）			
入库仓位选择	80分	物动量统计	物动量查询准确（5分） 物动量汇总准确（5分）			
		Excel 处理	Excel 排序准确（10分） 物动量百分比计算准确（10分） 物动量累积百分比计算准确（20分） Excel 信息处理快速（5分）			
		ABC 分类	ABC 分类合理（15分）			
		仓位选择	仓位选择准确（10分）			
总分合计						

注：完成时限为 10 分钟，超时 1 分钟扣 10 分。

总结与反思

该任务有两个难点，一是计算机 Excel 操作，需要对 Excel 较为熟悉，才能在规定时间完成 ABC 分类；二是根据 ABC 分类标准进行分类，因为标准不是固定的范围值，需要结合具体任务来判断。认真回答下列问题，将有助于提升你的技能训练效果。

你的职业素养得分是多少？你失分的主要原因是什么？你认为应该从哪些方面提高任务评分？请将你对该任务的总结与反思写在表 1-24 内。

表 1-24　入库仓位选择任务总结与反思表

班级		姓名	
任务完成时间		任务实施得分	
职业素养得分			
和你情况相符的请打√	□ 物动量统计错漏 □ 物动量忘记从大到小排序 □ 不会拖拽 Excel 单元格 □ 仓位选择错误 □ 其他________________	□ ABC 分类步骤混淆 □ 不会用 Excel 计算累积百分比 □ ABC 分类错误	
失分原因			
改进方向			
给老师的建议			

任务巩固

一、知识内化

请对整个任务知识进行复习，将你认为正确的答案填在（　　）中。

1. 一般来说，在 ABC 库存管理的决策中，对库存货物进行分类的标准是（　　）。

   A. 库存货物物动量占总货物物动量的比例

   B. 库存的重量占总库存货物重量的比例

   C. 库存货物的体积占总库存货物体积的比例

   D. 库存货物保质期的长短与总库存货物平均保质期长短的比例

2. 实施 ABC 分类方法的一般步骤是（　　）。

   A. 收集数据—Excel 汇总排序—Excel 数据处理—ABC 分类

B. Excel 汇总排序—Excel 数据处理—收集数据—ABC 分类

C. ABC 分类—Excel 数据处理—收集数据—Excel 汇总排序

D. Excel 数据处理—Excel 汇总排序—ABC 分类—收集数据

3. 下列关于对 ABC 分类后 A 类商品管理的说法不正确的是（　　）。

A. 减少库存量　　B. 延长前置时间

C. 放在最方便存取的仓位　　D. 每周盘点一次

4. 你认为下列属于 A 类货物的是（　　）。

A. 物动量占比 40%，品项占比 60%

B. 物动量占比 80%，品项占比 60%

C. 物动量占比 60%，品项占比 14%

D. 物动量占比 15%，品项占比 62%

二、学以致用

某仓库保持有 10 种商品的库存，物动量有关资料如表 1-25 所示，现在有 30 件宝贝兔软毛儿童牙刷需要入库，仓管员利用 WMS 查询库存及空余仓位后发现，该仓库现有的该类货物已全部出库，没有库存，目前仓位也较为紧张，只有某货架的第一层、第二层和第三层各有一个仓位是空余的（如图 1-16 所示）。为了提高库存货物的出入库效率，请结合仓库货物 6 周的物动量，选择最适合宝贝兔软毛儿童牙刷的仓位进行存放，并请同学对任务实施情况进行评价，将得分与扣分情况填入表 1-26。

表 1-25　某电商仓库商品物动量资料　　（单位：箱）

商品名称	物动量第一周	物动量第二周	物动量第三周	物动量第四周	物动量第五周	物动量第六周
宝贝兔软毛儿童牙刷	300	220	300	480	260	300
三民毛巾	800	800	1 200	600	700	870
和情缤咖时焦糖饼干	100	100	290	50	80	120
江中猴姑酥性饼干	2 000	1 500	1 400	800	1 200	1 500
爱牧云南优质小粒咖啡	50	100	60	68	88	95
蜜兰诺松塔 192g	200	200	150	200	180	260
家鑫牌芳香防虫丸	2 200	1 600	2 240	1 500	1 890	1 770
洽洽香瓜子	200	200	700	800	400	300
尚品萱蛋奶饼	500	500	500	300	280	380
统一绿茶	200	300	200	170	180	210

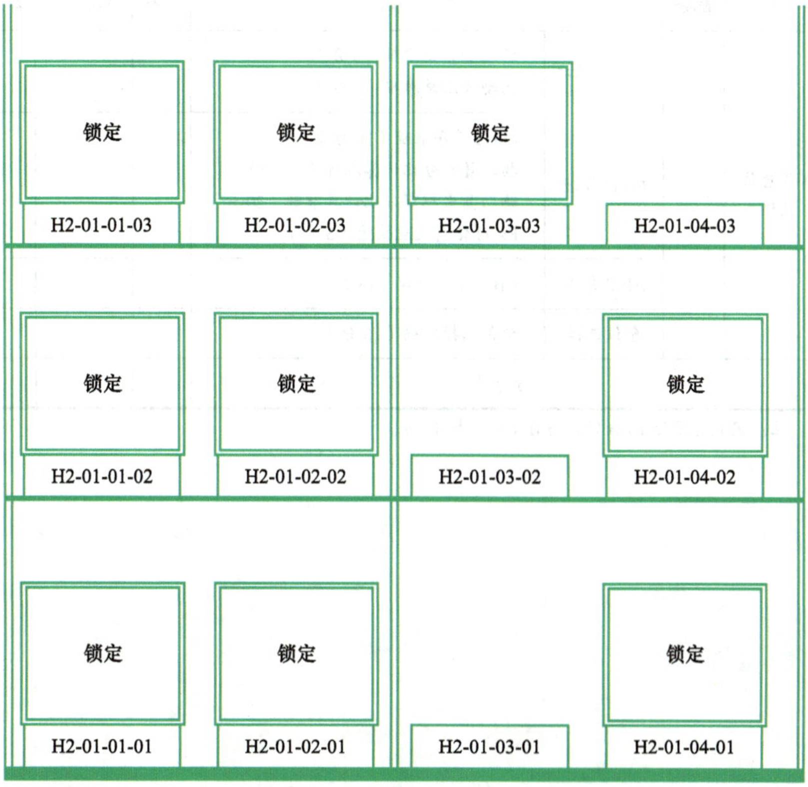

图 1–16　空余仓位情况

表 1–26　入库仓位选择任务个人评分表（练习用）

任务实施人：　　　　　　　　　　　　　　开始时间：
评分人：　　　　　　　　　　　　　　　　完成时间：

评价内容	配分	评分标准		得分	超时扣分	备注
职业素养	20 分	工作态度	礼貌（1 分） 细致（2 分） 诚信（2 分）			
		信息处理	动作快速（2 分） 信息处理准确（3 分）			
		计算机操作	计算机操作安全（2 分） 表格规范美观（3 分）			
		现场 6S 作业	干净（2 分） 整齐（2 分） 整洁等（1 分）			

（续）

评价内容	配分	评分标准		得分	超时扣分	备注
入库仓位选择	80分	物动量统计	物动量查询准确（5分） 物动量汇总准确（5分）			
		Excel处理	Excel排序准确（10分） 物动量百分比计算准确（10分） 物动量累积百分比计算准确（20分） Excel信息处理快速（5分）			
		ABC分类	ABC分类合理（15分）			
		仓位选择	仓位选择准确（10分）			
总分合计						

注：完成时限为10分钟，超时1分钟扣10分。

项目二
入库货物高效组托

任务一　智慧平台：入库信息录入

学习目标

1．了解 WMS 的功能。

2．能够编辑物料、仓位等基础信息。

3．能够迅速准确地将入库货物信息录入系统。

4．能够审核及修改入库单。

作业标准

1．任务标准：任务评分表得分 80 分以上。

2．任务限时：8 分钟 / 人。

3．职业素养：填写细致、打字标准、账实一致、现场 6S 作业。

任务准备

一、智慧物流全国技能大赛技能要求

2023 年全国职业院校技能大赛“智慧物流”（编号：GZ048）赛项规程将竞赛内容分为三个部分：

（1）物流职业素养测试模块（10%）。

（2）智慧物流系统规划与仿真模块（60%）。

（3）智慧物流系统方案实施与方案汇报答辩模块（30%）。

在第（2）（3）个模块中，赛项内容之一就是根据背景资料和数据完成智慧仓布局规划及作业环节设计，并利用物流设备完成方案实施。赛项规程中明确提出，在“供应链管理”和“物流项目运营”岗位群中，学生应该掌握的核心能力如表 2-1 所示。

表 2-1　智慧物流全国技能大赛核心能力要求（部分）

产业	岗位（群）	核心能力
现代物流服务业	供应链管理	具有设计和调整物流系统，对货物仓储、运输、装卸、配送等工作进行管理的能力 具有制订和实施采购供应管理计划，保障销售计划或生产计划有效实施的能力 具有选择与评价货运方案、最佳货运路线、方式和最低成本，提出运输工具及方法建议的能力
	物流项目运营	具有现代物流仓储、配送、运输与供应链业务运营与管理的能力 具有利用仓储物流管理系统与物流运输管理系统完成仓储方案执行、运输调度计划制订的能力

二、认识 WMS

仓储对于企业的运作起着至关重要的作用，如果不能保证正确的进货入库、库存控制及发货出库，将会造成极大的货损货差率，导致管理费用增加，管理过程混乱，服务质量难以得到保证。以纸质单据为信息传递手段的传统仓储管理已无法保证企业各种资源的高效利用，如今的仓库作业和库存控制作业具有复杂化、多样化的特点，仅靠人工记忆和手工录入，不但费时费力，而且容易出错，给企业带来巨大损失，这就需要仓储管理系统的辅助与支持。图 2-1 为一个简单的 WMS 结构图。

图 2-1　WMS 结构图

1. WMS 的类型

WMS 是以先进的信息技术作为支撑，以信息共享为手段建立的通用信息系统。WMS 根据企业的实际定制研发，该系统的应用推广，使仓配作业的效率得以大幅度提升。例如，以前需要进行某种货品的库存查询，常规的做法是找到货物盘存单，再从一堆盘存单中找到需要查询的货品库存量。有了 WMS 后，直接在系统中点开库存查询，输入条码或货品名称即能直接查到，大大简化了工作流程，提高了工作效率。

WMS 在我国的应用还处于起步阶段，目前可以归纳为以下三种类型：

第一类，配送中心业务的服务系统，如连锁超市的配送中心、生产企业的零配件配送中心。该类系统一般包括进货管理、库存管理、订单管理、拣选、复核、配送、RF 终端管理、商品与货位基本信息管理等功能模块，通过网络化和数字化方式，提高库内作业控制水平和任务编排水平。该类系统一般能把配送时间缩短一半以上，订单管理能力大约能提高 2 倍，多用于制造业或分销业的供应链管理，也是仓储管理系统中最常见的一类。

第二类，仓储作业信息的整合系统，主要解决各种自动化设备的信息系统之间整合与优化问题。各种专用设备均有自己的信息系统，WMS 不仅要整合设备系统，还要融入更大范围的企业 ERP 系统中去。该类系统多出现在大型生产制造企业之中，成为 ERP 系统的一个重要组成部分。

第三类，仓储经营决策的辅助系统，该类系统具有非常灵活的计费系统、准确及时的核算系统和功能完善的客户管理系统，为仓储业经营提供决策支持信息。该类系统多用于一些提供公仓仓储服务的企业，由于流程管理、仓储作业的技术相似性高，因此适合对多数客户提供通用的服务。

2. WMS 基本模块

WMS 一般可以分为三大基本模块：后台管理模块、核心业务模块以及综合管理模块，如图 2-2 所示。

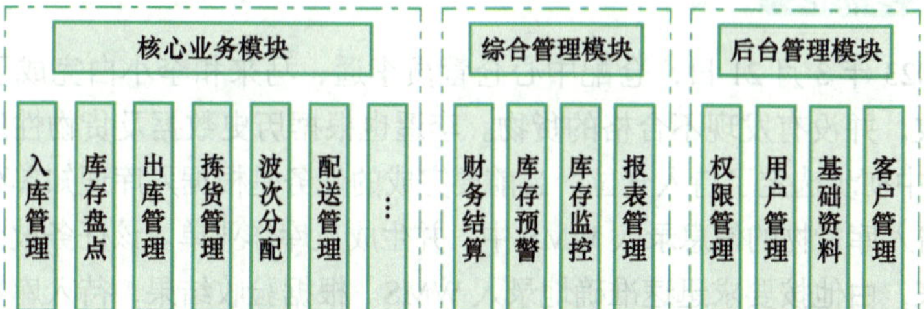

图 2-2　WMS 基本模块图示

（1）核心业务模块包括入库管理、库存盘点、出库管理、拣货管理、波次分配、配送管理等。

（2）综合管理模块包括财务结算、库存预警、库存监控、报表管理等。

（3）后台管理模块包括权限管理、用户管理、基础资料、客户管理等。

需要说明的是，企业 WMS 的基本模块并不会全部相同，每个企业会根据自身的特点和需求，进行适当的配置。

三、WMS 功能

企业的仓储管理是对仓库及仓库内的物资所进行的管理，是企业为了充分利用所具有的仓储资源提供高效的仓储服务所进行的计划、组织、控制和协调过程。WMS 综合了入库管理、出库管理、库存盘点、库存统计等功能，能对货物进行有效控制和跟踪，通过协调各个环节的运作，保证及时准确的进出库作业和实时透明的库存控制作业，合理配置仓库资源、优化仓库布局和提高仓库的作业水平，提高仓储服务质量、节省劳动力和库存空间，降低运营成本。WMS 的基本功能如下：

（1）入库管理。根据厂商货物信息，录入入库货物信息，并对待入库货物进行收货检查确认，入库指定仓位等。

（2）库位管理。设置货位编码，根据货物的种类、尺寸、重量和出入库频次，WMS 可计算出最佳的存储货架。

（3）拣货计划。根据出库订单生成拣货计划，选择拣货路径。

（4）库存控制。WMS 通过执行动态盘点检验库存的准确性，能够根据交货前置期来判断什么时候可能会缺货、哪些库存水平过高，设置安全库存，实现库存控制的目的。

（5）出库管理。根据客户订单，录入出库货物信息，生成拣选单，对待出库货物进行出库复核等。

另外，有的 WMS 还有一些增值功能，如质量控制、核算费用、自动补货、退货管理等。

任务派发

2023 年 3 月 21 日，仓配中心仓管员李遥、马来和李小白完成了货物的验收，并没有发现不合格的货物。李遥也根据历史数据及货物性质，在 WMS 中初步选定了待入仓位。当前要完成的任务是根据入库通知单和验收结果将入库货物的信息录入 WMS 中，并生成入库作业单。该任务被分配给了马来，由他按要求迅速准确地录入 WMS。根据验收结果，待入库货物的信息如表 2-2 所示。但是马来发现 WMS 中能找到康师傅牛肉面（400g），缺少长城干红葡萄酒（500mL），他需要新增长城干红葡萄酒（500mL）的物料信息，才能完成入库货物信息录入。

表 2-2　入库信息表

订单号：2023032101　　　　运单号：HD000001

序号	供应商	商品名称	商品条码	包装规格（长 × 宽 × 高）	每箱重量 /kg	数量 / 箱
1	万事通达商贸	康师傅牛肉面（400g）	6901897445634	390mm×250mm×265mm	4	36
2	万事通达商贸	长城干红葡萄酒（500mL）	6925860563490	330mm×245mm×235mm	20	42

一、作业要求

（1）建立账号，并完成 WMS 数据初始化。

（2）在 WMS 中新增货物信息。

（3）快速、准确地录入待入库货物信息，并进行复检。

（4）生成入库单并打印。

二、实施条件

基本实施条件如表 2-3 所示。

表 2-3　基本实施条件

项目	基本实施条件	备注
场地	仓库 1 个，面积不小于 200m^2，要求照明通风良好	必备
设备	激光打印机 1 台、仓储管理系统（WMS）1 套、计算机 30 台	必备
工具	服务器、路由器、网线（能设置局域网）、数据库	必备

各个企业都会结合自身需求，对 WMS 模块进行个性化定制，但是基本操作过程和原理都大同小异。在本任务的实施中，考虑到通用性和影响力，将以现代物流管理专业全国职业院校技能大赛的 WMS 来完成，如图 2-3 所示。

图 2-3　全国职业院校技能大赛 WMS 首页

知识储备

一、模板与系统初始化

1. 模板

模板是指在信息系统应用之前，程序员为了提升效率，生成了一个基本的数据模板。模板里面已经生成了一些可以通用的基础数据，如物料信息、仓位信息、供应商信息等，这些数据可以修改和编辑。一般的

WMS 中，模板都可以根据仓储实际情况进行调整，一个模板对应一个仓库。

2. 系统初始化

系统初始化就是利用管理员的权限，选用合适的模板，然后导入模板数据，使系统能够拥有基础数据的过程。简单来说，就是将系统数据恢复到模板的初始状态，其实就是数据的备份和恢复的过程。

系统初始化的作用体现在以下两个方面：

（1）快速导入基础数据。如果没有系统初始化的权限，那么在应用 WMS 之前，或者对仓库进行调整之后，就必须一一录入仓库所有的基础数据。这是一个比较浩大的工程，特别是对于一些大型仓库而言更是如此。但是有了系统初始化的权限之后，管理员就可以将整个基础数据快速导入，极大地提升了作业效率。

（2）快速恢复数据。WMS 数据的录入和输出就是对仓库的运行状态进行记录和跟踪，当发现记录和跟踪的过程中出现了比较大的问题，需要重新录入信息时，如果拥有系统初始化的权限，只需要将数据恢复到初始状态，就可以很快进行调整和修改。

二、WMS 入库作业流程

WMS 入库作业流程包括入库管理流程、入库作业、RF 组托、RF 上架、入库完成、入库单打印等。这一流程可以简单归纳成三个阶段。第一阶段为入库信息录入，第二阶段为入库货物组托，第三阶段为入库货物上架。具体流程如图 2-4 所示。

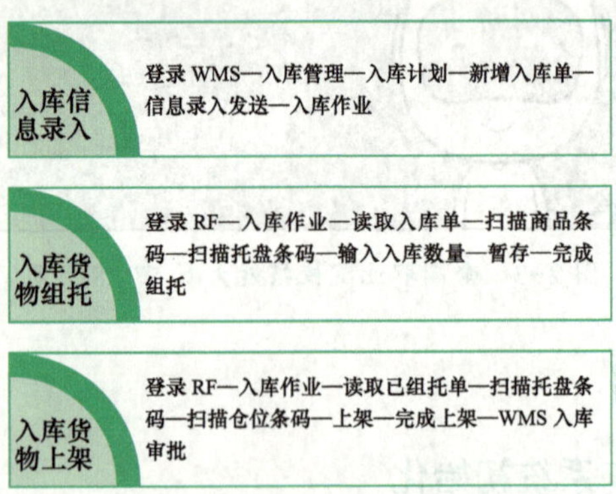

图 2-4 WMS 入库作业流程

入库信息录入是入库作业的第一阶段，其后的组托、上架都是在此基础上完成的，因此，入库信息录入不能出错。需要重点注意的地方如下：

（1）商品名称。每种商品都有对应的名称，有的非常相似，如“康师傅红烧牛肉面”和“康师傅爆椒牛肉面”。

（2）包装类型。在 WMS 里面，同样的商品名称有可能会有不同的包装，如“箱”“件”“桶”“盒”等。一般整件货物入库的包装类型都是“箱”“件”等，零散件货物入库一般对应的是“桶”“盒”等。

（3）商品条码。每种商品都有对应的条码，同样，每种商品外包装也有对应的包装条码，在整件货物的仓配作业中，录入的条码一般是包装条码，条码不一致，那么商品肯定也不一致。

三、入库单

入库单是指导入库作业的单据，一般包括入库单号、客户名称、入库日期、仓位条码、托盘条码、货品条码、货品名称、规格型号、入库数量等信息，如图 2-5 所示。

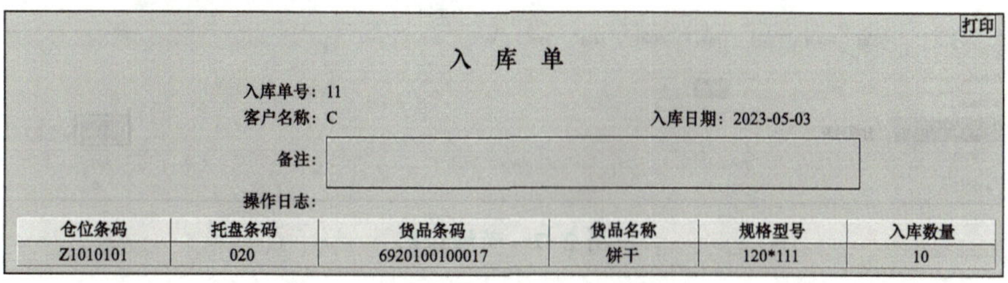

打印

入　库　单

入库单号：11

客户名称：C　　　　入库日期：2023-05-03

备注：

操作日志：

仓位条码	托盘条码	货品条码	货品名称	规格型号	入库数量
Z1010101	020	6920100100017	饼干	120*111	10

图 2-5　入库单图示

通过入库单，可以检查核对入库的货物信息录入是否正确、组托用的托盘条码是否扫描正确、上架的仓位条码是否扫描正确。入库单既能指导入库作业，也可核查入库作业。因此，一般在入库作业过程中，需要不时地进行检查。在入库作业完成之后，需要将入库单打印出来进行检查核对。

任务实施

一、系统初始化

1. 系统管理员登录系统

马来打开浏览器，输入 WMS 的访问地址：http://IP 服务器：915/login（其中 IP 为 WMS 服务器的 IP 地址），输入管理员的账号和密码（系统管理员账号默认为 GC，密码为 000000），单击“登录”进入 WMS 主页面，如图 2-6 所示。

图 2-6　WMS 登录界面

2. 建立实训分组

在页面左侧选择“系统配置”→“实训分组”，单击右侧的“新增”按钮，新建组别“15”，如图 2-7 所示。在该系统中，一个组别对应一个仓库。

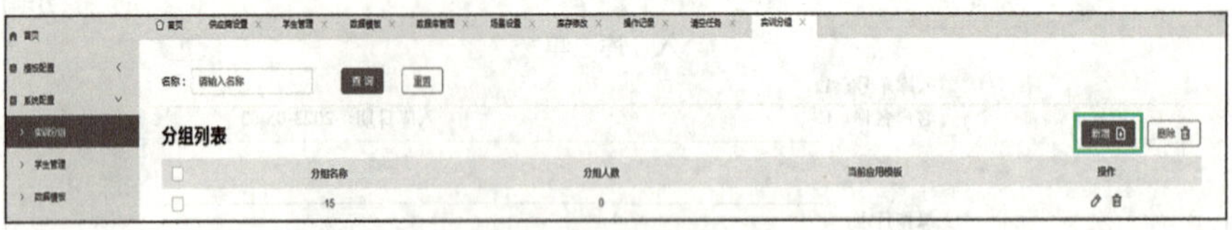

图 2-7　新增组别

3. 新增用户

在当前界面单击左侧的“学生管理”（见图 2-7），新增用户，设置学生账号“1213”和登录密码“123”，如图 2-8 所示。同一组别中可以有多个用户，对应仓配中心的每个员工。

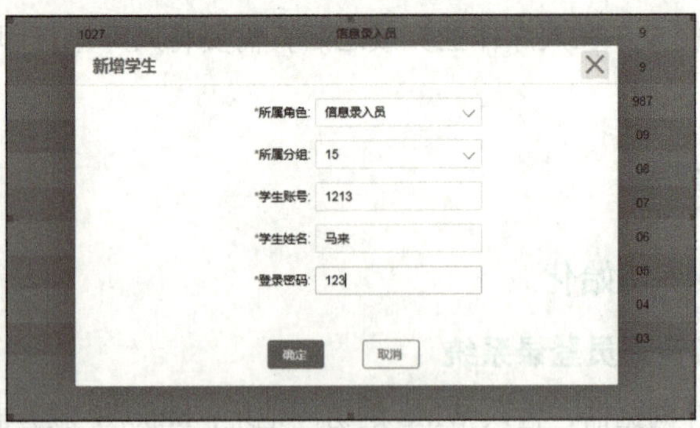

图 2-8　新增用户

4. 数据初始化

选择左侧的“数据模板”（见图 2-7），单击对应模板所在位置右侧的

“应用模板”按钮（见图 2-9），然后将该模板应用到对应的实训组别“15”，单击“确定”，如图 2-10 所示，完成数据初始化。

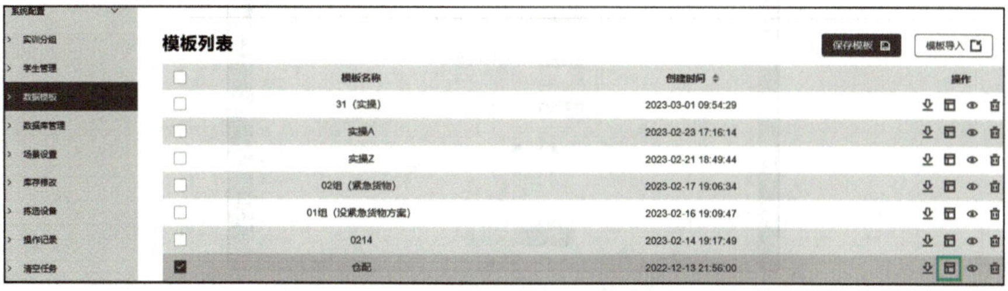

图 2-9　单击“应用模板”

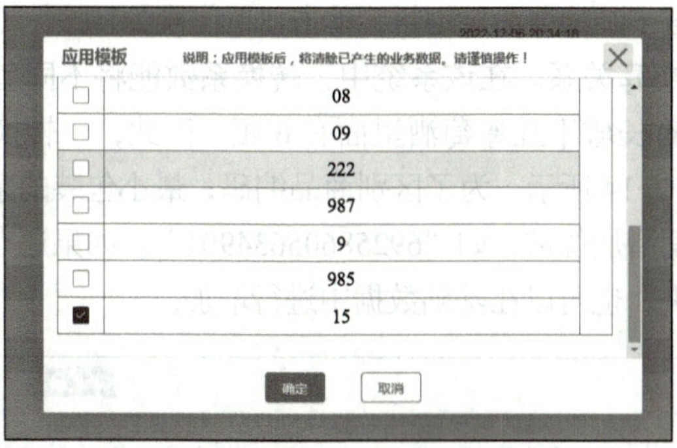

图 2-10　将模板应用到实训组别“15”

二、新增物料信息

1．WMS 登录

重新登录，在 WMS“登录”界面输入学生账号和密码，以信息录入员“1213”的身份进入系统，完成 WMS 登录。

2．新增物料信息

设置仓储业务发生的物料信息。选择“基础数据”→“商品设置”，进入商品设置页面，单击“新增”按钮，如图 2-11 所示。此处新增物料“长城干红葡萄酒”，具体的物料信息明细如图 2-12 所示。

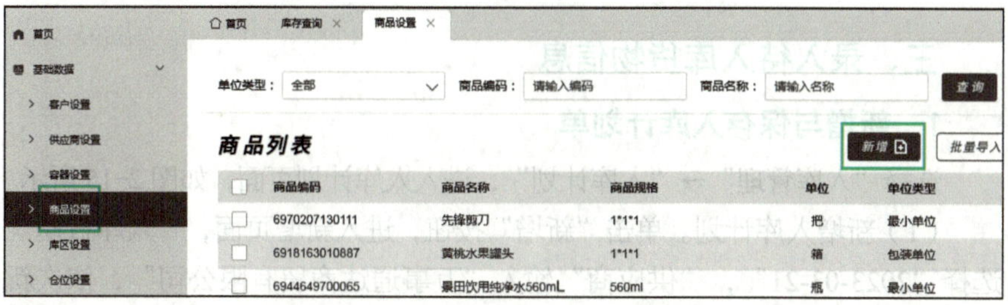

图 2-11　在“商品设置”中单击“新增”按钮

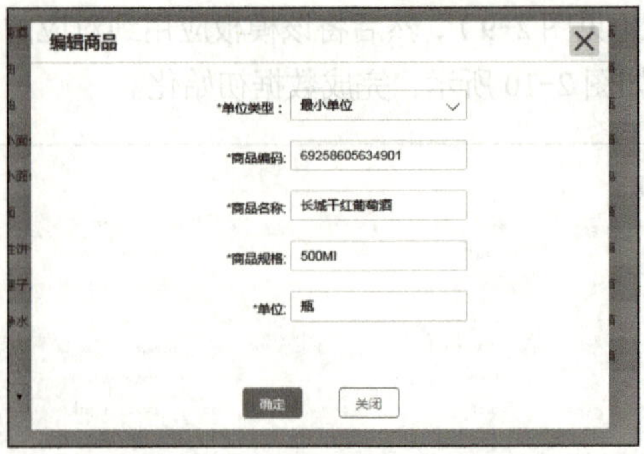

图 2-12　长城干红葡萄酒物料信息明细

选中“长城干红葡萄酒”物料，单击“单位换算”按钮（见图 2-13），录入物料包装换算关系。在该系统中，转换系数能将不同包装单位的商品联系起来，每箱长城干红葡萄酒里面有 6 瓶，因此，“转换系数”输入数字“6”，如图 2-14 所示。为了区别商品编码，最小包装的条码没有给定，可以在整箱后面增加位数，如“69258605634901”。如果还有别的信息如仓位、客户等缺失，也可以在基础数据中进行增加。

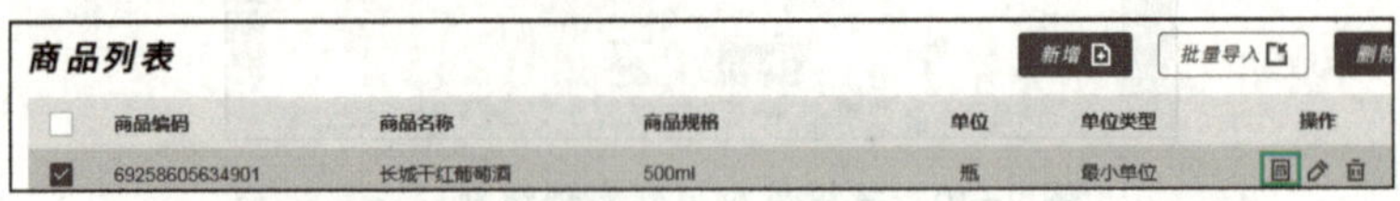

图 2-13　单击“单位换算”按钮

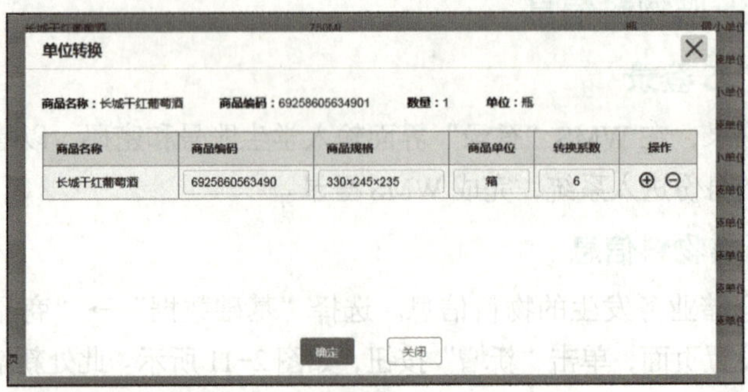

图 2-14　“转换系数”输入“6”

三、录入待入库货物信息

1. 新增与保存入库计划单

选择“入库管理”→“入库计划”，进入入库计划页面，如图 2-15 所示。

（1）新增入库计划。单击“新增”按钮，进入新增页面，“入库日期”选择“2023-03-21”，“供应商”输入“万事通达商贸有限公司”，依次新增康师傅牛肉面 36 箱，长城干红葡萄酒 42 箱，如图 2-16 所示。

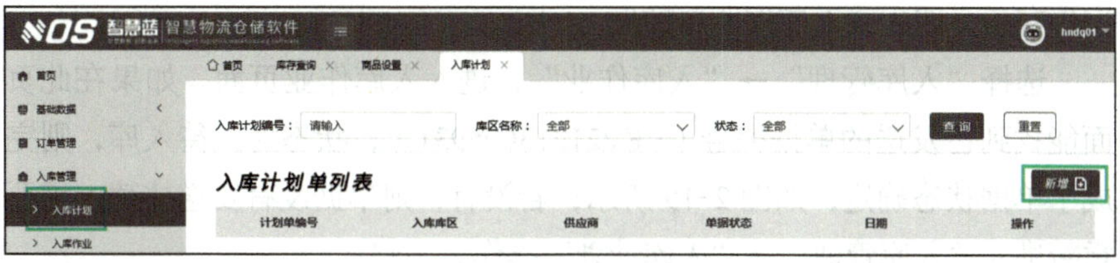

图 2-15　入库计划页面

图 2-16　新增入库计划

（2）保存入库计划信息。单击入库计划单右上角的“保存”按钮，结果如图 2-17 所示。

图 2-17　新增入库计划（待发送）

（3）单击“发送作业”按钮，进入下一步堆码组托（手持 RF 或者穿戴设备）操作，发送后的页面如图 2-18 所示。

图 2-18　新增入库计划（已发送）

在这里，可以单击右侧的“撤回”按钮，将已发送的入库计划单撤回，变为待发送状态，但是已产生操作数据的入库计划单不可撤回。

2．入库作业单据状态确定

入库计划单与入库作业单为同一单据，只是分模块展示。入库作业数据提交后，即生成入库作业单数据。

选择“入库管理”→“入库作业”，进入入库作业页面。如果在此页面能找到已发送的单据编号（RK221213005931），状态为：待入库，则完成了单据状态确定，如图 2-19 所示；若没有，则单据没有发送成功，需要重新进入“入库管理”→“入库计划”操作。

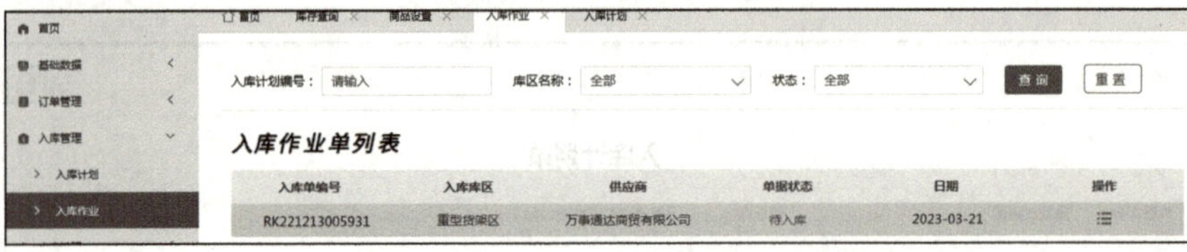

图 2-19　入库订单单据状态确认

在该页面，入库作业单较多时，可以利用“查询”和“重置”按钮快速找到单据。

（1）查询。利用入库单编号、库区名称、单据状态等信息快速找到对应入库作业单信息。在单据较多时输入前述限制条件，可以快速查找单据。

（2）重置。快速清空填写条件内容信息，重新设置限制条件来查找入库作业单。

3．打印入库单

选择“入库管理”→“入库计划”，单击对应的“单据详情”按钮（见图 2-20），会展现该单据的详情，如图 2-21 所示，单击“打印”按钮，可将入库计划单打印出来，指导后续作业。

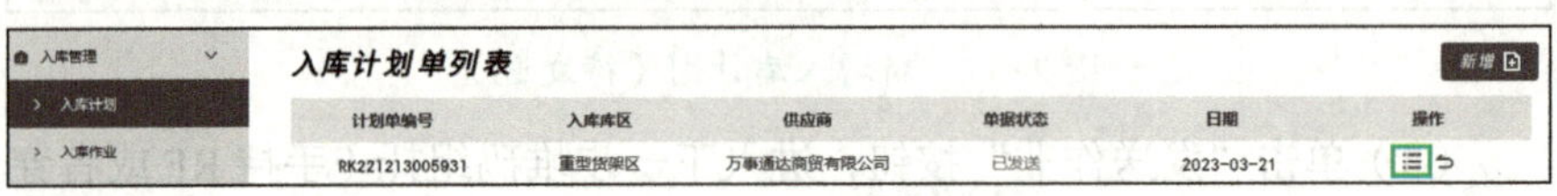

图 2-20　查看单据详情

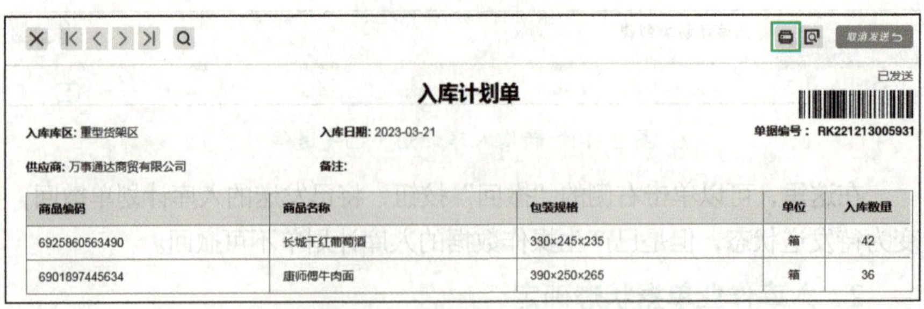

入库计划单

入库库区：重型货架区　入库日期：2023-03-21　单据编号：RK221213005931

供应商：万事通达商贸有限公司　备注：

商品编码	商品名称	包装规格	单位	入库数量
6925860563490	长城干红葡萄酒	330×245×235	箱	42
6901897445634	康师傅牛肉面	390×250×265	箱	36

图 2-21　打印入库计划单

职业素养 精益

精益就是精益求精，是从业者对每件产品、每道工序都凝神聚力、追求极致的职业品质。简单来说就是已经做得很好了，还要做得更好，正如老子所说，“天下大事，必作于细”。

仓管员应该采取有效的货物存放策略，根据货物特性和库存量，合理规划存储位置和方式。采用 ABC 分类法等方法，有助于管理货物的优先级和流动性。建立完善的仓库管理系统，及时更新库存信息，能够帮助仓管员更好地掌握货物的库存状况。这也是实现精益仓配运营的基础。

任务评价

对于该任务的完成情况，从职业素养和任务实施情况两个方面来制定评价标准，职业素养主要评价信息录入、计算机操作、现场 6S 作业三个方面。任务实施情况的评价从建立账号、数据初始化、新增物料信息、新增入库计划单、确认入库作业单 5 个方面来进行。在上述评分标准的基础上，将任务实施的考核点细分，针对练习和测试过程中的要点进行量化，制定出可操作的个人任务实施评分表，如表 2-4 所示。

表 2-4 入库信息录入任务实施情况个人评分表（课用）

任务实施人： 开始时间：
评分人： 完成时间：

评价内容	配分	评分标准		得分	超时扣分	备注
职业素养	20 分	信息录入	信息录入准确（5 分） 信息录入迅速（5 分）			
		计算机操作	计算机操作安全（2 分） 计算机操作规范（3 分）			
		现场 6S 作业	操作台干净（2 分） 操作台整齐（2 分） 操作台整洁等（1 分）			
入库信息录入	80 分	建立账号	建立组别（5 分） 新增用户成功（5 分）			
		数据初始化	查找用户快速（5 分） 选用模板准确（5 分） 数据初始化成功（5 分）			
		新增物料信息	条码正确（5 分） 包装换算正确（10 分） 新增物料准确（10 分）			

（续）

评价内容	配分	评分标准		得分	超时扣分	备注
入库信息录入	80分	新增入库计划单	入库计划单填写准确（15分） 入库计划单填写高效（10分）			
		确认入库作业单	入库作业单确认（5分）			
总分合计						

注：完成时限为8分钟，超时1分钟扣10分。

总结与反思

该任务有三个难点，一是计算机打字要迅速、规范和准确，二是对新增物料信息的包装转换系数要理解无误，三是入库作业单确认容易忘记。认真回答下列问题，将有助于提升你的技能训练效果。

你的职业素养得分是多少？你失分的主要原因是什么？你认为应该从哪些方面提高任务评分？请将你对该任务的总结与反思写在表2-5内。

表2-5　入库信息录入任务总结与反思表

班级		姓名	
任务完成时间		任务实施得分	
职业素养得分			
和你情况相符的请打√	□计算机打字不规范，影响速度 □数据初始化错误 □入库计划单物料选择错误 □其他＿＿＿＿	□忘记新增用户流程 □新增物料信息错误 □忘记检查和确认入库作业单	
失分原因			
改进方向			
给老师的建议			

任务巩固

一、知识内化

请对整个任务知识进行复习，将你认为正确的答案填在（　　）中。

1. 当前我国WMS的主要类型不包括（　　）。

A. 配送中心式WMS　　　B. 仓储作业式WMS

C. 运输作业式 WMS　　D. 仓储经营式 WMS

2. WMS 的核心业务模块不包括（　　）。

A. 入库管理　B. 出库管理　C. 盘点　D. 用户管理

3. WMS 数据模板的作用是（　　）。

A. 检查　B. 审核　C. 恢复　D. 查询

4. WMS 的入库作业流程是（　　）。

A. 入库信息录入—入库货物组托—入库货物上架

B. 入库货物组托—入库信息录入—入库货物上架

C. 入库信息录入—入库货物上架—入库货物组托

D. 核实入库单—入库信息录入—入库货物组托—入库货物上架

5. 在 WMS 中，如果王老吉的包装转换系数是 24，下列含义正确的是（　　）。

A. 2 箱王老吉有 12 瓶　B. 1 箱王老吉有 24 瓶

C. 10 箱王老吉有 24 瓶　D. 24 箱王老吉有 24 瓶

二、学以致用

2023 年 3 月 25 日，你作为仓储员接到一份经过验收的入库单，入库信息明细如表 2-6 所示。经过系统查询，发现该供应商是和仓配中心第一次合作，系统中并没有天心食品的信息，加多宝和农夫果园的物料信息也没有，需要新增基础资料才能录入入库货物信息。请按要求生成入库作业单，并请同学对任务实施情况进行评价，将得分与扣分情况填入表 2-7。

表 2-6　入库信息明细表

订单号：2023032502　　运单号：HD000002

序号	供应商	商品名称	商品条码	包装规格（长 × 宽 × 高）	每箱重量 /kg	数量 / 箱
1	天心食品	加多宝 350mL（24 瓶 / 箱）	6901867445636	314mm×226mm×250mm	3	30
2	天心食品	农夫果园 500mL（6 瓶 / 箱）	6923860563480	325mm×415mm×240mm	7	25
3	天心食品	娃哈哈矿泉水（24 瓶 / 箱）	6923860883562	415mm×285mm×240mm	3	35

作业要求：

（1）在 WMS 中新增天心食品供应商。

（2）在 WMS 中新增上述两种货物信息。

（3）快速准确地录入待入库货物信息，并进行复检。

（4）生成入库作业单并打印。

表 2-7　入库信息录入任务个人评分表（练习用）

任务实施人：　　　　　　　　　　　　　　　　　开始时间：
评分人：　　　　　　　　　　　　　　　　　　　完成时间：

评价内容	配分	评分标准		得分	超时扣分	备注
职业素养	20 分	信息录入	信息录入准确（5 分） 信息录入迅速（5 分）			
		计算机操作	计算机操作安全（2 分） 计算机操作规范（3 分）			
		现场 6S 作业	操作台干净（2 分） 操作台整齐（2 分） 操作台整洁等（1 分）			
入库信息录入	80 分	建立账号	建立组别（5 分） 新增用户（5 分）			
		数据初始化	查找用户快速（5 分） 选用模板准确（5 分） 数据初始化成功（5 分）			
		新增物料信息	条码正确（5 分） 包装换算正确（10 分） 新增物料准确（10 分）			
		新增入库计划单	入库计划单填写准确（15 分） 入库计划单填写高效（10 分）			
		确认入库作业单	入库作业单确认（5 分）			
总分合计						

注：完成时限为 8 分钟，超时 1 分钟扣 10 分。

任务二　高效扫描：条码制作、打印与粘贴

学习目标

1．能够认知条码种类、特点及作用。
2．能够查询 WMS 中的托盘条码。
3．能够利用 Bartender 软件制作 Code 39 码并打印。
4．能够快速准确地完成托盘条码粘贴。

作业标准

1．任务标准：任务评分表得分 80 分以上。
2．任务限时：5 分钟 / 人。
3．职业素养：耐心细致、动作规范、操作安全。

任务准备

一、认识托盘条码

托盘条码和商品条码并不一样，商品条码是用来识别商品的条码，托盘条码是粘贴在托盘上的条码，它的作用是将托盘在 WMS 中进行区分，一个托盘对应一个托盘条码。托盘条码主要用于仓储管理，因此，仓配中心可以根据一定的规则来编制托盘条码。如果托盘还流转于上下游企业，为了提升周转效率和便于 WMS 数据对接，那么托盘条码的编制就必须和上下游企业统一。

二、认识托盘

1．托盘定义

根据《物流术语》（GB/T 18354—2021），托盘是指在运输、搬运和存储过程中，将物货规整为货物单元时，作为承载面并包括承载面上辅助结构件的装置。

2．托盘种类

托盘的种类繁多，结构各异。常见的托盘主要有平托盘、柱式托盘、箱式托盘、轮式托盘及特种专用托盘。平托盘是在承载面和支撑面间夹以纵梁，构成可集装物料，可使用搬运车或叉车等进行作业的货盘。平托盘是一种通用托盘，具有使用范围广、用量大、通用性好的优点。平托盘按材质可分为木制平托盘、钢制平托盘、塑料平托盘、纸制平托盘及高密度合成板制平托盘。图 2-22 所示为不同材质托盘图示。

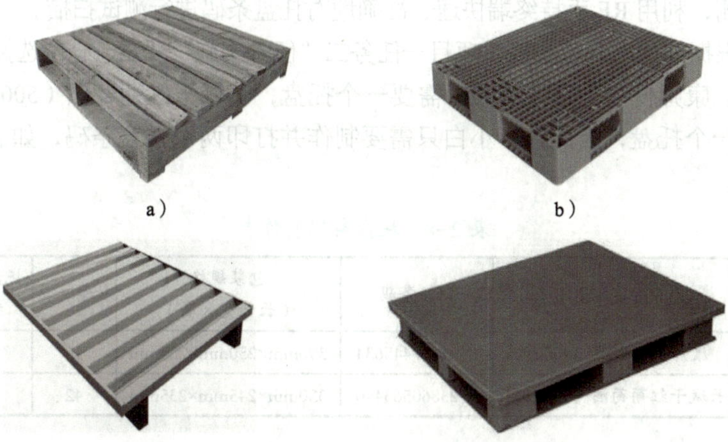

a）　b）　c）　d）

图 2-22　不同材质的托盘图示

a）木制平托盘　b）塑料平托盘　c）钢制平托盘　d）纸制平托盘

三、认识条码打印机

条码打印机是打印条码的设备，其工作模式分为热敏打印模式和热转印打印模式。

1. 热敏打印模式

热敏打印模式指的是流过印字头电阻的电流产生热传到热敏纸上，使其变色，从而印出字符和图像。这种打印模式印字清晰，耗材便宜，但是字迹保存性差，在阳光照耀下易变色。

2. 热转印打印模式

热转印打印模式是指流过印字头电阻的电流产生热传到碳带上，将碳带上的碳粉涂层加热，转印到纸张或其他种类的材质上。市面上许多打印机支持两种打印模式，如图 2–23 所示。

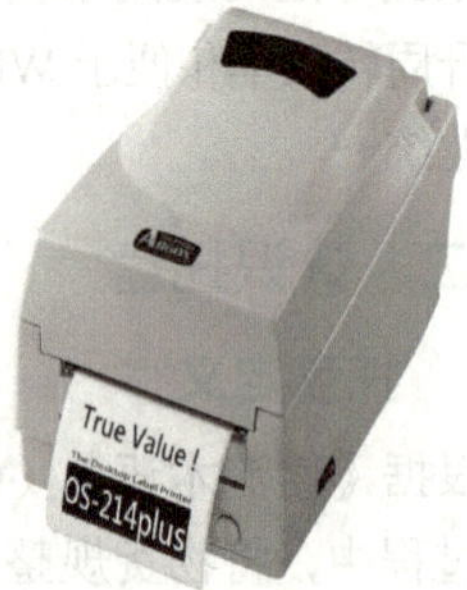

图 2–23　热敏 / 热转印打印机图示

任务派发

2023 年 3 月 21 日，仓配中心仓管员马来在 WMS 中录入了待入库货物信息。货物实体和 WMS 之间进行数据互通的渠道是局域网，但是具体联系的桥梁是条码和无线射频识别终端。李遥检查了待入库货物外包装箱，发现外包装箱上面都有包装条码，但是仓配中心的托盘当前并没有条码，RF 手持终端必须要结合条码或标签来读取数据。因此，李遥安排李小白完成托盘条码的制作、打印，并将条码粘贴到托盘上面，同时对 RF 手持终端进行检测，利用 RF 手持终端快速、准确地对托盘条码进行测试扫描。

根据前面的仓位选择（项目一任务二“任务实施”“三、仓位选择”）可知，康师傅牛肉面（400g）需要一个托盘，长城干红葡萄酒（500mL）需要一个托盘，因此，李小白只需要制作并打印两个托盘条码，如表 2–8 所示。

表 2–8　托盘条码制作表

序号	商品名称	商品条码	包装规格（长 × 宽 × 高）	数量 / 箱	托盘条码编号
1	康师傅牛肉面（400g）	6901897445634	390mm×250mm×265mm	36	
2	长城干红葡萄酒（500mL）	6925860563490	330mm×245mm×235mm	42	

一、作业要求

（1）在 WMS 中查询条码信息，选择两个合适的条码编号。

（2）在条码打印软件 Bartender 中完成 Code 39 码的制作。

（3）检查核对 RF 手持终端的网络设置。

（4）利用 RF 手持终端对托盘条码进行测试扫描。

二、实施条件

基本实施条件如表 2-9 所示。

表 2-9　基本实施条件

项目	基本实施条件	备注
场地	仓库 1 个，面积不小于 200m^2，要求照明通风良好	必备
设备	条码打印机 1 台、仓储管理系统（WMS）1 套、计算机 1 台	必备
工具	Bartender 软件、RF 手持终端、基站	必备

知识储备

一、识别条码

条码（Bar Code）是由一组规则排列的条、空及其对应字符组成的标记，用于表示一定的信息。其中“条”指的是反射率较低的部分，“空”是反射率较高的部分。

条码技术是在计算机技术与信息技术的基础上发展起来的一项集编码、印刷、识别、数据采集和处理于一身的新兴技术。其主要包括三方面的内容，即符号技术、识别技术、条码应用系统设计。

二、条码的分类

条码的分类方法有很多，主要分类依据是条码的编码结构和条码的性质。条码可分为一维条码（条形码）和二维条码（二维码），如图 2-24 所示。

123ABC

图 2-24　一维条码（左）和二维条码（右）图示

1. 一维条码分类

一维条码分类的方式有很多，具体如下：

（1）按条码应用可分为商品条码和物流条码，商品条码包括 EAN 码和 UPC 码，物流条码包括 Code 128 码、Code 39 码和 ITF 码等。

（2）按条码长度可分为定长条码和非定长条码。

（3）按排列方式可分为连续型条码和非连续型条码。

（4）按校验方式可分为自校验条码和非自校验条码等。

2．二维条码分类

根据构成原理、结构图形差异，二维条码可分为行排式二维条码和矩阵式二维条码。表 2-10 是一维条码与二维条码的详细对比。

表 2-10　一维条码与二维条码的详细对比

项目	条码分类	
	一维条码	二维条码
作用	可以识别商品的基本信息，但不能提供商品更详细的信息，需要计算机数据库配合	具备识别功能，而且可显示更详细的商品内容，无须计算机数据库的配合，简单方便
特点	技术成熟、使用广泛，但是信息量少、只支持英文或数字的读取、制作成本低、需与计算机数据库连接	信息密度高、数据量大，具备纠错能力、部分需支付费用，二维条码生成后不可更改、安全性高，支持文字、数字、指纹、音频、图像等读取

三、物流条码的码制

物流条码是标识货运单元的唯一标志，物流条码的码制是指条码的类型，每种类型的条码符号都由符合特定编码规则的条和空组合而成，都有固定的编码容量和条码字符集。国际上常见的物流条码有 EAN-13 码、交叉二五条码以及 Code 39 码等。

1．EAN-13 码

EAN-13 码是国际通用符号体系，是一种定长、无含义的条码，有自校功能，常用在单个大件商品的包装上。

2．交叉二五条码

交叉二五条码是一种连续、非定长、具有自校功能，且条、空都表示信息的双向条码。常用在定量储运单元的包装箱上。

3．Code 39 码

Code 39 码能够对任意长度的数据进行编码，自校验，长度可变，广泛用于物流管理系统，以及汽车制造、机械加工、工业自动化等领域。

四、条码识读器

条码识读器的工作原理是：由光源发出的光线经过光学系统照射到条码符号上，被反射回来的光经过光学系统在光电转换器上成像，使之产生电信号，信号经过电路放大后产生模拟信号（它的强弱与照射到条码符号上被返回来的光呈正比），经过过滤、波形整形后，形成与模拟信号对应的方波信号，最后经译码器解读为计算机可以直接接受的数字信号。

条码识读器可分为光笔扫描器、台式扫描器、手持扫描器、固定式光电及激光快速扫描器、卡式条码阅读器、便携式数据采集器。图 2-25 所示为手持式激光扫描器和便携式无线数据采集器。

图 2-25　手持式激光扫描器（左）和便携式无线数据采集器（右）

任务实施

一、条码模板设置

条码制作软件有很多，如 Bartender、Barcode Studio 等，这些软件都可以从网上免费下载，安装也很简单方便。本次任务实施将在 Bartender 软件平台上完成。在条码制作之前，需要打开 Bartender 软件，完成基础设置。

1．空白模板设置

在计算机桌面上双击 Bartender 应用程序，可以选择“启动新的 Bar Tender 文档（N）...”，进行条码空白模板的编辑，也可以选择“打开现有 Bar Tender 文档（E）...”，直接选用已有的条码模板。图 2-26 所示为选择“空白模板”，单击“下一步”进行设置。

2．自定义设置卷

“卷”指的是条码打印页的大小及页上项目的大小、数量和位置。可以使用预定义的卷或者指定自定义设置，此处选择“指定自定义设置”，单击“下一步”进行设置，如图 2-27 所示。

3．每页项目数设置

在这里，可以对每页项目数（标签、卡、标记等）进行设置。大多数情况下，每页只包含一个项目，如有需要，也可以选择每页多列或多个项目。选择“每页一个项目”，如图 2-28 所示，单击“下一步”。

4. 侧边设置

侧边指的是条码打印纸项目边缘与页边缘的空隙。如果项目边缘与页边缘没有空隙，选择“否，没有这样的材料”；反之，选择“是，边缘有一些未使用的材料”，并对边缘未使用区域的宽度进行设置，默认的是左右皆留有 1.3 毫米的距离。一般情况下，若没有特殊要求，选择默认设置即可，如图 2-29 所示，然后单击“下一步”。

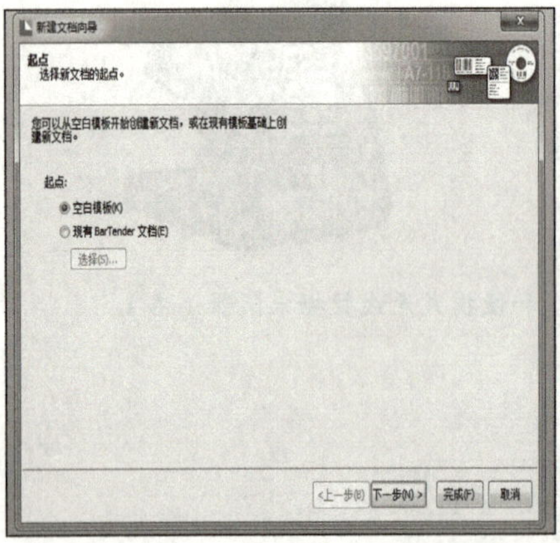

图 2-26 选择“空白模板”

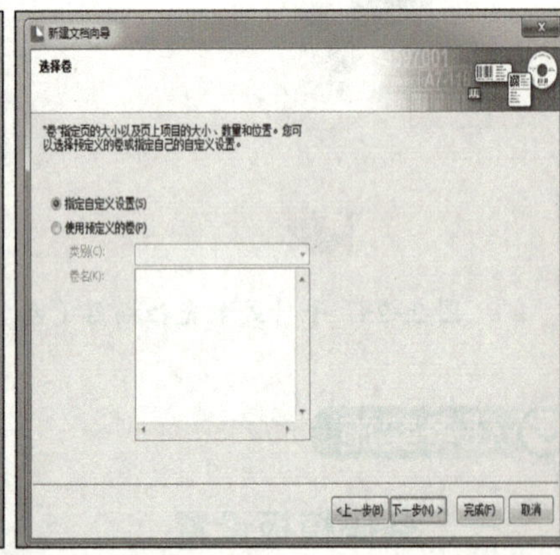

图 2-27 选择“指定自定义设置”

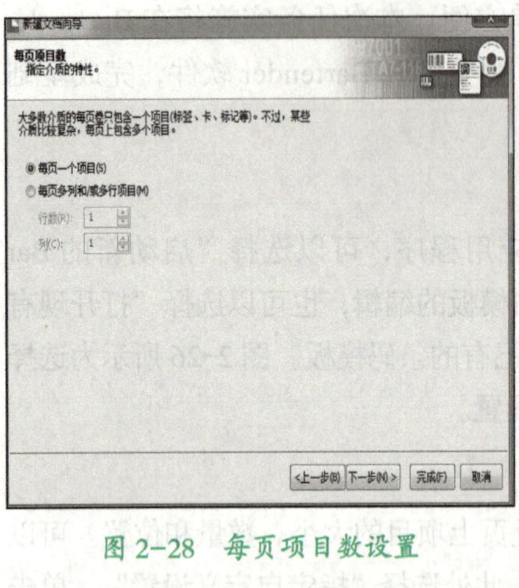

图 2-28 每页项目数设置

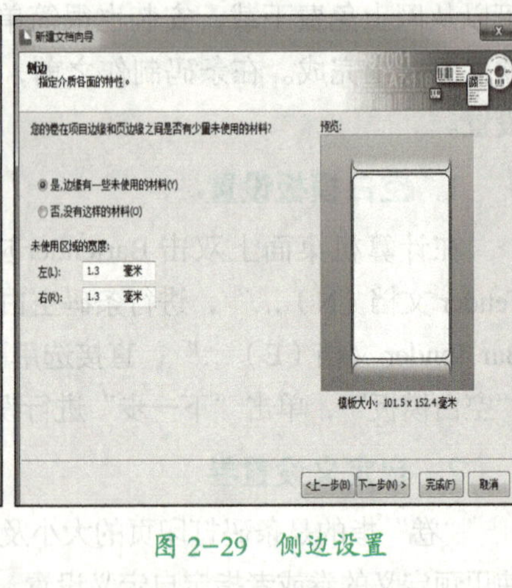

图 2-29 侧边设置

5. 打印项目形状设置

打印的项目形状有“方框”“圆角矩形”“椭圆”“圆”四种，可以根据需要进行选择，如图 2-30 所示，这里选择“圆角矩形”，然后单击“下一步”。

6．模板大小设置

可以对模板的大小进行设置，系统默认宽度 101.5 毫米，高度 152.4 毫米。可以进行宽度和高度设置，对模板进行放大或缩小，如图 2-31 所示，单击“下一步”，单击“完成”，完成条码模板设置。

图 2-30　打印项目形状设置

图 2-31　模板大小设置

二、条码制作

1．在 WMS 中查询托盘条码

托盘条码不能随便编制，需要和 WMS 设置的托盘条码相一致，这是因为选用的条码若与 WMS 内置的条码编号对应不上，则 WMS 会识别不了，一般会报错。因此，打开 WMS，在“基础数据”中选择“容器设置”，容器类型选择“托盘”，找到托盘的条码。WMS 中的条码是 8 位数字，如有需要，可以在系统中新增条码，如图 2-32 所示。这里选用“20000019”“20000020”两个条码编号设计与打印。

托盘条码查询

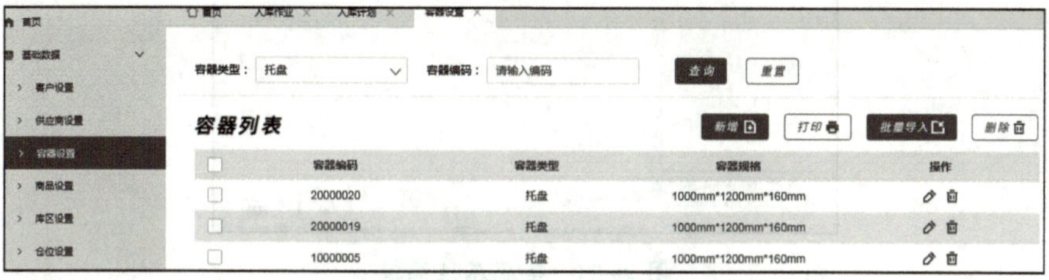

图 2-32　托盘条码选择

2．条码制作

在完成条码模板设置后，Bartender 软件将会弹出条码制作界面，如图 2-33 所示。

托盘条码制作

图 2-33　条码制作界面

单击工具栏中的“条码”，并将其拖拽至条码空白区。双击条码，弹出条码属性界面。在条码属性界面，可以对字体、文本格式、边框、位置及数据源等属性进行编辑，一般情况下，只对数据源设置就可以。

选择“数据类型”，这是对条码码制类型进行选择，因为是物流条码，选择“Code 39”码；选择数据源，复制 WMS 中的“20000019”条码并粘贴在“嵌入的数据（D）”中，如图 2-34 所示，编辑完成后关闭界面。

制作成功的条码将会在空白区显示，如图 2-35 所示，可以对条码的位置及大小进行拖拽修改。特别要注意的是，在复制条码时，不能留有空格，如有空格，则条码数据源发生了变化，条码识读将出现错误。

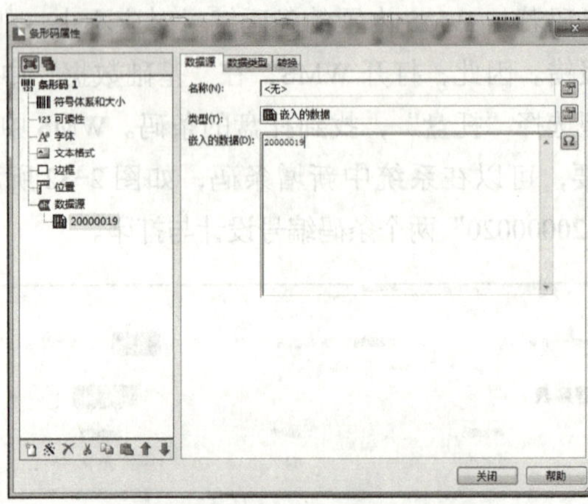

图 2-34　条码属性编辑

20000019

图 2-35　条码制作完成图示

3. 添加文字

如有需要，可以对条码进行文字注释，特别是在制作商品条码时，需要说明是哪种商品的条码，以便于区分和识别。在工具栏找到文本图标，将其拖拽至条码编辑区，进行文字编辑即可，如图 2-36 所示。

图 2-36　文字添加图示

三、条码打印

条码制作完成后，可在 Bartender 软件中进行打印，单击工具栏的“打印”图标，将会弹出打印属性设置界面，在这里可以设置打印份数、选择条码打印机等，如图 2-37 所示。

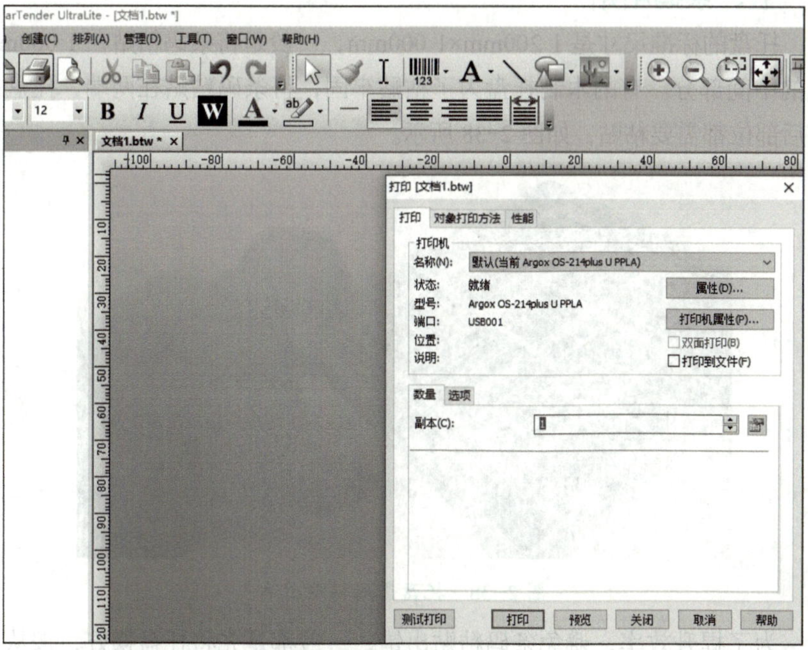

图 2-37　条码打印设置

如果需要打印一张条码，数量栏填“1”；如果需要打印两张条码，数量栏填“2”。在实际操作过程中，为了方便读取数据，需要在托盘的前后都粘贴条码，因此，同样的托盘条码需要打印两张，在这里，将数量栏填“2”，单击打印。条码打印完成。重复上述步骤，将条码“20000020”进行制作与打印。

四、条码撕纸

当条码打印出来之后，需要手动将条码纸从条码打印机上撕断，但是有的条码打印机会出现以下现象：打印了一张条码，出纸的时候，条码没有完全出来，还有一行条码卡在里面，所以没有办法撕纸，需要打印第二张之后，才能撕第一张。问题通常出在驱动上面，选择“打印”→“属性”→“卷”，“打印后操作”选择“撕去”模式，即可解决此问题。

另外，在撕条码时，条码打印机出纸部位内置有刀片，只要轻轻地从左边或从右边向下撕开一个小口子，然后沿着刀片轻轻地向下拉扯，就能平整地将条码撕下来。如果没有注意到这个刀片，不讲究手法硬扯，则可能将条码纸撕破。

托盘条码粘贴

五、条码粘贴

托盘的标准尺寸是 1 200mm×1 000mm，一般是将条码粘贴在 1 000mm 边的中间部分。有的木制托盘为了粘贴牢固，将条码粘贴在两端，托盘的前后部位都需要粘贴，如图 2-38 所示。

图 2-38 托盘条码粘贴图示

为了提升效率，避免条码粘贴出错，一般都是先将托盘摆好，按从上到下的顺序进行粘贴，可以单人完成，也可以两人各站一边，边粘贴边核对。

思考：

李同学提问：“条码粘贴在托盘上是为了读取数据，那么为什么一定要打印并粘贴两份，这不是有点浪费吗？”你能解释一下这个问题？

任务评价

对于该任务的完成情况，从职业素养和任务实施情况两个方面来制定评价标准，职业素养主要评价工作态度、计算机操作、现场 6S 作业三个方面。任务实施情况的评价从条码模板设置，条码制作、打印，条码撕纸，条码粘贴四个方面来进行。在上述评分标准的基础上，将任务实施的考核点细分，针对练习和测试过程中的要点进行量化，制定出可操作的个人任务实施评分表，如表 2-11 所示。

表 2-11　条码制作、打印与粘贴任务个人评分表（课用）

任务实施人：　　　　　　　　　　开始时间：

评分人：　　　　　　　　　　　　完成时间：

评价内容	配分	评分标准		得分	超时扣分	备注
职业素养	20 分	工作态度	审查细致（5 分） 任务实施耐心（5 分）			
		计算机操作	计算机操作安全（2 分） 计算机操作规范（3 分）			
		现场 6S 作业	操作台干净（2 分） 操作台整齐（2 分） 操作台整洁等（1 分）			
条码制作、打印与粘贴	80 分	条码模板设置	快速设置模板（5 分） 成功引用模板（5 分）			
		条码制作、打印	快速查询 WMS 托盘条码（5 分） 选用条码码制正确（5 分） 条码数据准确（20 分） 条码标签打印份数正确（5 分） 条码标签大小适宜（5 分）			
		条码撕纸	条码标签整齐（10 分）			
		条码粘贴	条码粘贴位置正确（10 分） 条码粘贴牢固（10 分）			
总分合计						

注：完成时限为 5 分钟，超时 1 分钟扣 10 分。

总结与反思

该任务有三个难点，一是条码码制和数据源要正确，二是条码撕纸要整齐，三是条码粘贴要规范。认真回答下列问题，将有助于提升你的技能训练效果。

你的职业素养得分是多少？你失分的主要原因是什么？你认为应该从哪些方面提高任务评分？请将你对该任务的总结与反思写在表 2-12 内。

表 2-12　条码制作、打印与粘贴任务总结与反思表

班级		姓名	
任务完成时间		任务实施得分	
职业素养得分			
和你情况相符的请打 √	□计算机打字不规范，影响速度 □条码码制错误 □条码数据源后有空格 □条码粘贴错误 □其他＿＿＿＿＿＿	□忘记在 WMS 中查找托盘条码 □条码数据源错误 □条码撕纸不整齐	
失分原因			
改进方向			
给老师的建议			

任务巩固

一、知识内化

请对整个任务知识进行复习，将你认为正确的答案填在（　　）中。

1. 下列条码中（　　）最有可能是托盘条码。

　A. 6920087543283　　B. 21000009

　C. 4782132312342　　D. 9783487980234

2. 热转印打印模式不需要下列（　　）的支持。

　A. 碳带　　B. 碳粉　　C. 标签　　D. 热敏纸

3. （　　）条码码制能设计出字母。

　A. EAN-13　　B. Code 39

　C. 交叉二五条码　　D. Code Bar

4. 不能粘贴托盘条码的位置是（　　）。

　A. 托盘正上方位置　　B. 托盘正前方中间位置

　C. 托盘正后方中间位置　　D. 托盘正后方左侧位置

5. 马来在 WMS 中找到了一个商品的条码“6919200342125”，他用条码打印机将其打印出来，但是在识读的时候一直报错，提示该商品不存在。他仔细检查了几遍，条码显示的是“6919200342125”，最有可能的报错原因是（　　）。

　A. 标签显示模糊，导致识读报错

　B. 在条码制作时，不小心在数据源尾部带了空格

C. 条码被折叠，识读不出来

D. 条码数据源录入错误，导致识读报错

二、学以致用

2023 年 3 月 25 日，仓储员小王录入了一份入库单，根据测算，该批货物需要 7 个托盘进行堆码。为了提高入库作业效率，小王需要你的协助。你的任务是在 5 分钟之内，从 WMS 中找出 7 个没有使用过的托盘条码，完成制作、打印，并将其规范地粘贴在托盘上，然后请同学对任务完成情况进行评分，将得分与扣分情况填入表 2-13 中。

表 2-13　条码制作、打印与粘贴任务个人评分表（练习用）

任务实施人：　　　　　　　　　　　　　　　　开始时间：
评分人：　　　　　　　　　　　　　　　　　　完成时间：

<table>
<tr><th>评价内容</th><th>配分</th><th colspan="2">评分标准</th><th>得分</th><th>超时扣分</th><th>备注</th></tr>
<tr><td rowspan="3">职业素养</td><td rowspan="3">20 分</td><td>工作态度</td><td>审查细致（5 分）
任务实施耐心（5 分）</td><td></td><td></td><td></td></tr>
<tr><td>计算机操作</td><td>计算机操作安全（2 分）
计算机操作规范（3 分）</td><td></td><td></td><td></td></tr>
<tr><td>现场 6S 作业</td><td>操作台干净（2 分）
操作台整齐（2 分）
操作台整洁等（1 分）</td><td></td><td></td><td></td></tr>
<tr><td rowspan="4">条码制作、打印与粘贴</td><td rowspan="4">80 分</td><td>条码模板设置</td><td>快速设置模板（5 分）
成功引用模板（5 分）</td><td></td><td></td><td></td></tr>
<tr><td>条码制作、打印</td><td>快速查询 WMS 托盘条码（5 分）
选用条码码制正确（5 分）
条码数据准确（20 分）
条码标签打印份数正确（5 分）
条码标签大小适宜（5 分）</td><td></td><td></td><td></td></tr>
<tr><td>条码撕纸</td><td>条码标签整齐（10 分）</td><td></td><td></td><td></td></tr>
<tr><td>条码粘贴</td><td>条码粘贴位置正确（10 分）
条码粘贴牢固（10 分）</td><td></td><td></td><td></td></tr>
<tr><td colspan="4">总分合计</td><td></td><td></td><td></td></tr>
</table>

注：完成时限为 5 分钟，超时 1 分钟扣 10 分。

项目三

入库货物组托作业

任务　智能识别：货物堆码与 RF 组托

学习目标

1. 能够了解 RFID 的优缺点。
2. 能够快速规范地完成货物堆码。
3. 能够快速准确地用 RF 手持终端完成货物组托。

作业标准

1. 任务标准：任务评分表得分 80 分以上。
2. 任务限时：6 分钟 / 人。
3. 职业素养：迅速细致、动作规范、堆码标准、操作安全。

任务准备

无论是在仓管员岗位职责中，还是在技能竞赛的赛项规程中，或者在物流服务师职业技能等级认证的技能要求中，货物的堆码与组托都是较为重要的内容，需要从成本和效率的角度来完成任务。

一、无线射频识别技术

1. 无线射频识别技术的概念

无线射频识别（RFID）技术是一种非接触式的自动识别技术，它通过射频信号自动识别目标对象并获取相关数据，识别时无须人工干预，可于各种恶劣环境中工作。

2. 无线射频识别技术的分类

RFID 技术有很多不同的分类方法。按标签供电方式可分为有源、无源及半有源；按数据调制方式可分为主动式、被动式及半主动式；按标签的可读写性可分为读写，只读，一次写入、多次读取；按系统的工作频率可分为低频、高频、超高频。

二、无线射频识别系统

在具体的应用过程中，根据不同的应用目的和应用环境，RFID 系统的组成会有所不同，但就其工作原理来看，一般都由信号发射机（如标签）、信号接收器（如阅读器）、编程器（如读写器）、发射接收天线等部分组成。在日常应用中，常见的无线射频识别系统是电子标签系统。

电子标签系统是一种简单的无线系统，由一个阅读器（或询问器）和很多标签（或应答器）组成。电子标签系统由以下三个部分构成。

（1）标签（Tag）。标签由耦合元件及芯片组成，每个标签具有唯一的电子编码，附着在物体上标识目标对象。根据是否有源，分为有源标签和无源标签；根据标签的读写性，分为只读标签和读写标签；根据标签和阅读器发言先后，分为 RTF（被动式）标签和 TTF（主动式）标签；根据频段的不同，分为低频标签、高频标签和微波标签。

（2）阅读器（Reader）。阅读器是读取（有时还可以写入）标签信息的设备，可设计为手持式或固定式。图 3-1 所示为手持式无线射频识别阅读器。

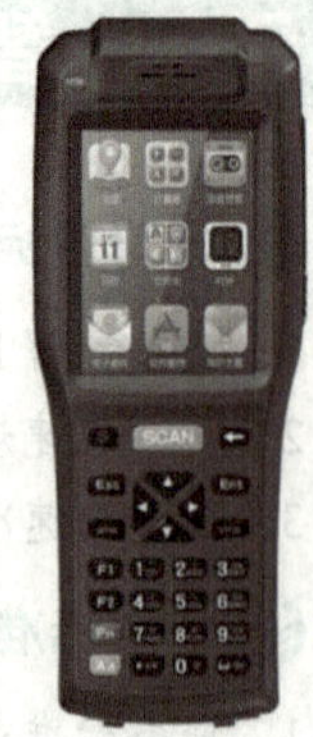

图 3-1　手持式无线射频识别阅读器

（3）天线（Antenna）。天线在标签和阅读器间传递射频信号。

三、无线射频识别基本工作原理

将无线射频标签安装在物体上，当物体进入无线射频识别系统阅读器的阅读范围时，标签和阅读器之间进行非接触式信息通信，标签向预览器发送自身信息如 ID 号（识别身份的号码）等，阅读器接收信息并进行解码，然后传输给后台处理计算机，完成整个信息处理过程。

任务派发

2023 年 3 月 21 日，仓配中心仓管员马来在 WMS 中录入了待入库货物信息，李小白同一时间完成了入库所需托盘条码的制作、打印和粘贴。因为货车司机送来的货直接卸在了月台，为了提高入库作业效率，李遥决定安排两人快速完成该批货物的入库堆码和组托，康师傅牛肉面选用托盘条码“20000019”，长城干红葡萄酒选用托盘条码“20000020”。

该批货物的入库通知单如表 3-1 所示。

表 3-1　入库通知单

序号	商品名称	商品条码	包装规格（长 × 宽 × 高）	数量 / 箱	批次	托盘条码
1	康师傅牛肉面（400g）	6901897445634	390mm×250mm×265mm	36	0321	20000019
2	长城干红葡萄酒（500mL）	6925860563490	330mm×245mm×235mm	42	0318	20000020

一、作业要求

（1）迅速稳固地完成入库货物的堆码。

（2）堆码过程动作规范、不得倒置。

（3）能够利用 RF 手持终端完成 WMS 组托。

二、实施条件

基本实施条件如表 3-2 所示。

表 3-2　基本实施条件

项目	基本实施条件	备注
场地	仓库 1 个，面积不小于 200m²，要求照明通风良好	必备
设备	仓储管理系统（WMS）1 套、计算机多台、RF 手持终端多台	必备
工具	托盘 2 个、条码 4 张、纸箱 80 个以上	必备

知识储备

一、堆码和组托

根据《物流术语》（GB/T 18354—2021），堆码是指将物品整齐、规则地摆放成货垛的作业。组托则是以托盘为载体把单件商品成组化、单元化的过程。这两者都是将物品进行整齐规范的摆放，但是两者的侧重点不一样。堆码可以将物品在托盘上码成货垛，也可以直接在地面上码成货垛，它强调将物品整齐化。而组托必须以托盘为载体，将托盘上的货垛进行成组化的集成，一般是结合 WMS 来完成，将托盘、托盘条码、货物三者进行一一对应，在 WMS 中查询托盘条码就能查询到对应托盘上面的物品明细，因此，组托一般要在堆码之后完成。

二、堆码方式

常见的托盘货物堆码方式有四种，分别是重叠式堆码、正反交错式堆码、纵横交错式堆码、旋转交错式堆码。

1. 重叠式堆码

重叠式堆码

重叠式堆码是指将托盘上的各层货物以相同的方式堆码，且上下完全相对应，各层间不会出现交错现象，如图 3-2 所示。这种堆码方式具有作业简单、速度快、承载能力强的优点。然而，由于各层面之间只是简单地排列，缺少咬合，在货物底面积不大的情况下，其稳定性不够强，容易造成塌垛现象。

2. 正反交错式堆码

正反交错式堆码是指在同一层中，不同列的货物均以 90° 垂直码放，而相邻两层货物的码放则是旋转 180° 的交错形式，如图 3-3 所示。由于这种码放方式使得各层间的咬合强度较高，相邻层间不重叠，所以码放后稳定性很高。但操作非常麻烦，并且包装体之间不是垂直面互相承受载荷，因此下部货体容易被压坏。

3. 纵横交错式堆码

纵横交错式堆码

纵横交错式堆码是将相邻两层货物的摆放旋转 90°，一层呈纵向放置，一层呈横向放置，如图 3-4 所示。这种装盘方式简单，各层之间也有一定的咬合效果，只是咬合强度并不高。作业时，若配以托盘转向器，装完一层之后可利用转向器旋转 90°，作业人员便可用同一装盘方式来实现纵横交错装盘，其劳动强度与重叠式相同。纵横交错式和重叠式均适合自动装盘机进行装盘操作。

4. 旋转交错式堆码

旋转交错式堆码

旋转交错式是将第一层相邻的两个包装摆放互为 90°，两层之间的码放相差 180°，如图 3-5 所示。这样相邻两层之间互相咬合交叉，使得托盘货体的稳定性增强，不易塌垛。但其码放难度大，且中间形成的空穴会降低托盘的装载能力。

a）　　　　b）　　　　c）

图 3-2 重叠式堆码图示

a）重叠式　b）奇数层堆码示意图　c）偶数层堆码示意图

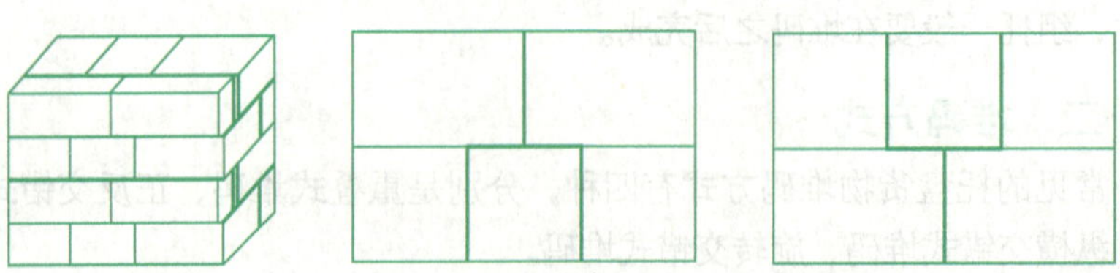

a）　　　　b）　　　　c）

图 3-3 正反交错式堆码图示

a）正反交错式　b）奇数层堆码示意图　c）偶数层堆码示意图

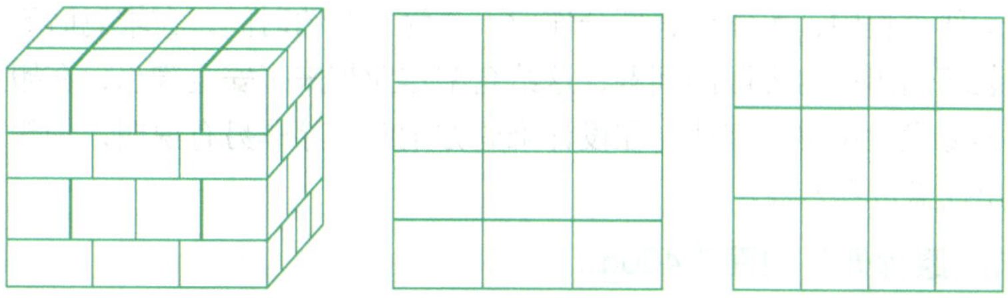

a）　　b）　　c）

图 3-4　纵横交错式堆码图示

a）纵横交错式　b）奇数层堆码示意图　c）偶数层堆码示意图

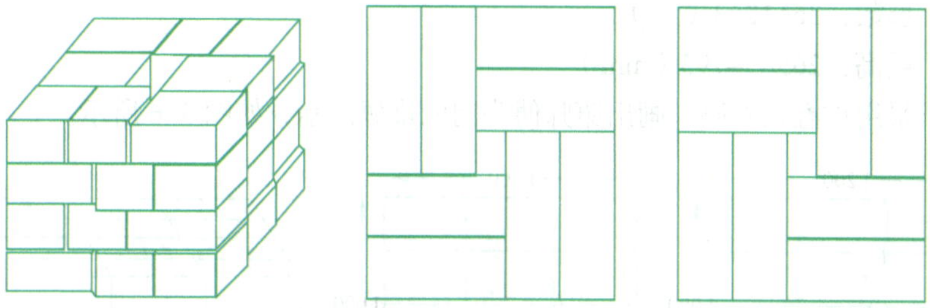

a）　　b）　　c）

图 3-5　旋转交错式堆码图示

a）旋转交错式　b）奇数层堆码示意图　c）偶数层堆码示意图

三、托盘货物的紧固方法

托盘货物常见的紧固方法有捆扎、网罩加固、框架加固、中间夹摩擦材料、专用金属卡具固定、黏合、胶带粘扎、平托盘周边垫高、收缩薄膜加固及拉伸薄膜加固等方法。如果堆码层数比较高，包装箱有变形等导致货垛在搬运过程中有倒塌或掉落的风险，可以根据实际情况进行紧固处理。

【案例解析】托盘货物紧固的作用

仓库管理员小王在下班前半小时接到货物到货通知，一批从公司总部发来的 28 台笔记本电脑已到达货运站，该仓库与货运站距离较近，只有一个路口的距离，由于临近下班，考虑到路途较近，小王决定自己一个人去接货。他拖着一台手拖叉车来到货运站，初步完成货物验收、堆码之后，没有对笔记本电脑进行紧固，便独自将笔记本电脑用叉车搬运回仓库，但是在仓库进行再次清点后，发现笔记本电脑少了一台。

> **思考：**
>
> 1. 此次事件中，仓库管理员小王在哪些地方处理不当？
>
> 2. 你认为在哪些情况下需要对托盘货物进行紧固？

任务实施

一、堆码方案设计

堆码方案设计的基础是待入库的两种商品的包装箱规格，在部分仓库实际运作过程中，可能会有部分作业人员为了节约时间，在堆码时不太注意包装箱超出托盘界限的问题，这给仓配作业带来了安全隐患，在搬运过程中容易发生碰撞。因此，在设计堆码方案时，除非另有说明，一般都以不超出托盘边界为限。

1. 康师傅牛肉面（400g）

根据上述资料，康师傅牛肉面的包装箱尺寸为 390mm×250mm×265mm，待入库数量为 36 箱；托盘标准尺寸为 1 200mm×1 000mm。

每层箱数估算：（1 200×1 000）÷（390×250）=12.3≈12（箱）。

层数：36÷12=3（层）。

层高：265×3=795（mm）。

采用重叠式堆码，画出康师傅牛肉面堆码图示，如图 3-6 所示。

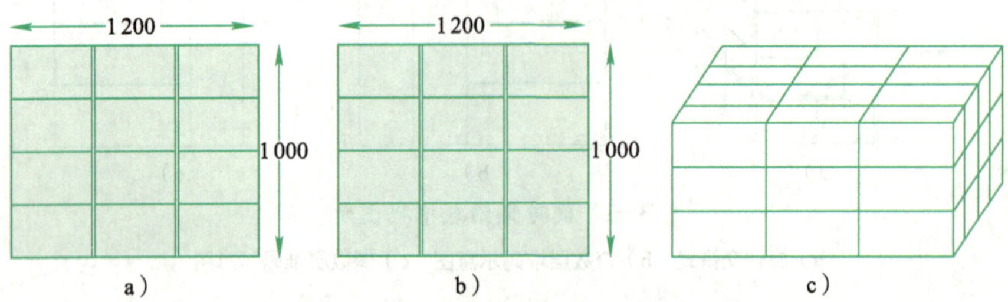

图 3-6 康师傅牛肉面堆码图

a）奇数层堆码 b）偶数层堆码 c）重叠式堆码

2. 长城干红葡萄酒 (500mL)

长城干红葡萄酒的包装箱尺寸为 330mm×245mm×235mm，待入库数量为 42 箱；托盘标准尺寸为 1 200mm×1 000mm。

每层箱数估算：（1 200×1 000）÷（330×245）=14.8≈14（箱）。

层数：42÷14=3（层）。

层高：235×3=705（mm）。

采用正反交错式堆码，画出长城干红葡萄酒堆码图示，如图 3-7 所示。

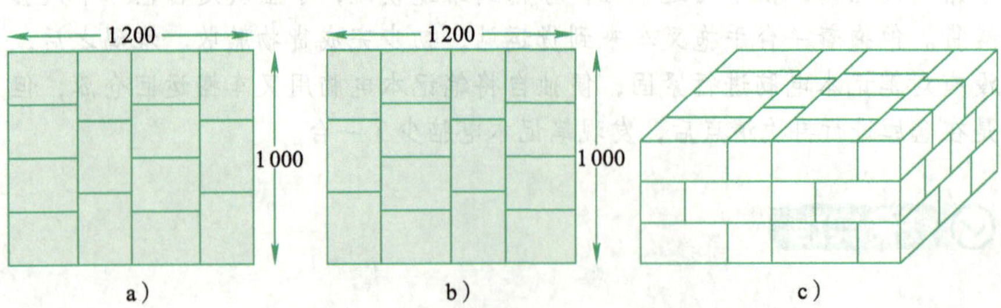

图 3-7 长城干红葡萄酒堆码图

a）奇数层堆码 b）偶数层堆码 c）正反交错式堆码

二、货物堆码

根据设计方案图 3-6 和图 3-7，康师傅牛肉面按重叠式一层 12 箱进行堆码，长城干红葡萄酒按正反交错式一层 14 箱进行堆码，在实际堆码过程中，为了提高效率，一般以一只手掌抵住托盘边缘，将货物向手掌方向推，使之能快速和托盘边缘齐平。在货物堆码过程中需要重点注意的地方有以下几方面：

（1）标签朝外。包装箱的条码或标签应该是朝外摆放的，目的是方便识读。

（2）包装箱不能倒置。在堆码过程中，为了防止包装箱内的货物受损，绝不能倒置包装箱。

（3）稳固整齐。货物堆码必须一层一层稳固整齐，松垮的堆码在搬运过程中会增加货物掉落的风险，也不利于清点数量。

（4）轻拿轻放。在堆码过程中，绝不能将货物直接抛到托盘上，必须轻拿轻放，避免货物受损。

> 思考：
>
> 请扫描二维码观看堆码视频，结合上述知识，指出操作人员在堆码过程中的问题。

堆码找茬

三、RF 组托

（1）登录 RF 手持终端，用 RF 手持终端对入库确认过的货品进行组托。输入登录账号“1213”及密码，点击 RF 界面上的“登录”按钮，完成登录，如图 3-8a 所示。

（2）在 NOS RF 仓储管理系统主页面，如图 3-8b 所示，点击“入库作业”按钮，进入 NOS RF 入库作业 - 任务列表页面。

（3）在 NOS RF 入库作业 - 任务列表页面，如图 3-8c 所示，选择入库单“RK221213005931”，点击“开始任务”按钮，进入 NOS RF 重型货架组托页面。

（4）扫描托盘标签之后，将光标移动到“商品编码”输入框内，用 RF 手持终端扫描康师傅牛肉面的条码标签“6901897445634”。

（5）在 NOS RF 重型货架组托页面，如图 3-8d 所示，将光标移动到“托盘编码”输入框内，用 RF 手持终端扫描托盘标签“20000019”。

（6）将光标移动到“商品数量”处，输入数量“36”后，点击“暂存”按钮。完成 36 箱康师傅牛肉面的组托。

（7）将光标移动到“商品编码”输入框内，用 RF 手持终端扫描长城干红葡萄酒条码标签“6925860563490”。

（8）重复（4）～（6）步，将光标移动到“托盘编码”输入框内，扫

RF 组托

描托盘标签“20000020”。

（9）将光标移动到“商品数量”处，输入数量“42”后，点击“暂存”按钮。完成 42 箱长城干红葡萄酒的组托。

（10）在该入库单内的货物全部扫描完成之后，点击“返回”按钮，组托状态将从“未组托”变为“已组托”。

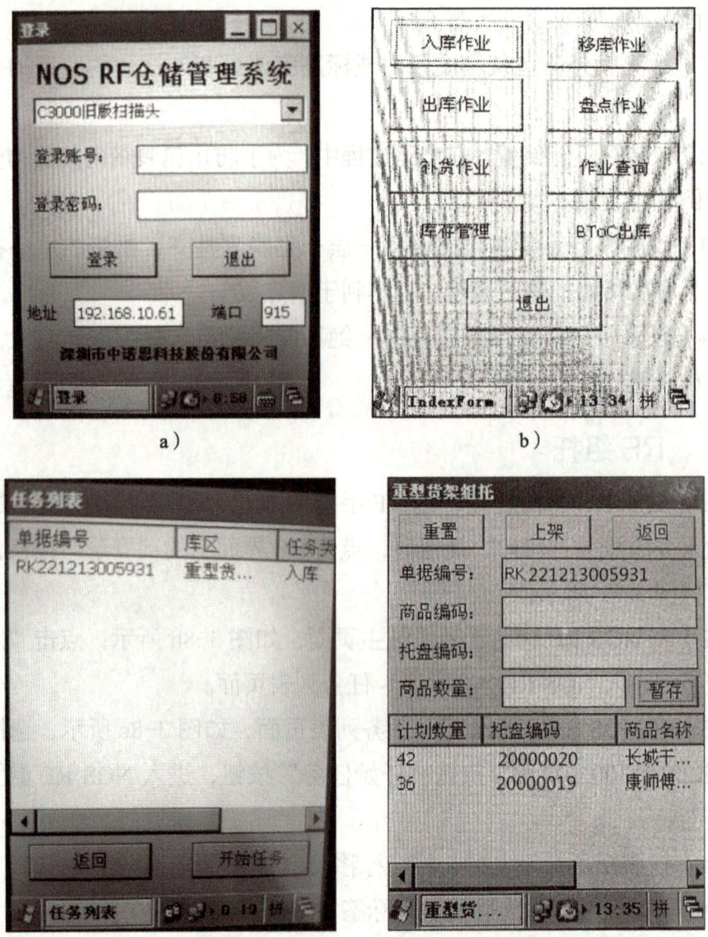

a） b） c） d）

图 3-8 RF 组托步骤图示

a）登录页面 b）入库作业 c）入库作业 - 任务列表 d）重型货架组托

四、取消组托

如果在组托的过程中发现存在扫描或数量方面的错误，想取消用 RF 手持终端提交的组托，可采用的方法如下：在 RF 系统中，选中想到取消组托的商品，然后选择“重置”，即可开始重新组托。

任务评价

对于该任务的完成情况，从职业素养和任务实施情况两个方面来制定评价标准，职业素养主要评价工作态度、安全规范、现场 6S 作业三个方面。任务实施情况的评价从堆码方式、稳固、RF 扫码、组托四个方面来进行。在上述评分标准的基础上，将任务实施的考核点细分，对练习和测试过程中的要点进行量化，从而形成货物堆码与 RF 组托任务的任务实施评分表，如表 3-3 所示。

表 3-3　货物堆码与 RF 组托任务个人评分表（课用）

任务实施人：　　　　　　　　　　　　　　　开始时间：
评分人：　　　　　　　　　　　　　　　　　完成时间：

<table>
<tr><th>评价内容</th><th>配分</th><th colspan="2">评分标准</th><th>得分</th><th>超时扣分</th><th>备注</th></tr>
<tr><td rowspan="3">职业素养</td><td rowspan="3">20 分</td><td>工作态度</td><td>审查细致（5 分）
动作迅速（5 分）</td><td></td><td></td><td></td></tr>
<tr><td>安全规范</td><td>操作安全（2 分）
动作规范（3 分）</td><td></td><td></td><td></td></tr>
<tr><td>现场 6S 作业</td><td>操作现场干净（2 分）
操作现场整齐（2 分）
操作现场整洁等（1 分）</td><td></td><td></td><td></td></tr>
<tr><td rowspan="4">货物堆码与 RF 组托</td><td rowspan="4">80 分</td><td>堆码方式</td><td>堆码方式选用正确（10 分）
货箱没有超过托盘边缘（5 分）
标签朝外（5 分）
货箱无倒置（10 分）</td><td></td><td></td><td></td></tr>
<tr><td>稳固</td><td>轻拿轻放（5 分）
货箱稳固无掉落（10 分）</td><td></td><td></td><td></td></tr>
<tr><td>RF 扫码</td><td>RF 扫码一次成功（10 分）
标签扫描正确（10 分）</td><td></td><td></td><td></td></tr>
<tr><td>组托</td><td>组托无遗漏（10 分）
组托数量正确（5 分）</td><td></td><td></td><td></td></tr>
<tr><td colspan="4">总分合计</td><td></td><td></td><td></td></tr>
</table>

注：完成时限为 6 分钟，超时 1 分钟扣 10 分。

总结与反思

该任务有两个难点，一是堆码要规范标准，二是组托要无误。认真回答下列问题，将有助于提升你的技能训练效果。你失分的主要原因是什么？你认为应该从哪些方面提高任务评分？请将你对该任务的总结与反思写在表 3-4 内。

表 3-4　货物堆码与 RF 组托任务总结与反思表

班级		姓名	
任务完成时间		任务实施得分	
职业素养得分			
和你情况相符的请打 √	□ 堆码方式选择不当　□ 条码标签没有朝外 □ 货箱倒置　□ 货箱掉落 □ RF 扫码一次成功率低　□ 标签扫描错误 □ 数量输入错误　□ 提前提交组托 □ 其他＿＿＿＿＿＿		
失分原因			
改进方向			
给老师的建议			

任务巩固

一、知识内化

请对整个任务知识进行复习，将你认为正确的答案填在（　　）中。

1. 下列堆码方式最不稳固的是（　　）。

　A. 重叠式　　B. 正反交错式

　C. 纵横交错式　　D. 旋转交错式

2. RFID 的工作是通过发射（　　）来完成。

　A. 标签信号　　B. 射频信号

　C. 磁场信号　　D. 电子信号

3. 应该被纠正的堆码动作是（　　）。

　A. 轻拿轻放　　B. 货箱倒置

　C. 重叠式堆码　　D. 货箱紧贴托盘边缘

4. RF 手持终端组托错误的原因不包括（　　）。

　A. 不能一次扫码成功　　B. 标签扫描错误

　C. 数量输入错误　　D. 货箱条码打印错误

5. 李小白在用 RF 手持终端组托时发生错误，被提示“还有商品未组托”，请问正确的做法是（　　）。

　A. 仔细检查后，强行提交

　B. 把所有的货箱再重新用 RF 手持终端扫描一次

　C. 不用管它，强行提交

D. 返回，重新选择入库单，重新用 RF 手持终端扫码

二、学以致用

2023 年 3 月 25 日，仓储员小王先花了 5 分钟将表 3-5 的信息录入 WMS，生成了入库单，打印了托盘条码“20000015”“20000016”各两份，并粘贴在托盘中端，现在请你在 6 分钟之内完成两种货物的堆码和 RF 组托，并请同学协助填写个人评分表（见表 3-6）。

表 3-5　堆码与组托信息表

序号	商品名称	商品条码	包装规格（长 × 宽 × 高）	数量 / 箱	托盘条码
1	加多宝	6901787445632	360mm×240mm×265mm	30	20000016
2	金典牛奶	6928654563381	415mm×245mm×235mm	27	20000015

表 3-6　货物堆码与 RF 组托任务个人评分表（练习用）

任务实施人：　　　　　　　　　　　　开始时间：

评分人：　　　　　　　　　　　　　　完成时间：

评价内容	配分	评分标准		得分	超时扣分	备注
职业素养	20 分	工作态度	审查细致（5 分） 动作迅速（5 分）			
		安全规范	操作安全（2 分） 动作规范（3 分）			
		现场 6S 作业	操作现场干净（2 分） 操作现场整齐（2 分） 操作现场整洁等（1 分）			
货物堆码与 RF 组托	80 分	堆码方式	堆码方式选用正确（10 分） 货箱没有超过托盘边缘（5 分） 标签朝外（5 分） 货箱无倒置（10 分）			
		稳固	轻拿轻放（5 分） 货箱稳固无掉落（10 分）			
		RF 扫码	RF 扫码一次成功（10 分） 标签扫描正确（10 分）			
		组托	组托无遗漏（10 分） 组托数量正确（5 分）			
总分合计						

注：完成时限为 6 分钟，超时 1 分钟扣 10 分。

项目四

入库货物智能上架

任务一　高效搬运：手拖叉车作业

学习目标

1. 能够了解手拖叉车的作用和结构。
2. 能够快速、规范地利用手拖叉车完成托盘货物搬运。
3. 能够提高搬运作业中的安全意识。

作业标准

1. 任务标准：任务评分表得分 80 分以上。
2. 任务限时：3 分钟 / 人。
3. 职业素养：动作迅速、操作规范、作业安全。

任务准备

一、叉车的概念

叉车又叫作装卸车，根据《物流术语》（GB/T 18354—2021），叉车是指具有各种叉具及属具，能够对物品进行升降和移动以及装卸作业的搬运车辆，是物流领域中应用最为广泛的装卸搬运设备。其具有工作效率高、操作使用方便、机动灵活等特点，被广泛应用于仓库、配送中心、机场、港口、车间等场所，对成件、成箱货物进行装卸、堆垛以及短途搬运工作。

二、叉车的分类

1. 按动力驱动装置分类

叉车按照动力驱动装置可分为内燃式叉车、电动式叉车（俗称电瓶叉车）、手动液压式叉车（俗称地牛、手拖叉车）。内燃式叉车是靠内燃机和柴油提供作业所需动力，电动式叉车则靠蓄电池提供作业所需动力，手动液压式叉车是靠人力进行作业。常见叉车如图 4-1 所示。

a） b） c） d）

图 4-1 常见叉车图示

a）内燃平衡重式叉车 b）电动平衡式叉车 c）电动托盘搬运叉车 d）手动液压式叉车

2. 按结构特点分类

叉车按结构特点可分为平衡重式叉车、插腿式叉车、前移式叉车及侧面式叉车。

平衡重式叉车是最为常见的叉车，其工作装置位于叉车的前端，货物载于前端的货叉上，后部附加有平衡重块，来平衡货物的倾翻力矩。

插腿式叉车的结构十分紧凑，其货叉位于两个支腿之间，因此作业时，无论卸货或取货，都会有较好的稳定性。

前移式叉车有两条前伸的支腿，支腿较高，支腿前端有两个轮子。与插腿式叉车相比，前移式叉车两个前轮比较大，且支腿较高；叉取货物时，将货叉及门架一起前移，待插入托盘或货物底部，起升至货叉高出支腿时，货叉便带着货物与门架一起后退，同时，使货物的重心位于前后轮所决定的平面内，再进行搬运。

侧面式叉车的门架、货叉及货物平台均在车体的侧面，当货叉叉取货物时，货叉沿门架上升到高于货物平台的高度后，门架沿着导轨缩回并降下货叉，此时，货物便放在叉车的货物平台上。

三、叉车上岗作业基本条件

叉车只在工作场地内使用，叉车驾驶是特种设备作业，除了手动液压式叉车外，驾驶内燃式叉车和电动式叉车都需要获得由国家质量监督检验检疫总局核发的“特种设备作业人员证”才能上岗作业。

根据《特种设备作业人员监督管理办法》（2005 年 1 月 10 日国家质量监督检验检疫总局令第 70 号公布，根据 2011 年 5 月 3 日《国家质量监督检验检疫总局关于修改〈特种设备作业人员监督管理办法〉的决定》修订），申请“特种设备作业人员证”的人员应当符合下列条件：

（1）年龄 18 周岁以上。

（2）身体健康并满足申请从事的作业种类对身体的特殊要求。

（3）有与申请作业种类相适应的文化程度。

（4）具有相应的安全技术知识与技能。

（5）符合安全技术规范规定的其他要求。

叉车驾驶证和机动车驾驶证一样，需要完成理论考试和实操考试才能获得，每 4 年需要年审一次。

任务派发

2023 年 3 月 21 日，仓配中心仓管员李遥、马来和李小白 3 人协同配合，完成了入库货物验收、仓位选择、入库单的信息录入，以及入库货物堆码与组托等任务，当前需要完成的任务是将组托完的货物利用叉车搬运到指定位置。该仓配中心有电瓶叉车 2 台、手动液压式叉车 3 台，由于电瓶叉车省时省力，李遥等人准备用电瓶叉车来完成搬运作业，但是相互一问，3 人都没有叉车驾驶证，因为大家都是刚入职，正在准备考取叉车驾驶证，而拥有仓配中心叉车驾驶证的老李今天有事请假，因此，只能用手动液压式叉车来完成搬运作业。货物搬运作业如表 4–1 所示。

表 4–1　货物搬运作业表

序号	商品名称	商品条码	托盘编码	数量/箱	搬运位置
1	康师傅牛肉面（400g）	6901897445634	20000019	36	H2-01-03-01
2	长城干红葡萄酒（500mL）	6925860563490	20000020	42	H2-01-01-02（前）

一、作业要求

（1）利用手动液压式叉车将康师傅牛肉面放入仓位 H2-01-03-01。

（2）利用手动液压式叉车将长城干红葡萄酒放入仓位 H2-01-01-02 的正前方（待上架）。

（3）操作规范、动作标准，3 分钟内完成搬运。

二、实施条件

基本实施条件如表 4–2 所示。

表 4-2　基本实施条件

项目	基本实施条件	备注
场地	仓库 1 个，面积不小于 200m^2，要求照明通风良好	必备
设备	手动液压式叉车 1 台以上	必备
工具	1 200mm×1 000mm×144mm 托盘 2 个、货物纸箱 80 个以上、货架一组（4×3）	必备

知识储备

一、叉车主要技术参数

叉车的技术参数反映了叉车的结构特征和工作性能，包括性能参数、尺寸参数及质量参数。其中，性能参数包括最大起升高度、载荷中心距、门架倾角、满载最大起升速度、满载最大运行速度、牵引力、满载爬坡度、最小外侧转弯半径、直角堆垛的最小通道宽度、90°交叉通道宽度等；尺寸参数包括最小离地间隙、轴距、前后轮距、外廓尺寸等；质量参数包括额定起升质量、整备质量、轴负荷等。

1. 额定起升质量

它是指用货叉起升货物时，货物重心至货叉垂直段前臂的距离不大于载荷中心距时，允许起升货物的最大质量。额定起升质量系列为 0.5t、0.75t、1.0t、1.5t、2.0t、3.0t、4.0t、5.0t、8.0t、10t、12t、15t、16t、20t、25t、32t、40t 等。如果要求的起升质量与标准中的额定起升质量不一致，可选用相近而又偏高一级的值，以保证叉车安全可靠的作业。

2. 最大起升高度

它是指叉车在平坦坚实的地面上，满载、轮胎气压正常、门架直立，货物升至最高时，货叉水平段的上表面至地面的垂直距离。叉车的最大起升高度，根据货物装卸搬运的具体需要而定。如无特殊要求，应符合叉车的标准规定。在采用两节门架的叉车上，各吨位的叉车最大起升高度大多为 3m。增加门架和起升油缸的长度，或者采用三节门架和多级油缸，可以增加叉车的最大起升高度，但这不仅使叉车外形尺寸增加、整备质量增加，而且会使叉车的纵向倾翻力矩增大，稳定性降低。因此，当叉车起升高度超出规定值时，必须相应减小叉车的允许起升质量。

3. 满载最大起升速度

满载最大起升速度通常指叉车在坚实的地面上满载时，货物举升的最大速度。叉车的最大起升速度，直接影响叉车的作业效率，提高叉车的起升速度是国内外叉车制造业技术改进的共同趋势。目前，国外内燃式叉车的起升速度已达 40m/min。起升速度提高，对液压元件提出了较高的要求，否则元件易损坏，而给叉车的安全作业带来麻烦。同等起升质量的电瓶叉车的最大起升速度低于内燃式叉车，主要是受蓄电池容量和电机功率的限制，货物下降速度一般都大于起升速度。

4. 满载最大运行速度

满载最大运行速度一般指叉车满载时，在干燥、平坦、坚实的地面上行驶时的最大速度。叉车主要用于装卸和短途搬运作业，而不是用于货运。所以，在运距为 100 ～ 200m 时，叉车能发挥出最高效率；而运距超过 500m 时，则不宜采用叉车搬运，叉车在场内作业时的速度一般不超过 5km/h，场外一般不超过 10km/h。

5. 最小外侧转弯半径

最小外侧转弯半径一般是指叉车在无载低速转弯行驶，转向轮处于最大转角时，车体最外侧至转向中心的最小距离。叉车最小外侧转弯半径的影响因素，除叉车的轮距、轴距、转向轮的最大转角外，还有叉车的外形尺寸、尾部形状、转向轮直径及叉车的支撑形式。因此，有些叉车的车身尾部做成以转向中心为圆心的弧形，或接近圆弧的折线形，在满足使用条件、保证车轮必要的支撑能力前提下，尽量选用较小直径的轮胎，以减小叉车的转弯半径。

二、手动液压式叉车的结构、工作原理与参数

1. 手动液压式叉车结构

手动液压式叉车是一种小巧方便，使用灵活，载重量大，结实耐用的货物搬运工具，俗称“地牛”。手动液压式叉车具有托运货物的功能，货叉和车轮之间有液压装置，可以方便地用液压将货叉升高，托起货物，从而可以拖动货物移动，到达目的地后，用液压将货叉降落，货物也随之落地。手动液压式叉车由舵柄、手柄、液压起升装置、货叉和车轮构成，具体结构如图 4-2 所示。

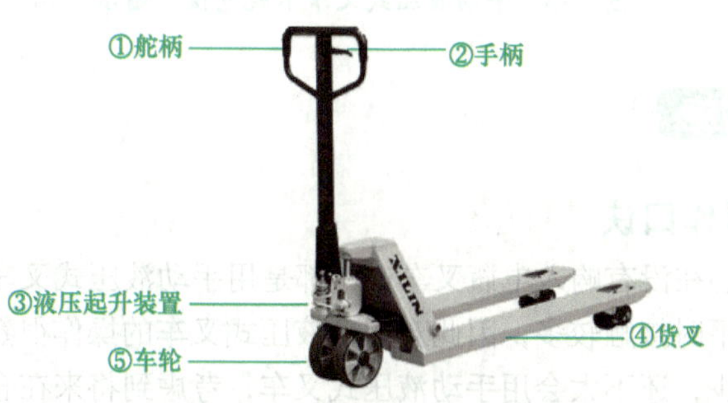

图 4-2　手动液压式叉车结构图示

2. 工作原理

手动液压式叉车利用的是液压传动原理，以油液作为工作介质，通过密封容积的变化来传递运动，通过油液内部的压力来传递动力，达到顶升重物的效果，可控制货叉的起升和下降。

3. 基本参数

货叉：宽车 6 850mm×1 200mm，窄车 5 400mm×1 150mm。

载重：目前一般有 4 种规格，分别是 2.0t、2.5t、3.0t、5.0t。

最低高度：85mm 和 75mm。

三、手动液压式叉车操作注意事项

（1）手动液压式叉车严禁超载 / 偏载（单叉作业）使用。

（2）手动液压式叉车不允许重载或长期静置停放物品。

（3）严禁将货物从高处落到手动液压式叉车上。

（4）手动液压式叉车搬运时，货叉必须完全放入托盘底部。

（5）手动液压式叉车严禁载人或在滑坡上自由下滑。

（6）手动液压式叉车不用时，必须空载降低货叉到最低位置。

（7）手动液压式叉车在使用时，必须注意通道及环境，不能撞及他人、设备。

手动液压式叉车不规范操作如图 4-3 所示。

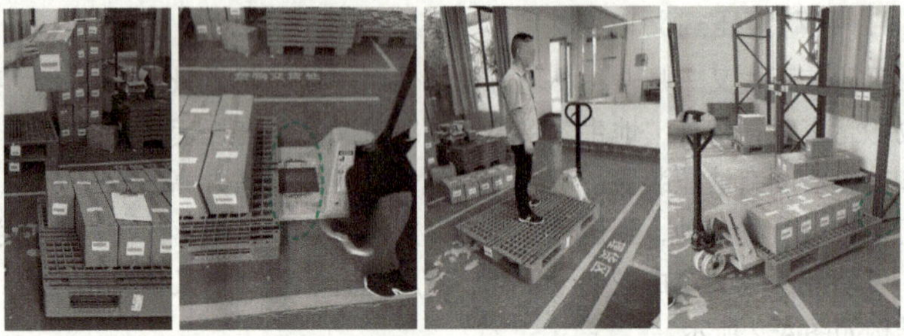

图 4-3 手动液压式叉车不规范操作图示

任务实施

一、操作口诀

仓配中心在没有购入电瓶叉车前，都是用手动液压式叉车来完成搬运作业。李遥平时接触较多，因此对手动液压式叉车的操作很熟练，李小白由于接触较少，还不太会用手动液压式叉车，考虑到将来在仓配中心工作会有诸多不便，趁此机会便向李遥请教。李遥从仓配中心设备存放处将手动液压式叉车拖至待搬运托盘处，然后对李小白讲授平时总结的操作要点：“我将手动液压式叉车的操作归纳成6句口诀，很快就能学会，但是要想熟练操作，只能多练。”

1. “先下后上”

先将手动液压式叉车手柄放置于下挡，才能受力起升货叉，搬运至目的地将手柄上拉，货叉才能降落。

2. “只进不退”

初习者最难完成的动作是货叉入托，经常一进一退。由于手动液压式叉车可以360°原地转方向，因此可以边往前推边调整方向，不需要后退来调整。

3. “身在轴后”

手动液压式叉车操作脚步很重要，有点类似于乒乓球运动，需要调整脚步，让身体位于手动液压式叉车的立轴后面，自然推动手动液压式叉车的舵柄来调整方向。

4. “直线行走”

推动或拖动手动液压式叉车时，一定要保持手动液压式叉车直线行走。

5. “远拖近推”

一般在搬运作业时，如果需要远距离搬运，背拖手动液压式叉车，能够提升作业效率，提高作业安全水平；如果是近距离搬运，则面推手动液压式叉车。

6. “禁跑禁碰”

手动液压式叉车操作禁止跑动，特别是托盘上堆码货物之后，其一是跑动容易导致货物掉落，其二是由于跑动惯性大，在仓配中心等拥挤场所容易发生碰撞危险。手动液压式叉车在搬运过程中要集中注意力，避免碰撞货架、墙壁或者其他作业人员。

二、四段操作

一个完整的手动液压式叉车搬运作业，可以分解成四个阶段，初习者可以按阶段来练习。

1. 叉车入托

将手动液压式叉车的货叉快速准确地放入标签为“20000019”的托盘底部，要想快速完成，就得结合“只进不退”和“身在轴后”的口诀来调整控制方向，要求能做到一次性快速入托。

地牛操作示范

思考：

请扫描二维码，观看手动液压式叉车操作视频，结合上述知识，分析操作人员在搬运过程中存在的操作问题，并将其指出来告诉老师。

叉车操作找茬

入托

起叉

行走

摆放

2. 快速起叉

在完成货叉插入托盘底部动作后，需要先将手柄放置于下挡，快速规范地上下摇动舵柄，起升货叉。初习者容易忘记放下挡，需要牢记“先下后上”口诀。

3. 直线推 / 拖车

在完成起叉动作后，将装满康师傅牛肉面的“20000019”托盘搬运至仓位“H2-01-03-01”，在搬运过程中，需要保持手动液压式叉车直线行走。

4. 规范摆放

将“20000019”托盘放入仓位“H2-01-03-01”，将托盘规范摆放，托盘摆放要正，与仓位货架边缘距离要适中，不宜过远，也不宜过近，一般控制在 5 ～ 10cm。

长城干红葡萄酒由于需要放到仓位“H2-01-01-02”，这是第二层的仓位，需要结合堆高车来完成，重复上述过程，将托盘“20000020”搬运至仓位“H2-01-01-02”的正前方，注意不能摆放到货架下部，等待后续堆高车上架作业。

三、操作练习

手动液压式叉车搬运货物，需要大量的练习才能规范完成任务，因此，可以先熟悉口诀，在分组分批单个学生依次按照四个阶段来练习。如果学生在执行该任务前没有接触过手动液压式叉车，每个学生的有效练习时间不得少于 2 小时。

职业素养 专注

专注是内心笃定且着眼于细节的执着精神，这是一切“大国工匠”所必须具备的精神特质。从中外实践经验来看，工匠精神最主要的内涵是执着，即一种几十年如一日的坚持与韧性。“术业有专攻”，一旦选定行业，就一门心思扎根下去，心无旁骛，在一个细分产品上不断积累优势，在各自领域成为“领头羊”。我国早就有“艺痴者技必良”的说法，如《庄子》中记载的游刃有余的“庖丁解牛”、《核舟记》中记载的奇巧人王叔远等。

叉车工作并不轻松，不仅需要熟练掌握驾驶技巧，更要时刻保持警惕，才能确保货物的安全搬运，对叉车工的体力和专注力都提出了严峻的考验，2023 年“成都工匠”称号获得者——叉车工许强，通过专注的练习，日复一日，不知练了多少遍，才实现了方寸之间“人车合一”。

任务评价

对于该任务的完成情况，从职业素养和任务实施情况两个方面来制定评价标准，职业素养主要评价工作态度、操作标准、作业安全三个方面。任务实施情况的评价从入托、起叉、搬运及摆放四个方面来进行。在上述评分标准的基础上，将任务实施的考核点细分，对练习和测试过程中的要点进行量化，从而形成手拖叉车作业任务的任务实施评分表，如表 4-3 所示。

表 4-3　手拖叉车作业任务个人评分表（课用）

任务实施人：　　　　　　　　　　　　　　　　开始时间：
评分人：　　　　　　　　　　　　　　　　　　完成时间：

评价内容	配分	评分标准		得分	超时扣分	备注
职业素养	20 分	工作态度	动作迅速（5 分）			
		操作标准	动作规范（10 分）			
		作业安全	操作安全（5 分）			
手拖叉车作业	80 分	入托	一次性入托（10 分） 货叉到底（5 分） 货叉无碰撞（5 分）			
		起叉	手柄挡位朝下（10 分） 舵柄上下摆动标准（10 分）			
		搬运	手柄挡位居中（5 分） 直线行走（5 分） 远拖近推（5 分） 禁跑禁碰（5 分）			
		摆放	摆放标准（10 分） 禁止碰撞（10 分）			
总分合计						

注：完成时限为 3 分钟，超时 1 分钟扣 10 分。

总结与反思

该任务分解成四个阶段，每个阶段都有操作难点，在初学阶段最难的应该是“只进不退”和“身在轴后”动作。认真回答下列问题，将有助于提升你的技能训练效果。你失分的主要原因是什么？你认为应该从哪些方面提高任务评分？请将你对该任务的总结与反思写在表 4-4 内。

表 4-4 手拖叉车作业任务总结与反思表

班级		姓名	
任务完成时间		任务实施得分	
职业素养得分			
和你情况相符的请打√	□忘记手柄挡位 □不能做到身在轴后 □发生碰撞 □摆放不规范 □起叉“打铁”[1] □其他____	□需要多次进退来调整方向 □跑动 □货箱掉落 □不能直线搬运 □远推近拖	
失分原因			
改进方向			
给老师的建议			

①起叉“打铁”是将货叉起升时，将轴压得太低，发出类似打铁的声音。

任务巩固

一、知识内化

请对整个任务知识进行复习，将你认为正确的答案填在（　　）中。

1. 下列叉车不是按动力驱动装置分类的是（　　）。
   A. 电瓶叉车　　B. 地牛
   C. 前移式叉车　　D. 内燃式叉车
2. 在仓配中心操作（　　）可以不用叉车驾驶证。
   A. 地牛　　B. 平衡重式叉车
   C. 插腿式叉车　　D. 侧面式叉车
3. 超市中最常见的手动液压式叉车额定起升重量是（　　）。
   A. 0.5t　　B. 1t　　C. 2t　　D. 1.5t
4. 在操作手动液压式叉车时，下列做法正确的是（　　）。
   A. 40 箱矿泉水用手动液压式叉车静置停放了 30 天
   B. 小王为了节省时间，托盘满载时，跑着拖动手动液压式叉车
   C. 小王将空托盘用手动液压式叉车从坡上搬运到坡下
   D. 手动液压式叉车不用时，小王起升货叉到最高位置
5. 手动液压式叉车搬运的正确操作顺序是（　　）。
   A. 入托—搬运—起叉—摆放　　B. 入托—起叉—搬运—摆放
   C. 入托—摆放—搬运—起叉　　D. 起叉—入托—搬运—摆放

二、学以致用

2023 年 3 月 25 日，仓配中心收到一批货物，需要完成入库作业，仓储员小王已经完成了货物交接、系统录入、堆码与组托，共有三组托盘，搬运任务如表 4-5 所示，请你在 3 分钟之内完成该批货物的搬运作业，并请同学协助填写个人评分表（见表 4-6）。

表 4-5　搬运任务表

序号	商品名称	商品条码	托盘编码	数量 / 箱	搬运位置
1	加多宝	6901787445632	20000002	25	B0107
2	娃哈哈矿泉水	6925876934224	20000003	18	B0105
3	金典牛奶	6928654563381	20000004	28	B0104（前）

表 4-6　手拖叉车作业任务个人评分表（练习用）

任务实施人：　　　　　　　　　　　　开始时间：

评分人：　　　　　　　　　　　　　　完成时间：

评价内容	配分	评分标准		得分	超时扣分	备注
职业素养	20 分	工作态度	动作迅速（5 分）			
		操作标准	动作规范（10 分）			
		作业安全	操作安全（5 分）			
手拖叉车作业	80 分	入托	一次性入托（10 分） 货叉到底（5 分） 货叉无碰撞（5 分）			
		起叉	手柄挡位朝下（10 分） 舵柄上下摆动标准（10 分）			
		搬运	手柄挡位居中（5 分） 直线行走（5 分） 远拖近推（5 分） 禁跑禁碰（5 分）			
		摆放	摆放标准（10 分） 禁止碰撞（10 分）			
总分合计						

注：完成时限为 3 分钟，超时 1 分钟扣 10 分。

任务二　智能上架：WMS 上架及自动化立体仓库上架

学习目标

1．能够快速、规范地利用半电动堆高车完成货物上架作业。

2. 能够快速利用 RF 手持终端完成 WMS 上架。

3. 能够操作简单的立体仓库控制系统，完成货物自动上架。

作业标准

1. 任务标准：任务评分表得分 80 分以上。

2. 任务限时：5 分钟 / 人。

3. 职业素养：动作迅速、操作规范、作业安全。

任务准备

一、堆高车的概念

堆高车是指对成件托盘货物进行装卸、堆高、堆垛以及短距离运输作业的各种轮式搬运车辆，结构简单，灵活性好，适用于狭窄通道和有限空间内的上架作业。

将货物从地面搬运到指定仓位的作业过程，称为上架作业，由于二层以上的仓位上架仅靠手动液压式叉车是不能完成的，因此，就需要堆高车来协助完成。当然，有些内燃式叉车和电瓶叉车都有上下移动的功能，也能实现部分货物的上架作业。

堆高车都有门架，门架是堆高车区别于电动搬运车最根本的特征。门架就像人的手臂一样，起到举高的作用，而货叉类似于人的手掌，起到承重、抓握的作用。一般来说，堆高车包括传动系统、动力转向系统、油压系统、链条和货叉、电气系统等。

二、堆高车的分类

常见的堆高车可分为手动液压堆高车、半电动堆高车及全电动堆高车。其中，电动堆高车有多种不同的叫法，如电动堆高机、电动堆垛机、电动堆垛车、电动升高车等。

1. 手动液压堆高车

手动液压堆高车以人力作为驱动力，无论是水平移动还是上架移动，都需要手动完成，一般通过手摇或脚踩液压传动装置来完成货叉的上下移动，对于操作者的体力有较高的要求，因为其操作强度大，效率低下，如今基本上已经被淘汰。图 4-4a 为手动液压堆高车。

2. 半电动堆高车

半电动堆高车升降时通过操纵升降杆，控制泵站工作，直接通过油缸带动内、外门架和滑架相对运动，使货叉上升、下降而完成堆高作业。相比手动液压堆高车，降低了很大的作业强度，提升了部分作业效率，但是从性价比上看，企业很少会使用半电动堆高车，学校教学由于受到驾驶证的限制，从安全的角度出发，大多使用半电动堆高车完成上架作业。图 4-4b 所示为半电动堆高车。

3．全电动堆高车

全电动堆高车是指堆高车的水平移动和货叉升降都是通过电力驱动完成，相比前两者，最为省力，大大降低了作业强度，无论男女都能进行操作，极大地提升了作业效率。全电动堆高车被广泛应用于工厂车间、仓库、流通中心和配送中心、港口、机场、货场等，并可进入船舱、车厢和集装箱内进行托盘货物的装卸、搬运作业。图 4-4c 所示为全电动堆高车。

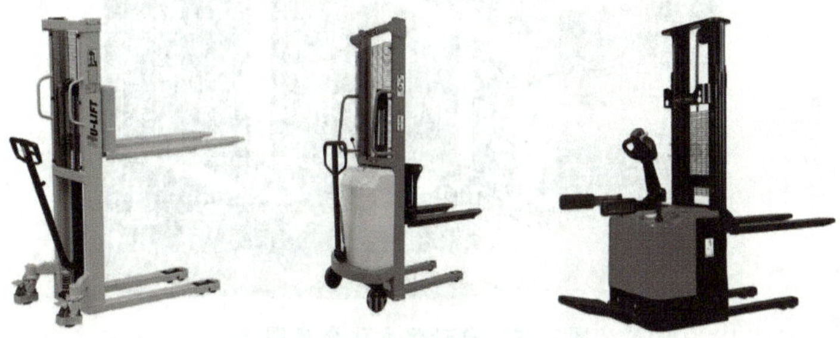

a）　　b）　　c）

图 4-4　常见堆高车图示

a）手动液压堆高车　b）半电动堆高车　c）全电动堆高车

三、堆高车操作基本要求

（1）全电动堆高车驾驶员必须经过操作培训，并且通过相关部门的考核，取得特种设备操作证，严禁无证操作、酒后驾驶，行驶中不得饮食、闲谈、打手机和使用对讲机。驾驶人员在工作期间对堆高车负责，必须阻止未被授权的人员驾驶或操纵堆高车，严禁用堆高车来运输或提升人员。

（2）堆高车出现故障或缺陷必须马上通知专业维修人员。如果堆高车不能安全地操作（如轮子磨损或刹车故障），务必要停止使用，直到完全修理好。

（3）危险区域的操作需要更为细心专注，避免发生安全事故。危险区域通常指以下范围：堆高车在运行或其载荷提升装置（如货叉）升降时对人员有危险的区域，或正在进行运输载荷的区域，通常这个范围延伸至载荷降落或车辆附件降落的区域。

（4）行驶速度必须与当地条件相适应。当通过弯道、狭窄通道、回转门和处在不通畅的场所时，堆高车必须慢速行驶，必须与前面车辆之间保持足够的刹车距离。

（5）驾驶人员必须注视前方，前面的通道情况清晰可见。当运载的货物挡住了视线时，堆高车必须倒退行驶，否则必须配有第二个人在堆高车的前面步行给予相应的指引和警告。

四、认识自动化立体仓库

自动化立体仓库也称为立体仓库，是一种通过高层立体货架存储货物，用堆垛机、四向穿梭车等设备进行存取作业的现代化智能仓储系统。自动化立体仓库与普通仓库最大的差异就在于，自动化立体仓库的出入库实现了自动化和智能化。自动化立体仓库如图 4-5 所示。

图 4-5　自动化立体仓库图示

自动化立体仓库当中除了包含货架部分之外，还有很多自动化设备，如穿梭车、输送机、轨道堆垛机以及软件控制系统等。自动化立体仓库采用计算机对货品信息进行准确无误的信息管理，减少了货物在存储中可能会出现的差错，提高了工作效率。同时，立体仓库在入出库的过程中借助自动化机械设备，搬运工作变得更安全可靠，减少了货品的破损率。

任务派发

2023 年 3 月 21 日，仓配中心仓管员李遥、马来和李小白三人协同配合，完成了入库货物验收，入库货物堆码与组托，货物搬运等任务。仓位位于货架第一层的托盘货物可以直接用手动液压式叉车完成实物上架，而位于货架第二层的仓位需要利用堆高车将托盘货物完成上架。根据前述任务安排，康师傅牛肉面（400g）入库仓位 H2-01-03-01，长城干红葡萄酒（500mL）入库仓位 H2-01-01-02，并且长城干红葡萄酒已被搬运至 H2-01-01-02 仓位正前方。另有 5 箱长城干红葡萄酒（500mL）需入库至自动化立体仓库 A0103 仓位，该仓配中心有全电动堆高车 1 台、半电动堆高车 1 台、电瓶叉车 2 台、中诺思自动化立体仓库系统 1 套，最近，拥有叉车驾驶证的老李请假，李遥三人只能通过半电动堆高车来上架普通仓库的货物，货物搬运作业如表 4-7 所示。

表 4-7　货物搬运作业表

序号	商品名称	商品条码	托盘编码	数量/箱	当前位置	上架仓位
1	康师傅牛肉面（400g）	6901897445634	20000019	36	H2-01-03-01	H2-01-03-01
2	长城干红葡萄酒（500mL）	6925860563490	20000020	42	H2-01-01-02（前）	H2-01-01-02
3	长城干红葡萄酒（500mL）	6925860563490		5		A0103（立库）

一、作业要求

（1）利用半电动堆高车将长城干红葡萄酒上架至仓位 H2-01-01-02。

（2）利用 RF 手持终端，完成 WMS 上架。

（3）利用中诺思自动化立体仓库系统，完成货物入库。

（4）操作规范、动作标准，5 分钟内完成货物实物上架、WMS 上架以及立体仓库入库。

二、实施条件

基本实施条件如表 4-8 所示。

表 4-8　基本实施条件

项目	基本实施条件	备注
场地	仓库 1 个，面积不小于 200m²，要求照明通风良好	必备
设备	半电动堆高车 1 台以上、RF 手持终端 1 台以上	必备
工具	1 200mm×1 000mm×144mm 托盘 2 个、货物纸箱 80 个以上、货架 1 组（4×3）	必备

知识储备

一、堆高车主要性能参数

1. 额定载重量

堆高车的额定载重量是指货物重心至货叉前臂的距离不大于载荷中心距时，允许起升的货物的最大重量，以 t（吨）表示。当货叉上的货物重心超出了规定的载荷中心距时，由于电动堆高车纵向稳定性的限制，载重量应相应减小。当前市场上常见的堆高车额定载重量有 1t、1.5t、2t 等，一般都会在堆高车上进行标识。

2. 载荷中心距

载荷中心距是指在货叉上放置标准的货物时，其重心到货叉垂直段前臂的水平距离，以 mm（毫米）表示。对于 1t 电动堆高车规定载荷中心距为 500mm。

3. 最大起升高度

最大起升高度是指在平坦坚实的地面上，电动堆高车满载，货物升至最高位置时，货叉水平段的上表面离地面的垂直距离。当前市场上常见的最大起升高度有 1.6m、2m、2.5m、3m、3.5m 等，一般都会在堆高车上进行标识。

4. 门架倾角

门架倾角是指空载的全电动堆高车在平坦坚实的地面上，门架相对其垂直位置向前或向后的最大倾角。前倾角的作用是为了便于叉取和卸放货物；后倾角的作用是当全电动堆高车带货运行时，预防货物从货叉上滑落。

5. 最大起升速度

全电动堆高车、半电动堆高车最大起升速度通常是指满载时，货物起升的最大速度，以 m/min（米 / 分）表示。提高最大起升速度，可以提高作业效率；但起升速度过快，容易发生货损和机损事故。目前国内堆高车最大起升速度已提高到 20m/min。

6. 最高行驶速度

提高行驶速度对提高堆高车的作业效率有很大影响。目前全电动堆高车的行驶速度一般满载不超过 4.5km/h，空载不得超过 6km/h。

7. 最小转弯半径

当电动堆高车在空载低速行驶、打满方向盘转弯时，车体最外侧和最内侧至转弯中心的最小距离，分别称为最小外侧转弯半径和最小内侧转弯半径。最小外侧转弯半径越小，则堆高车转弯时需要的地面面积越小，机动性越好。

8. 轴距及轮距

电动堆高车轴距是指前后桥中心线的水平距离。轮距是指同一轴上左右轮中心的距离。增大轴距，有利于堆高车的纵向稳定性，但使车身长度增加，最小转弯半径增大。增大轮距，有利于叉车的横向稳定性，但会使车身总宽和最小转弯半径增加。

二、堆高车结构

1. 半电动堆高车结构

半电动堆高车主要由前滚轮、货叉、门架、蓄电池、转向轮、舵柄、升降杆、液压提升缸、电源开关、手刹等构成。

2．全电动堆高车结构

全电动堆高车主要由内门架、外门架、举升油缸、货叉架、前轮、电锁、蓄电池、限流阀、泵站、后轮、护罩、电刹车、驱动轮、站台、电器装置、总开关、操控舵、保护屏等构成，和半电动堆高车相比，多了一个站台，操作舵柄能通过电动机驱动来控制方向。

三、堆高车操作注意事项

（1）不要随意拆修，非专业技术人员维修会降低堆高车的安全系数。

（2）使用完毕后，按规则进行维护、保养。

（3）在没有负载情况下，要移动堆高车，须将货叉降到较低位置，注意不要伤害到工作现场的任何人。

（4）堆高车的货叉上不能站人。

（5）堆高车使用完毕后，不要将堆高车留在工作现场。

（6）需要参照车体上的载荷曲线图示进行负载和升高，指示牌必须经常保持清晰。

（7）除升降货物外，堆高车不得在其他场合使用。

（8）操作人员必须已经成年，并具有高度责任心。

（9）堆高车在移动、升降时，请确保周围不要站人。

（10）请不要损坏车体上防护罩之类的装置。

（11）《工业车辆使用、操作与维护安全规范》（GB/T 36507—2023）对堆高车等工业车辆有以下规定：

1）搬运载荷时，不得超过所规定的承重能力，承重能力受载荷中心、起升高度以及其他参数（如轮胎类型）的影响，应注意车辆上相应的提示标牌。

2）操作人员应确保载荷的状态合乎要求，只可搬运稳定码放且安全的载荷。

四、自动化立体仓库的构成

自动化立体仓库一般包括以下几个部分：

（1）高层货架：用于存储货物的钢结构。

（2）托盘（货箱）：用于承载货物的器具，亦称工位器具。

（3）巷道堆垛机：用于自动存取货物的设备，堆垛机负责立体仓库内部货物的移动，按结构形式分为单立柱和双立柱两种基本形式。

（4）输送机系统：立体仓库的主要外围设备，负责将货物运送到堆垛机或从堆垛机将货物移走。

（5）AGV 系统：即自动导向小车。根据其导向方式分为感应式导向小车和激光导向小车。

（6）自动控制系统：驱动自动化立体仓库系统各设备的系统。

（7）仓储管理系统（WMS）：亦称中央计算机管理系统，是自动化立体仓库系统的核心。

五、自动化立体仓库的入库流程

系统响应入库请求，弹出入库对话框，用户填写入库货物的名称和数量，系统查询订货量，如果订货量大于货物库存数量，则给出报警提示；否则，系统向入库计算机发送入库操作任务单，并打印入库单据。入库计算机控制条码系统扫描货物，扫描后入库计算机会判断扫描的货物和任务是否相符，如相符则执行入库分拣和运送；如不符，则给出报警信号。以下几个环节需注意。

（1）货物信息读取。自动化立体仓库中货物的信息是非常重要的，货物的信息通常储存在条码、二维码或 RFID 芯片里，这些信息的准确读取保证了货物的正确流向。

（2）堆垛车上货监视。货物从输送线转移到货架或者从货架转移到输送线需要得到可靠的保证，否则会对货物或者货架造成不可逆的损害。这个工序需要传感器来监视货物在堆垛车上的状态。

（3）进仓货物大小检测。货架通常有不同的尺寸规格，因此货物在放入货架前通常需要按照大小进行分类。

（4）货架占用情况检测。自动化立体仓库需要知道货物是否存放在货架，或者货物在货架的位置信息。

（5）货物上架定位。货物在堆垛机和货架之间转移的时候，堆垛机必须与货架对位准确，否则将有可能与货架发生机械碰撞，由此会对堆垛机和货架及其相关设施造成损害。

任务实施

一、普通仓库货物上架步骤

1. 检查

在半电动堆高车工作前先检查刹车和泵站的工作状况，并确保蓄电池充满电，打开电源。

2. 移动

双手握住半电动堆高车操纵舵柄，用力将堆高车缓慢推向 H2-01-01-02 仓位，如果要停车，可用手刹或脚刹制动，使堆高车停车。

3. 上架

将货物放入 H2-01-01-02 仓位，具体步骤如下：

（1）将半电动堆高车货叉缓慢叉入“20000020”托盘底部，货叉和托盘之间缝隙≤ 1cm。

（2）放下半电动堆高车手刹或脚刹，将升降杆往里推（胸口方向），货叉带着托盘货物上升。

（3）估算起升高度，当货叉最低端超过 H2-01-01-02 仓位货架的底端时，将升降杆回位，注意留意货架上端，避免发生碰撞。

（4）双手缓慢将堆高车平直推进仓位，当货物处在货架正上方时停止，放下托盘并注意货叉不给货物底下的货架施力（货叉不与货架接触），确保托盘处在安全位置。

（5）缓慢回退，并确保托盘放置平稳，在回退的过程中不能带动托盘。

（6）将升降杆往外推（货架方向），降低货叉到半电动堆高车底部。

4. 复位

操作完成，将堆高车复位至堆高车存放处。

二、WMS 上架步骤

在完成长城干红葡萄酒（500mL）实物上架后，紧接着需要在 WMS 中完成上架，这个过程利用 RF 手持终端来操作，具体步骤如下：

（1）用“1213”账号登录 RF 手持终端系统，如图 4-6a 所示。

（2）在 NOS RF 主页面，点击“入库作业”按钮，进入 NOS RF 入库作业 - 任务列表页面，如图 4-6b 所示。

（3）在 NOS RF 入库作业 - 任务列表页面，选择入库单“RK221213005931”，点击“开始任务”按钮，进入 NOS RF 重型货架入库页面，如图 4-6c 所示。

（4）在 NOS RF 重型货架入库页面，将光标移动到“托盘编码”输入框内，扫描输入托盘标签“20000019”。

（5）输入托盘标签之后，将光标移动到“仓位编码”输入框内，扫描输入仓位标签“H2-01-03-01”，点击“上架”，如图 4-6d 所示。

（6）重复（4）和（5），上架入库单上其他的托盘。扫描输入托盘标签“20000020”，扫描输入仓位标签“H2-01-01-02”，入库单“RK221213005931”所有托盘上架完毕，点击“提交”按钮，如图 4-6e 所示。

（7）在弹出的界面中点击“是”，出现提交上架成功的提示，点击“返回”关闭当前窗口即可，上架完成后可以在 WMS“库存管理”→“可视库存”中看到已经上架的货物。

RF 上架

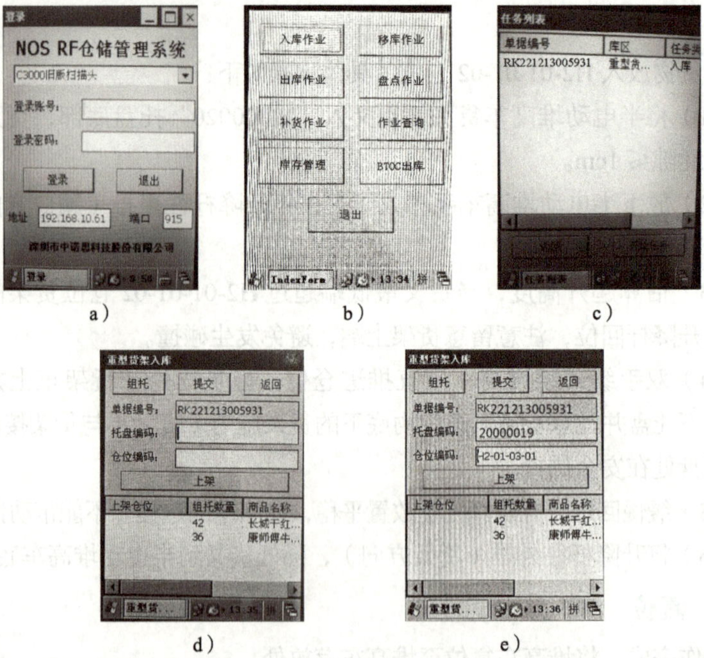

图 4-6　RF 上架图示

a）登录页面　b）点击“入库作业”　c）入库作业 - 任务列表
d）扫描托盘编码和仓位编码　e）点击“提交”

三、入库完成确认与打印入库单

在 RF 手持终端提交完上架作业后，整个入库作业基本完成，最后在 WMS 中确认即可。

（1）单击 WMS 中的“入库管理”→“入库作业”，进入入库作业单列表页面，选择入库单编号“RK221213005931”，可以看到，单据的状态已经由“待入库”变成了“已入库”，系统提示“入库完成”。

值得注意的是，在此处，无论是组托作业有误，还是上架作业有误，都可在 WMS 中单击相应作业右侧的“撤回”按钮，通过取消相应的组托或上架作业重新进行更改，但是一旦单击右侧的“入库审批”按钮，表示已经对该入库作业进行了核对与确认，因此将不能修改，如图 4-7 所示。

（2）打印入库完成的入库单。单击“入库管理”→“入库作业”可以进入入库作业单列表页面，选中入库单号“RK221213005931”，单击右侧“详情”按钮，进入打印预览页面，单击“打印”按钮，完成入库作业单打印，如图 4-8 所示。在该入库作业单中，可以核对检验入库的库区、仓位、数量等相关信息，便于仓配管理工作的细化与推进。

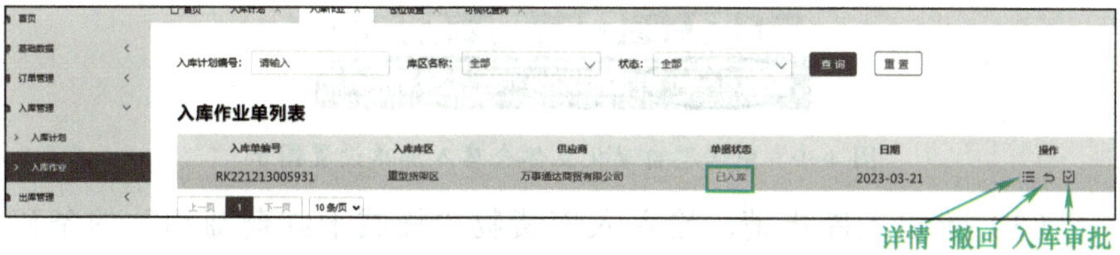

图 4-7　入库确认图示

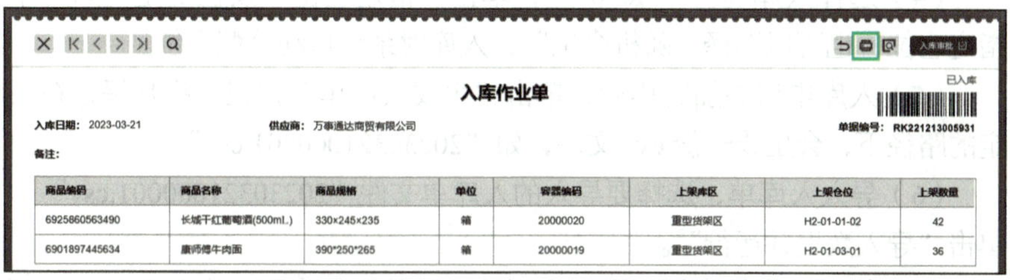

图 4-8　入库单打印

四、上架实操注意事项

（1）在信息流向上，一般是先物流再信息流，因此需要先实物上架，再完成 WMS 上架。

（2）半电动堆高车较重，无论是不是空载，都需要控制速度，不能跑动操作。

（3）移动半电动堆高车务必记得松手刹（脚刹）。

（4）托盘应放置于货架正中间，避免托盘从货架下掉落。

（5）托盘摆放要正，距离仓位货架边缘距离要适中，不宜过远，也不宜过近，一般控制在 5 ～ 10cm。

（6）上架完成，退出托盘后，务必牢记先放下货叉，再转动方向，绝对不能高叉作业。

（7）堆高车只能载物，不能载人升降。

堆高车上架

五、自动化立体仓位入库作业

企业中大多数的自动化立体仓库是通过巷道堆垛机，将整托盘的货物自动入库，但是在教学中，由于场地、设备的限制，综合考虑安全和成本因素，大多数的自动化立体仓库都只适用于“轻、小、正”的货物单件入库，两者在流程上面并无太大区别。以中诺思的自动化立体仓库系统为例，具体的实施过程如下：

（1）启动自动化立体仓库的软硬件设备，将堆垛机和输送链控制柜上的“手动 / 自动”开关均打到自动挡，保证堆垛机的货叉在中间位置。

（2）设置入库单，在界面中选中“设置入库作业”，如图 4-9 所示。

图 4–9　中诺思自动化立体仓库入库单设置图示

（3）新建入库申请，输入入库货物“长城干红葡萄酒”的条码“6925860563490”及数量“5”。

（4）选择入库仓位“A0103”，单击“指定仓位”按钮确定；如果不指定仓位，也可以选择“随机仓位”，入库时系统自动分配仓位。

（5）入库申请添加完毕后，单击“生成入库单”按钮，将其保存在固定的路径下，会生成一份 csv 文件，如“20230321000001.csv”。

（6）导入入库单，选择要导入的入库单文件“20230321000001.csv”，单击“导入数据并运行”。

（7）将要入库的货物放在入库区的滚筒输送链上面，有条码的一面面向条码阅读器，货物开始自动入库。

六、操作练习

半电动堆高车上架货物，需要大量的练习才能规范地完成任务，因此，可以分组分批单个学生依次练习，每个学生的有效练习时间不得少于 1 小时。

任务评价

对于该任务的完成情况，从职业素养和任务实施情况两个方面来制定评价标准，职业素养主要评价工作态度、操作标准、作业安全三个方面。任务实施情况的评价从半电动堆高车移动、堆高车上架、托盘摆放、WMS 操作，及自动化立体仓库系统设置五个方面来进行。在上述评分标准的基础上，将任务实施的考核点细分，对练习和测试过程中的要点进行量化，从而形成 WMS 上架及自动化立体仓库上架任务的任务实施评分表，如表 4–9 所示。

表 4–9　WMS 上架及自动化立体仓库上架任务个人评分表（课用）

任务实施人：　　　　　　　　　　　　开始时间：
评分人：　　　　　　　　　　　　　　完成时间：

评价内容	配分	评分标准		得分	超时扣分	备注
职业素养	20 分	工作态度	动作迅速（5 分）			
		操作标准	动作规范（10 分）			
		作业安全	操作安全（5 分）			

（续）

评价内容	配分	评分标准		得分	超时扣分	备注
WMS 上架及自动化立体仓库上架	80 分	半电动堆高车移动	松手刹（5 分） 启动及转向顺畅（5 分）			
		堆高车上架	入托迅速（5 分） 升降无误（5 分） 无碰撞（5 分） 避免高叉作业（10 分）			
		托盘摆放	摆放标准（5 分） 退架无触碰（5 分）			
		WMS 操作	RF 手持终端扫描迅速准确（15 分） WMS 上架无误（10 分）			
		自动化立体仓库系统设置	启动规范（2 分） 入库仓位正确（3 分） 自动入库（5 分）			
总分合计						

注：完成时限为 5 分钟，超时 1 分钟扣 10 分。

总结与反思

该任务分为实物上架和系统上架，难点在于半电动堆高车操作，设备很重，水平移动堆高车对于某些同学存在困难，需要认真训练，自动化立体仓库应用相对较为简单，难点在于常见故障的处理。认真回答下列问题，将有助于提升你的技能训练效果。你失分的主要原因是什么？你认为应该从哪些方面提高任务评分？请将你对该任务的总结与反思写在表 4-10 内。

表 4-10　WMS 上架及自动化立体仓库上架任务总结与反思表

<table>
<tr><td>班级</td><td></td><td>姓名</td><td></td></tr>
<tr><td>任务完成时间</td><td></td><td>任务实施得分</td><td></td></tr>
<tr><td>职业素养得分</td><td colspan="3"></td></tr>
<tr><td>和你情况相符的请打 √</td><td colspan="3">□ 忘记松手刹　□ 需要多次进退来调整方向
□ 推不动堆高车　□ 操作超时
□ 升降反向　□ 货箱掉落
□ 摆放不规范　□ 高叉作业
□ 发生碰撞　□WMS 上架错误
□ 自动化立体仓库不识读条码　□ 入错仓位
□ 其他________________</td></tr>
<tr><td>失分原因</td><td colspan="3"></td></tr>
<tr><td>改进方向</td><td colspan="3"></td></tr>
<tr><td>给老师的建议</td><td colspan="3"></td></tr>
</table>

任务巩固

一、知识内化

请对整个任务知识进行复习，将你认为正确的答案填在（　　）中。

1. 半电动堆高车和全电动堆高车的区别在于（　　）。
   A. 升降的驱动方式不同
   B. 水平移动的驱动方式不同
   C. 半电动堆高车依靠人力驱动
   D. 半电动堆高车不用充电
2. 全电动堆高车和电瓶叉车的区别在于（　　）。
   A. 全电动堆高车可以升降货物
   B. 电瓶叉车是电力驱动
   C. 电瓶叉车可以搬运货物
   D. 全电动堆高车可以搬运货物
3. 下列上架作业操作有误的是（　　）。
   A. 使用半电动堆高车的第一步是移动半电动堆高车到待上架处
   B. 上架时，应先将升降杆往外推，使货叉上升
   C. 托盘置于仓位正上方后，应将堆高车货叉下降到货架底部，从而放置托盘
   D. 上架完成，堆高车货叉从托盘底部退出后，应马上将堆高车复位
4. 在操作半电动堆高车时，正确的做法是（　　）。
   A. 小王为了节省时间，托盘空载时，跑着拖动半电动堆高车
   B. 小王利用半电动堆高车，在仓库内进行短距离的搬运作业
   C. 小王将小艾用半电动堆高车升到货架二层去贴条码
   D. 小王在推动半电动堆高车时将货叉放置在底部
5. 半电动堆高车上架的操作顺序正确的是（　　）。
   A. 松刹车—移车—货叉入托—起升货叉—下降货叉—放置托盘—下降货叉—复位
   B. 移车—松刹车—货叉入托—起升货叉—下降货叉—放置托盘—复位
   C. 松刹车—移车—货叉入托—起升货叉—下降货叉—放置托盘—复位
   D. 移车—松刹车—货叉入托—起升货叉—下降货叉—放置托盘—下降货叉—复位

二、学以致用

2023 年 3 月 25 日，仓配中心收到一批货物，需要完成入库作业，仓储员小王已经完成了货物交接、系统录入、组托和搬运任务，现在需要将托盘上架，任务如表 4-11 所示。请你在 5 分钟之内完成该批货物上架作业，包括实物上架、WMS 上架，以及自动化立体仓库的入库（仓位：A10101），并请同学协助填写个人评分表（见表 4-12）。

表 4-11　搬运任务表

序号	商品名称	商品条码	托盘编码	数量 / 箱	上架位置
1	加多宝	6901787445632	20000002	25	H2-01-01-01
2	娃哈哈矿泉水	6925876934224	20000003	18	H2-01-02-01
3	金典牛奶	6928654563381	20000004	28	H2-01-01-02
4	加多宝	6901787445632		2	A10101（立库）

表 4-12　WMS 上架及自动化立体仓库上架任务个人评分表（练习用）

任务实施人：　　　　　　　　　　　　　开始时间：

评分人：　　　　　　　　　　　　　　　完成时间：

<table>
<tr><th>评价内容</th><th>配分</th><th colspan="2">评分标准</th><th>得分</th><th>超时扣分</th><th>备注</th></tr>
<tr><td rowspan="3">职业素养</td><td rowspan="3">20 分</td><td>工作态度</td><td>动作迅速（5 分）</td><td></td><td></td><td></td></tr>
<tr><td>操作标准</td><td>动作规范（10 分）</td><td></td><td></td><td></td></tr>
<tr><td>作业安全</td><td>操作安全（5 分）</td><td></td><td></td><td></td></tr>
<tr><td rowspan="5">WMS 上架及自动化立体仓库上架</td><td rowspan="5">80 分</td><td>半电动堆高车移动</td><td>松手刹（5 分）
启动及转向顺畅（5 分）</td><td></td><td></td><td></td></tr>
<tr><td>半电动堆高车上架</td><td>入托迅速（5 分）
升降无误（5 分）
无碰撞（5 分）
避免高叉作业（10 分）</td><td></td><td></td><td></td></tr>
<tr><td>托盘摆放</td><td>摆放标准（5 分）
退架无触碰（5 分）</td><td></td><td></td><td></td></tr>
<tr><td>WMS 操作</td><td>RF 手持终端扫描迅速准确（15 分）
WMS 上架无误（10 分）</td><td></td><td></td><td></td></tr>
<tr><td>自动化立体仓库系统设置</td><td>启动规范（2 分）
入库仓位正确（3 分）
自动入库（5 分）</td><td></td><td></td><td></td></tr>
<tr><td colspan="4">总分合计</td><td></td><td></td><td></td></tr>
</table>

注：完成时限为 5 分钟，超时 1 分钟扣 10 分。

项目五

在库货物优化管理

任务一　优化管理：库存控制优化

学习目标

1. 能够合理选用库存控制方式。
2. 能够确定订货点和订货数量。
3. 能够根据成本最优原则，确定经济订货批量。

作业标准

1. 任务标准：任务评分表得分 80 分以上。
2. 任务限时：10 分钟 / 人。
3. 职业素养：耐心细致、信息处理迅速、6S 作业。

任务准备

一、厘清零库存和安全库存

库存是指储存在仓库中可用于销售或生产的货物。对于生产型企业，库存可以分为生产原料和生产成品两大类。而对于零售型企业来讲，没有生产的过程，所有的货品都是从上游采购后存放在库房，再销售给下游。

在精益生产中，零库存是一种经常提到的概念，需要注意的是，零库存并不是指以仓库储存形式存在的某种或某些物品的储存数量真正为零，而是通过实施特定的库存控制策略实现库存量的最小化。所以，“零库存”管理的内涵是以仓库储存形式存在的某些物品数量尽量少，即不保存经常性库存。

在库存管理中往往还涉及安全库存，安全库存是指当不确定因素（订货期间需求增长、到货延期等）而导致更高的预期需求或完成周期延长时的缓冲存货。安全库存一般不予动用，若动用则要在订货时补齐。

二、认识库存成本

库存成本是指与取得、拥有存货有关的一切成本的总和，它是物流作业成本中的一个重要组成部分。库存成本的构成主要包括三个方面，即库存持有成本、订货成本和缺货成本。库存成本中还有一个不明显的因素——在途存货成本。

1. 库存持有成本

库存持有成本是指为保持库存而发生的成本。它可以分为固定成本和变动成本。固定成本与库存数量无关，如仓库折旧、仓库职工的固定月工资等；变动成本与库存数量有关，如库存占用资金的应计利息、破损和变质损失、安全费用等。

2. 订货成本

订货成本是企业向供应商发出采购订单的成本，主要是指企业为了实现一次订货而进行的各种活动的费用，包括处理订货的办公费、差旅费、邮资、电话费、文书等各项支出。订货成本中有一部分是与订货次数无关的，如常设采购机构的基本开支等，这种成本称为订货成本中的固定成本；另一部分与订货的次数有关，如差旅费、邮资等，称为订货成本中的变动成本。

库存持有成本与订货成本的关系：订货成本和持有成本随着订货次数或订货规模的变化而呈反方向变化，起初随着订货批量的增加，订货成本下降的速度比持有成本增加的速度要快，即订货成本的边际节约额比持有成本的边际增加额要多，使得总成本下降。当订货批量增加到某一点时，订货成本的边际节约额与持有成本的边际增加额相等，这时总成本最小。此后，随着订货批量的不断增加，订货成本的边际节约额比持有成本的边际增加额要小，导致总成本不断增加，这意味着随着订货规模或生产数量的增加，持有成本增加，而订货或生产准备成本降低，总成本线呈U形。

3. 缺货成本

企业为了平缓需求方面的不确定性和延缓提前期，必须保留一定的安全库存。安全库存太大意味着有多余的库存，而安全库存不足则意味着缺货或失销。缺货对企业的影响较大，存货供应中断可能造成停工损失、丧失销售机会等。

4. 在途存货成本

库存成本中还有一个长期以来被忽视的地方，那就是已订购而未到货物的成本，即在途存货成本。这项成本不像前面三项成本那么明显，然而在某些情况下，企业必须考虑在目的地以交货价出售产品，这意味着企业负责将产品运达客户，因此当客户收到订货产品时，产品的所有权转移。从财务观点来看，运输过程中产品仍是卖方的库存。因为这种在途库存直到交给客户之前仍然属企业所有，运货所需的时间属于库存成本的一部分，然而快速交货意味着更高的运输成本。因此，企业要对运输成本与在途存货成本进行权衡抉择。

任务派发

仓配中心的 H3 仓库是飞鱼电商平台的第三方合作仓库，近期，部分商品的库存不足，引发了缺货，又有部分商品的周转率过低，造成了商品积压。仓配中心主管张芒接到了一个任务，要求仓配中心对以下货物的库存进行优化，在保证不缺货的情况下，避免库存积压。货物明细如表 5-1 所示。

表 5-1　货物明细表

序号	货物编号	商品名称	商品条码	库存数量 / 箱
1	S066	达利园法式小面包	6911988011619	182
2	J072	江中猴姑酥性饼干	6954434300868	91

一、作业要求

（1）完成前期两种货物的出入库频率统计。

（2）确定 S066 和 J072 的订货点。

（3）若 S066 订货周期为 7 天，J072 的订货周期为 10 天，请确定前两次的订货量。

（4）利用经济订货批量法，确定 S066 的库存控制方案。

二、实施条件

基本实施条件如表 5-2 所示。

表 5-2　基本实施条件

项目	基本实施条件	备注
场地	仓库 1 个，面积不小于 200m^2，要求照明通风良好	必备
设备	激光打印机 1 台、仓储管理系统（WMS）1 套、计算机 10 台	必备
工具	Word、Excel 办公软件，笔，纸，仓库前期资料等	根据需求选备

知识储备

库存控制是指在现有的资源条件下，既使库存满足预期的需求水平，又使库存成本达到最低，从形式上看是解决何时订货与订货多少的问题。

一、定量订货方式

定量订货方式又称为订货点法，是指库存量降到一定水平（订货点）时，按固定的订货数量进行订货的方式。

举例来说，假设某仓库 A 商品期初库存为 20 箱，每天平均销售 2 箱，订货提前期为 5 天，如果仓库 A 商品最多允许放 30 箱，安全库存为 0，那么将在库存为 10 箱时开始订货，每次订货量都固定为 30 箱。假设外部环境没有发生大的改变，每天销售均衡，那么每次在库存剩余 10 箱发出 30 箱的订货方式就是定量订货法，如图 5-1 所示。

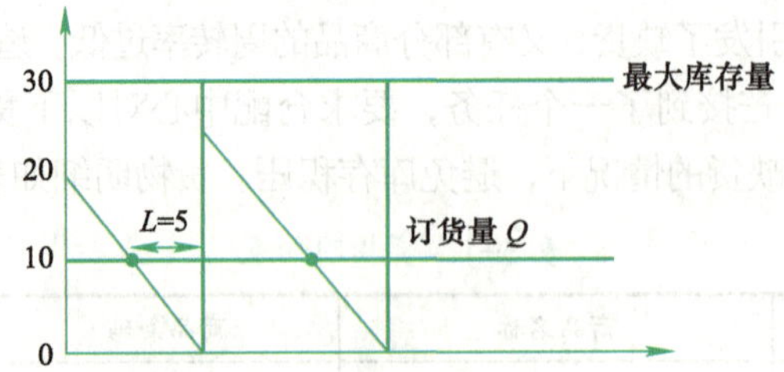

图 5-1　定量订货方式示意图

1．订货点的计算

订货点的计算公式为

订货点 = 平均销售速度 × 订货提前期 + 安全库存

2．定量订货方式的优点

定量订货方式的优点为管理简便，订货时间和订货量不受人为判断的影响，可保证库存管理的准确性，由于订货量一定，便于安排库内的作业活动，可节省理货费用。

3．定量订货方式的缺点

定量订货方式的缺点为订货之前的各项计划比较复杂，不便于对库存进行严格的管理。

4．定量订货方式的适用范围

（1）单价比较便宜并且不便于少量订购的物品，如螺栓、螺母。

（2）需求预测比较困难的维修物料。

（3）品种数量繁多、库存管理事务量大的物品。

（4）消费量计算复杂的物品。

（5）通用性强、需求问题比较稳定的物品。

二、定期订货方式

定期订货方式是指每隔一段时间就进行订货的订货方式。这种方式订货时间固定，每次订货量不定，其关键在于确定订货周期。订货周期是指从提出订货、发出订货通知到收到货物为止的时间间隔。

举例来说，假设某仓库 A 商品期初库存为 20 箱，每天平均销售 2 箱，订货提前期为 3 天，仓库 A 商品最多允许放 30 箱，安全库存为 0，如果确定订货周期为 5，那么在第 5 天订货，当前库存为 20−5×2=10 箱，订货量为 30−10=20 箱，第 8 天到货 20 箱，当前库存为 10−（2×3）+20=24 箱，第 10 天再订货，当前库存为 24−2×2=20 箱，订货量为 30−20=10 箱，每次订货量为最大库存量和当前库存量之差。

还有一种订货法，就是将订货提前期内的销售量加在订货量里面，达到该商品的最大订货量，如上述第 5 天订货的最大订货量是 30−10+6=26 箱，第 8 天原有库存为 4 箱，同时在途货物 26 箱到货，这一天达到该商品仓库最大的允许库存量 30 箱。

图 5-2 为定期订货方式示意图。

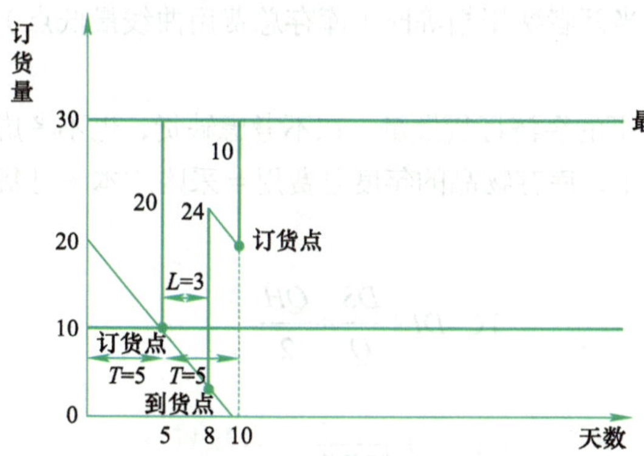

图 5-2　定期订货方式示意图

三、经济订货批量

经济订货批量（Economic Order Quantity，EOQ）是库存控制领域最重要的分析方法之一，它可通过费用分析求得库存总费用最小时候的订货批量。这一概念是由美国学者 F.W. 哈利斯（F.W.Harris）于 1915 年首次提出的，威尔逊（Wilson）于 1934 年独立再创并把它引入市场，经过数十年的发展和完善，EOQ 及其变型已形成完善的库存控制体系，并在实际中得到了广泛的应用。

1. 经济订货批量的假设前提

（1）假设每次订货的订货费用相同且与订货批量的大小无关。

（2）假设单位物品在单位时间内的储存费与物品的购入单价呈正比。

（3）假设单位时间内的需求量不变。

（4）前置时间（订货提前期）固定。

2．最佳经济批量的确定

通过计算某种商品的库存总费用最小来确定最佳经济批量，如图 5-3 所示。

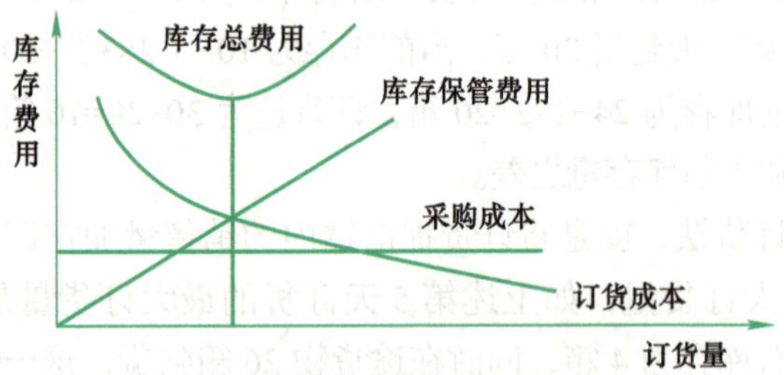

图 5-3　经济订货批量示意图

从图中可见，库存保管费用随订货量的增大而增加，订货成本随订货量的增大而减少，当两者费用相等时（库存总费用曲线最低点），订货量为经济订货批量。

（1）理想条件下的经济订货批量。在不考虑缺货，也不考虑数量折扣及其他问题的情况下，库存物品的年度总费用 = 采购成本 + 订货成本 + 库存保管费用，即

$$\mathrm{TC}=DP+\frac{DS}{Q}+\frac{QH}{2}$$

推导得出

$$Q=\sqrt{\frac{2DS}{H}}$$

式中，TC 为库存物品的年度总费用；D 为某库存商品的年需求量；P 为单位采购成本；S 为每次订货成本；H 为单位库存成本；Q 为经济批量。

【例 5-1】某企业每年销售 A 零件 4 000 件，购买单价为 20 元 / 件，每次订货费用为 40 元，单位库存费用按库存物价值的 10% 计算，试求经济订货批量。

$$H=20\times10\%=2\text{（元 / 件）}$$

$$\mathrm{EOQ}=\sqrt{\frac{2DS}{H}}=\sqrt{\frac{2\times4\ 000\times40}{2}}=400\text{（件）}$$

（2）允许缺货的经济订货批量。在实际的销售活动中，订货到达时间或每日销售量不可能稳定不变，因此有时不可避免地发生缺货，允许缺货下的经济订货批量计算公式为

$$EOQ=\sqrt{\frac{2DS}{H}}\times\sqrt{\frac{H+C}{C}}$$

式中，C 为缺货费；其余符号含义同前。

【例 5-2】某电商企业每年销售 A 零件 4 000 件，购买单价为 20 元 / 件，每次订货费用为 40 元，单位维持库存费用按所库存物价值的 10% 计算，允许缺货，缺货损失费为 0.3 元 / 件，试求经济订货批量。

$$H=20\times10\%=2\text{（元 / 件）}$$

$$EOQ=\sqrt{\frac{2DS}{H}}\times\sqrt{\frac{H+C}{C}}=\sqrt{\frac{2\times4\ 000\times40}{2}}\times\sqrt{\frac{2+0.3}{0.3}}=1\ 107\text{（件）}$$

即在允许缺货的情况下，每次订购 1 107 件，库存总费用最少。

（3）有数量折扣的经济订货批量。在实际操作中，一般还需考虑其他一些因素对总成本的影响，最常见的是批量不同而带来的采购价格上的差异。为鼓励大量购买，供应商往往在订货数量超过一定数量时提供优惠的价格，在这种情况下，就需要考虑是否需要增加订货量以获取折扣。若接受折扣能使所产生的总成本变小，则应接受折扣；反之，则按无折扣的经济订货批量计算。

【例 5-3】某企业每年销售 A 零件 4 000 件，购买单价为 20 元 / 件，若订货量大于或等于 500 件时，购买价格为 18 元 / 件，每次订货费用为 40 元，单位库存费用为单价的 10%，试求经济订货批量。

首先，按享受折扣价格时的批量采购，即每次采购 500 件：

$$TC=DP+\frac{DS}{Q}+\frac{QH}{2}=4\ 000\times18+\frac{4\ 000\times40}{500}+\frac{500\times18\times10\%}{2}=72\ 770\text{（元）}$$

按折扣单价计算的 EOQ 为

$$EOQ=\sqrt{\frac{2DS}{H}}=\sqrt{\frac{2\times4\ 000\times40}{18\times10\%}}=422\text{（件）}$$

由于按折扣单价计算的经济批量小于可以享受批量折扣的采购量 500 件，所以此经济批量计算无效，意味着 422 件的批量不可能享受 18 元 / 件的优惠价格。

当没有折扣时，单价 20 元 / 件，经济批量计算结果为 400 件（见例 5-1）

$$TC=DP+\frac{DS}{Q}+\frac{QH}{2}=4\,000\times20+\frac{4\,000\times40}{400}+\frac{400\times20\times10\%}{2}=80\,800\text{（元）}$$

按 500 件采购的总成本为 72 770 元，要低于按 400 件采购的总成本 80 880 元，所以应该按 500 件进行最佳批量采购。

任务实施

一、货物库存数据统计

1. 平均销售量统计

仓配中心 H3 仓库大部分的货物都是先销售后发货，因此平均销售量可由出库物动量推算出来，根据出库物动量统计汇总表（表 1-22），最近 4 周，达利园法式小面包的出库量为 503 箱，江中猴姑酥性饼干的出库量为 186 箱，每天的出库量经过计算分别如下：

达利园法式小面包：503/28≈18 箱 / 天

江中猴姑酥性饼干：186/28≈7 箱 / 天

2. 期初库存和订货提前期收集

将仓库的前期数据收集整理如表 5-3 所示。

表 5-3　期初库存和订货提前期数据表

序号	商品名称	期初库存 / 箱	订货提前期 / 天	安全库存 / 箱	最大库存量 / 箱
1	达利园法式小面包	182	2	18	200
2	江中猴姑酥性饼干	91	2	14	100

二、定量订货的订货点确定

订货点是定量订货控制库存的一个指标，假定仓库的出库速度在一定时间内均衡，根据前述的公式

订货点 = 平均销售速度 × 订货提前期 + 安全库存

1. 达利园法式小面包

订货点 =18×2+18=54（箱）

订货量 =200−18=182（箱），182 箱是允许的最大订货量，可以低于这个数值订货，但是不能超过。

2. 江中猴姑酥性饼干

订货点 =7×2+14=28（箱）

订货量 =100−14=86（箱），同理，订货量不能超过 86 箱。

如果外部环境没有发生大的改变，每天销售均衡，那么每次达利园法

式小面包在库存剩余 54 箱发出订单，订货数量为 182 箱，当两天后库存只剩下安全库存 18 箱时，182 箱在途货物到达仓库，达到最大库存量 200 箱；江中猴姑酥性饼干在库存剩余 28 箱发出订单，订货数量为 86 箱，当两天后库存只剩下安全库存 14 箱时，86 箱在途货物到达仓库，达到最大库存量 100 箱。

三、定期订货下的订货量确定

1. 达利园法式小面包的订货周期为 7 天

（1）第 7 天：

库存量：182−7×18=56（箱）

订货量：200−56=144（箱）

订货提前期为 2 天，那么在第 9 天时，库存量减少到 56−36=20 箱，同时在途 144 箱到货，当天共有 164 箱。

（2）第 14 天：

库存量：164−18×5=74（箱）

订货量：200−74=126（箱）

2. 江中猴姑酥性饼干的订货周期为 10 天

（1）第 10 天：

库存量：91−10×7=21（箱）

订货量：100−21=79（箱）

订货提前期为 2 天，那么在第 12 天时，库存量减少到 21−14=7 箱，同进在途 79 箱到货，当天共有 86 箱。

（2）第 20 天：

库存量：86−8×7=30（箱）

订货量：100−30=70（箱）

订货结果汇总如表 5-4 所示。

表 5-4　前两次订货量汇总表（定期订货法）

序号	商品名称	订货量 7（天）/14（天）	订货量 10（天）/20（天）
1	达利园法式小面包	144 箱 /126 箱	
2	江中猴姑酥性饼干		79 箱 /70 箱

四、经济订货批量下的库存控制

经统计，达利园法式小面包每年的销售量约为 6 000 箱，购买单价为 300 元 / 箱，每次订货费用为 81 元，单位库存费用按库存物价值的 10% 计算，若每次订货的提前期为 2 天，允许缺货，缺货损失费为 50 元 / 箱，试求经济订货批量。

$$H=300\times10\%=30\text{（元 / 箱）}$$

$$EOQ=\sqrt{\frac{2DS}{H}}\times\sqrt{\frac{H+C}{C}}=\sqrt{\frac{2\times6\,000\times81}{30}}\times\sqrt{\frac{30+50}{50}}=228\text{（箱）}$$

任务评价

对于该任务的完成情况，从职业素养和任务实施情况两个方面来制定评价标准，职业素养主要评价工作态度、信息处理、6S 作业三个方面。任务实施情况的评价从数据整理、定量订货点确定、定期订货量确定及经济批量确定四个方面来进行。在上述评分标准的基础上，将任务实施的考核点细分，对练习和测试过程中的要点进行量化，从而形成库存控制优化任务的任务实施评分表，如表 5-5 所示。

表 5-5　库存控制优化任务个人评分表（课用）

任务实施人：　　　　　　　　　　　　　　　开始时间：

评分人：　　　　　　　　　　　　　　　　　完成时间：

评价内容	配分	评分标准		得分	超时扣分	备注
职业素养	20 分	工作态度	礼貌细致、耐心（5 分）			
		信息处理	信息处理准确、快速（10 分）			
		6S 作业	干净、整齐、整洁等（5 分）			
库存控制优化	80 分	数据整理	收集准确（5 分） 统计正确（5 分）			
		定量订货点确定	订货点无误（10 分） 订货量正确（10 分）			
		定期订货量确定	Excel 应用熟练（10 分） 订货量正确（15 分）			
		经济批量确定	公式应用无误（10 分） 经济批量正确（15 分）			
总分合计						

注：完成时限为 10 分钟，超时 1 分钟扣 10 分。

总结与反思

该任务分为定量控制和定期控制，难点在于需要对两种库存控制方式理解透彻并能加以灵活应用，数据的收集和整理对于某些同学存在困难，需要细心和耐心，经济订货批量属于定量控制的一种，难点在于允许缺货和有折扣情况下的批量确定。认真回答下列问题，将有助于提升你的技能训练效果。你失分的主要原因是什么？你认为应该从哪些方面提高任务评分？请将你对该任务的总结与反思写在表 5-6 内。

表 5-6　库存控制优化任务总结与反思表

班级		姓名	
任务完成时间		任务实施得分	
职业素养得分			
和你情况相符的请打 √	□ 数据收集错误 □ 订货点错误 □ 订货量错误 □ 公式应用错误 □ 其他＿＿＿＿	□ 数据统计出错 □ Word 中找不到公式 □ 不会开根号	
失分原因			
改进方向			
给老师的建议			

任务巩固

一、知识内化

请对整个任务知识进行复习，将你认为正确的答案填在（　　）中。

1. 下列说法错误的是（　　）。

   A. 仓库中可用于销售或生产的货物是库存

   B. 零库存指某些物品的储存数量为零

   C. 安全库存一般不予动用

   D. 对于生产型企业，库存可以分为生产原料和生产成品两大类

2. 定量订货方式的适用范围不包括（　　）。

   A. 单价比较便宜并且不便于少量订购的物品，如螺栓、螺母

   B. 需求预测比较困难的维修物料

   C. 品种数量少、库存管理事务量小的物品

   D. 消费量计算复杂的物品

3. 关于定期订货方式的说法正确的是（　　）。

   A. 订货周期是固定的　　B. 订货数量是固定的

   C. 订货周期是不固定的　　D. 订货点是固定的

4. 经济订货批量的假设前提不包括（　　）。
   A. 每次订货的订货费用相同且与订货批量的大小无关
   B. 单位物品在单位时间内的储存费与物品的购入单价呈正比
   C. 单位时间内的需求量不变
   D. 前置时间不固定
5. 最佳经济批量通过（　　）来确定。
   A. 库存总费用最小　　B. 订购总费用最小
   C. 库存持有成本最小　　D. 商品价格最低

二、学以致用

某电子商务仓库是电商平台的第三方合作仓库，仓储经理需要对近期的库存问题进行优化，重点要求仓库优化以下两种货物的库存，在保证不缺货的情况下，避免库存积压。货物库存数据如表 5-7 所示，其中，雪芙纯净水的出库量为 25 箱 / 天，旺仔小馒头的出库量为 18 箱 / 天。旺仔小馒头购买单价为 280 元 / 箱，每次订货费用为 60 元，单位库存费用按库存物价值的 10% 计算，允许缺货，旺仔小馒头缺货损失费为 20 元 / 箱。请完成下列作业要求，并请同学对任务实施情况进行评价，将得分与扣分情况填入表 5-8。

表 5-7　货物库存数据表

序号	商品名称	期初库存 / 箱	订货提前期 / 天	安全库存 / 箱	最大库存量 / 箱
1	旺仔小馒头	128	3	20	200
2	雪芙纯净水	163	2	30	200

作业要求：

（1）确定旺仔小馒头的订货点。

（2）若雪芙纯净水订货周期为 5 天，请确定前两次的订货量。

（3）利用经济订货批量，确定旺仔小馒头的库存控制方案。（可利用计算机计算）

表 5-8　库存控制优化任务个人评分表（练习用）

任务实施人：　　　　　　　　　　开始时间：
评分人：　　　　　　　　　　　　完成时间：

评价内容	配分	评分标准		得分	超时扣分	备注
职业素养	20 分	工作态度	礼貌细致、耐心（5 分）			
		信息处理	信息处理准确、快速（10 分）			
		6S 作业	干净、整齐、整洁等（5 分）			

（续）

评价内容	配分	评分标准		得分	超时扣分	备注
库存控制优化	80 分	数据整理	收集准确（5 分） 统计正确（5 分）			
		定量订货点确定	订货点无误（10 分） 订货量正确（10 分）			
		定期订货量确定	Excel 应用熟练（10 分） 订货量正确（15 分）			
		经济批量确定	公式应用无误（10 分） 经济批量正确（15 分）			
总分合计						

注：完成时限为 10 分钟，超时 1 分钟扣 10 分。

任务二　精准复核：盘点作业

学习目标

1．能归纳常见盘点方式的特点，能够根据需要合理选择盘点方法。

2．能够制订盘点计划，并实施盘点作业。

3．能够分析盘亏和盘盈现象，并制定解决方案。

作业标准

1．任务标准：任务评分表得分 80 分以上。

2．任务限时：10 分钟 / 人。

3．职业素养：耐心细致、动作迅速、操作规范、6S 作业。

任务准备

一、盘点方案导读

生产企业仓库账物卡相符率提升活动方案内容如下：

1．攻关活动目的

（1）提升各仓库账物卡相符率。

（2）确保库存成品、半成品、原辅料库存数据的准确性。

2．适用范围、对象及活动期限

（1）本攻关方案适用于仓库部（含成品仓、标准件仓、原材料仓、配件仓）。

（2）本攻关活动考核对象为仓库主管和各仓库仓管员。

（3）本攻关方案为期一个月。

3. 账物卡相符率攻关提升目标

各仓库账物卡相符率提升目标如表 5-9 所示。

表 5-9　各仓库账物卡相符率提升目标表

仓库	成品仓	标准件仓	原材料仓	配件仓
提升目标	100%	98%	97%	98%

4. 相关部门职责

（1）仓库部。负责对仓库进行盘点，对账物卡相符率进行核对和调整。

（2）PMC（生产物料控制）部。负责对仓库盘点结果进行抽盘，统计各仓库账物卡相符率。

（3）财务部。负责提供“抽盘清单”，对“仓库账物卡相符率抽盘表”进行复核，对各仓库进行评分，并对各仓库按得分进行排名。

5. 活动方式

本次攻关活动分为“周活动”和“月活动”，具体如下：

（1）每周进行仓库盘点，对仓库账物卡相符率进行抽盘、复盘和评分，并对仓库账物卡相符率进行周排名和周奖励。

（2）月末组织仓库进行大盘点，对仓库账物卡相符率进行抽盘、复盘和评分，并对仓库账物卡相符率进行月度排名和月度奖励。

6. 攻关活动评分标准

各仓库评分标准如表 5-10 所示。

表 5-10　各仓库评分标准表

仓库	抽盘种类比例	抽盘账物卡相符率	难度系数	备注
成品仓	≥ 15%		0.1	相符率 <94% 直接淘汰
标准件仓	≥ 10%		0.15	相符率 <90% 直接淘汰
原材料仓	≥ 10%		0.3	相符率 <90% 直接淘汰
配件仓	≥ 10%		0.2	相符率 <90% 直接淘汰

注：1. 评比得分 = 抽盘账物卡相符率 ×（1+ 难度系数）×100。

2. 若各仓库账物卡平均相符率低于 93%，则仓库主管无奖励。

7. 攻关活动奖励办法

（1）每周评选一个得分最高的仓库，给予 200 元 / 人现金奖励。

（2）制作“攻关标兵”红色锦旗一面，每周对得分最高的仓库进行流动授旗。

（3）仓库每周综合账物卡相符率达到 93%（含）以上，奖励仓库主管每周 200 元。

（4）月末盘点完成后，评选一个得分最高的仓库，给予 300 元 / 人现金奖励。

（5）月末盘点和抽盘后，凡达到提升目标的仓库，奖励 500 元 / 人，综合账物卡相符率达到 98% 以上，奖励仓库主管 700 元。

8．攻关活动实施细则

（1）攻关活动总动员和宣导。

1）财务部组织召开财务、PMC、仓库会议，对本次攻关活动进行总动员。

2）人力资源部对本次活动在全厂范围内进行宣导。

3）制作“攻关标兵”红色锦旗。

4）制作和悬挂“仓库账物卡相符率提升攻关活动”宣传横幅。

5）开辟“仓库账物卡相符率提升月攻关活动”宣传专栏。

（2）仓库部每天召开早会，每周召开仓库例会，对本次活动进行内部动员，对仓库盘点进度进行监督，对存在的问题提出整改意见。

（3）仓库盘点。

1）各仓库根据实际情况将本仓库划分为四个区域，每周对一个区域进行动态或静态盘点，并在周六前完成。

2）各仓库通过盘点，核对物料账物卡是否相符，对不相符的物料在周六前报财务部进行盘亏盘盈处理。

3）抽盘和复核。

① 财务部根据仓库分区情况在周六前向 PMC 部提交“抽盘清单”。

② PMC 部周日组织人员根据财务部提供的“抽盘清单”对各仓库进行抽盘，统计账物卡相符率，并在周一前将“仓库账物卡相符率抽盘表”提交财务部。

③ 财务部在周一根据“仓库账物卡相符率抽盘表”对仓库账物卡相符率进行复核并确认。

④ 月末盘点由 PMC 部于月底最后一日对仓库进行抽盘，制作“仓库账物卡相符率抽盘表”。

⑤ 财务部对月末盘点的“仓库账物卡相符率抽盘表”3 日内进行复核并确认。

（4）评分和排名。

1）财务部每周一根据评分标准对各仓库进行评分，制作“仓库账物卡相符率和得分排名表”并提交人力资源部。

2）月末盘点结束后，财务部在 5 日内制作完成“仓库账物卡相符率和得分排名表”并提交人力资源部。

请结合上述活动方案，思考并回答以下问题：

1. 在盘点过程中，存货应怎样整理和排列？

2. 分散在不同地方的相同存货项目应如何汇总？

3. 对盘点期间的存货移动是如何进行控制的？盘点期间是否需要停止生产？

4. 盘存表是如何设计、使用与控制的？盘存表是否需要预先编号？

二、盘点员岗位职责

在绝大部分企业，盘点工作由仓储管理员承担，但是在某些第三方服务公司，或者一些特殊情况下，设定了专门的盘点员岗位。盘点员主要岗位职责如表 5-11 所示。

表 5-11　盘点员主要岗位职责

序号	主要职责
1	根据盘点计划对库存物资进行现场清点
2	检查盘存表，在盘存表上签名
3	协助人力资源部对参与盘点的人员进行针对性的盘点培训
4	盘点中发现库存物资信息不符时，在盘点表中注明，寻找原因，并报相关领导
5	记录盘点结果，汇总盘点报告

在盘点完成之后，为了确保盘点结果无误，有些企业还专门设有盘点抽查员岗位，主要负责仓库物资初盘、复盘后的抽查、审核工作，其岗位职责如表 5-12 所示。

表 5-12　盘点抽查员主要岗位职责

序号	主要职责
1	根据盘点计划对库存物资的盘点结果进行抽查，核对其编号、品名、金额、数量等是否按规定填写，检查更正处是否按规定处理
2	抽查发现问题，立即通知原盘点人员更正
3	抽查无误，则在该行的审核栏内打“√”，签名确认
4	及时上报抽查结果，填写盘存综合抽查报告

任务派发

2023 年 3 月 25 日，A 公司的仓配中心需要进行一次盘点活动，以便核对库存，加强仓储管理。由于 A 公司近期订单比较多，公司领导要求盘点期间生产销售不能停，仓配中心仓储主管张芒接到任务后，要求仓管员李遥尽快制定盘点活动的初步方案，并且协助主管完成盘点活动的实施。李遥找到马来与李小白，三人从 WMS 中初步查看了库存数据，经过和张主管协商讨论后，决定将整个仓库分为食品区、饮料区、日用品区以及化妆品区，每人负责一个分区的盘点任务。李小白负责日用品区，通过查询 WMS，他汇总了仓库所有的日用品明细，具体如表 5-13 所示。

表 5-13　WMS 中日用品类货物明细表

序号	商品名称	商品条码	重型货架区/箱	电子标签区/个	阁楼货架区/个	立体库区/个
1	宝贝兔软毛儿童牙刷	6908733489213	85	15	20	25
2	舒肤佳苦艾本草型香皂	6916475634901	120	12	20	
3	汰渍薰衣草香氛洗衣液	6929890985345	79			30
4	清风抽纸	6929898878435	32		50	
5	公牛插线板	6925573423488	85		18	35
6	冷酸灵抗敏感牙膏	6919885433455	180	20		20
7	家鑫牌芳香防虫丸	6902234421354	142		16	
8	三民毛巾	6926311448908	95		25	

一、作业要求

（1）制订初步盘点计划。

（2）清理盘点现场。

（3）制作与打印盘点表，实施盘点计划。

（4）分析盘亏及盘盈结果，初步提出解决方案。

二、实施条件

基本实施条件如表 5-14 所示。

表 5-14　基本实施条件

项目	基本实施条件	备注
场地	仓库 1 个，面积不小于 200m²，要求照明通风良好	必备
设备	激光打印机 1 台、仓储管理系统（WMS）1 套、计算机 1 台以上、重型货架 2 组以上、阁楼货架 1 组以上、电子标签 1 组以上、模拟立体库 1 组以上	必备
工具	1 200mm×1 000mm×144mm 托盘多个、货物纸箱 600 个以上	根据需求选备

知识储备

一、盘点认知

1. 盘点

盘点是仓库管理过程中不可缺少的一项重要工作，是考核、检验库存管理的重要手段。商品在作业及保管过程中因收发货频繁、计量误差、记录不实、自然损耗、异常损耗等原因，会造成库存实物数量与信息系统数量不符的情况。盘点是为了避免账物不符的情况，对库存商品进行定期、不定期盘点或清查，从中发现问题、分析问题，进而查明账物差异的原因并调整账面数量，最终获得正确的库存情况，真正实现系统数量和状态与实物数量和状态相符的过程。

2. 库存理论数量

库存理论数量是指货物在仓位账目上应该有的数量，一般在盘点前由财务部门在 ERP 系统中导出。

库存理论数量 = 总入库数量 − 总出库数量

3. 盘点标识

各盘点人员应在盘点前将所有货物分类摆好，存货的堆置要求按大类划区，区内分色，色内分批，并按生产批次依次摆放，每种物料均应有对应的料卡放置于醒目位置。

4. 初盘

初盘是指以组为单位进行统一的初次实物数据清点确认，初盘人员按照安排的区域，将待盘品从上到下、从左到右逐个清点，将清点后的数字写在盘点表的“初盘”一栏上，整张盘点表填写完毕后在初盘人一栏上签名。

5. 复盘

初盘组员交叉进行复盘，对初盘数据进行复核与确认；盘点完每种物料后，在盘点表上注明复盘数量并签名。

6. 抽盘

复盘和初盘数量不一致的，应由抽盘人员及复盘和初盘人员共同确认实盘数量并签名。

7. 盘点表

盘点表又称盘存表，是记录盘点日财产物资实有数的原始凭证，通常一式两份，一份由实物保管人留存，一份送交会计部门与账面记录核对。

二、盘点步骤

盘点作业一般可以分为四个阶段：盘点准备、仓库清理、盘点实施和结果处理。盘点步骤为：制订盘点计划、确定盘点时间、确定盘点方法、培训盘点人员、清理盘点现场、现场盘点、查清盘点差异、处理盘点结果等。具体如图 5-4 所示。

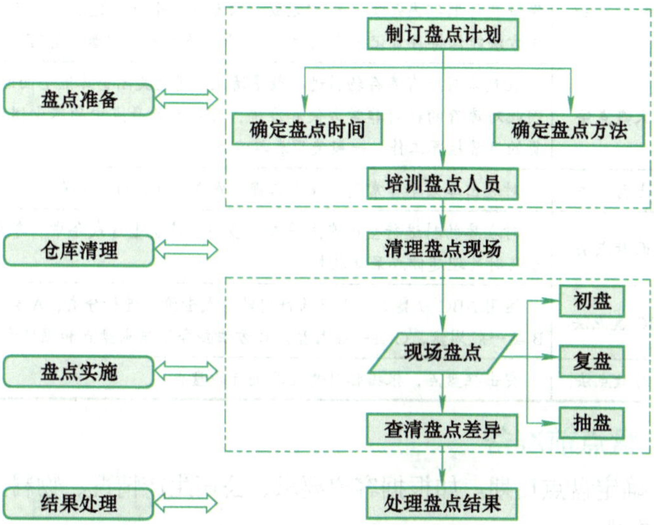

图 5-4　盘点步骤示意图

三、盘点对象

（1）凡在盘存日期内法定产权属企业的一切为销售或耗用的流动资产，不论其存放在何处，都是企业的存货，都是盘点的对象。

（2）已经售出或受托代销的商品，均不属于本企业的存货，不予盘点。

（3）已经售出但未运离本企业的货物（如客户已交款并开出提货单，但尚未取走的商品），不属于本企业存货，不予盘点。

（4）已运离本企业但尚未售出的货物（如委托代销或发去参展的产品），仍属本企业存货，应予盘点。

（5）已经购买但尚未运抵本企业的货物（如各种在途原材料或商品），均属本企业存货，应予盘点。

（6）未购买但已放在本企业的货物（如代销产品），不属于本企业存货，不予盘点。

四、常见盘点方法

常见盘点方法包括动态盘点法、循环盘点法、期末盘点法、重点盘点法、全面盘点法、ABC 盘点法和临时盘点法等，如表 5-15 所示。

表 5-15　常见盘点方法汇总表

序号	盘点方法	盘点特点
1	动态盘点法	核对动态物料的库存数量是否与系统相符，入库时随之盘点，及时核对账物卡，该方法有利于及时发现差错和及时处理，一般用 RF 手持终端完成盘点
2	循环盘点法	周而复始地连续盘点库存物料，每天或者每周按照顺序盘点部分物料，保证在计划期内每类物料都完成一次盘点，全部盘完后进行下一轮盘点，该方法能保持存货记录准确性，RF 手持终端和表单盘点皆可
3	期末盘点法	在期末对所有库存物料进行数量清点，通过关闭仓库做全面的物料清点，因此对库存的核对非常方便和准确，可以避免盘点中的不少错误，简化存货的日常核算工作。一般使用表单盘点
4	重点盘点法	对进出库频率非常高，或者易损、贵重的物料进行盘点
5	全面盘点法	对在库物料进行全面盘点清查，多用于清仓查库或年中、年底盘点，便于及时处理超储或呆滞物料
6	ABC 盘点法	运用 ABC 分类法，根据物料周转率或者价值进行分类，A 类一般日盘，B 类一般周盘，C 类一般月盘。该方法融合了重点盘点和循环盘点的特点
7	临时盘点法	突击性盘点，根据临时情况而进行的盘点

五、盘点前准备

（1）确定盘点日期。如根据客户要求、公司生产情况、物料进出库时间等具体安排。

（2）确定盘点人员。一般月底的盘点由仓库部门自行组织，年终盘点由仓库部门、财务部门等共同参与，盘点前应确定各盘点人员的具体工作，以确保盘点工作顺利进行。

（3）确定盘点前物料进出库截止日期。在截止日期前后货物的进出，包括领用、报废、在途货物的情况都要在账上体现，确保账物卡一致。

（4）提前印制盘点用表与盘点标签。在标签上准确填写货物名称、存放地点。

（5）清理仓库并调整库位。库内货物分类摆放整齐，同类货物集中在一起，合格品和不良品要分开存放。

任务实施

一、制订盘点计划

李小白负责的是日用品区的货物盘点，因为日用品区混合存放了其他商品，他原打算先调整库房，将日用品区的货物集中存放，但是考虑到仓配中心面积并不大，待盘点的品目也不是很多，最后他没有进行库房调整。为了快速、准确地完成盘点，他制订了盘点计划，如表 5-16 所示。

表 5-16　盘点计划表

序号	时间	事项	完成人员
1	10:00—10:30	确定初盘从 3.25 日 14:30 开始，是仓配中心内部对账，因此选用临时盘点法完成	李遥、马来、李小白
2	14:00—14:30	盘点前理货，现场 6S 作业，从 WMS 中导出储存货物明细表，制作并打印盘点表	李小白
3	14:30—15:00	现场初盘，签字确认	李小白
4	15:00—15:30	现场复盘，签字确认	马来
5	15:30—15:50	现场抽盘，签字确认	李遥
6	15:50—16:20	盘点总结，分析盘亏盘盈原因	李遥、马来、李小白
7	16:20—16:50	汇报，账面调整	张芒、李遥

二、清理盘点现场

为了提高盘点准确率，在盘点前，需要对盘点现场进行清理，主要注意以下几方面：

（1）将摆放凌乱的托盘物料进行摆正，按照堆码要求，每层物料的数量一定要保持一致，尾数放置在最上层中间或前端，这是盘点的基础，也是保证盘点效率的前提。

（2）注意物料有无倒置，是否放错位置，批次有无混放，如有上述现象，必须进行调整。

（3）初步检查物料是否损坏，残次品需要单独注明，在盘点后调至待处理区。

（4）现场 6S 作业，保持现场干净、卫生、整齐、有序、安全等。

三、制作与打印盘点表

从 WMS 中将待盘点物料的明细导出，制作出盘点表，盘点表的形式多样，各企业的盘点表各不相同，但是基本要素一致。表 5-17 为盘点表样例。

表 5-17　盘点表

盘点单号：2023032501　　　　盘点日期：2023.03.25

序号	物料名称	数量 / 整箱（单位：箱）	数量 / 零散（单位：盒 / 瓶 / 个）	初盘 /（整箱 / 零散）/ 签名	复盘 /（整箱 / 零散）/ 签名	抽盘 /（整箱 / 零散）/ 签名	盘亏	盘盈	备注
1	宝贝兔软毛儿童牙刷	85 H20102(40) H20103(45)	60 D10102(15) G10102(20) L10203(25)						

（续）

序号	物料名称	数量 / 整箱（单位：箱）	数量 / 零散（单位：盒 / 瓶 / 个）	初盘 /（整箱 / 零散）/ 签名	复盘 /（整箱 / 零散）/ 签名	抽盘 /（整箱 / 零散）/ 签名	盘亏	盘盈	备注
2	舒肤佳苦艾本草型香皂	120 H20201(60) H20202(60)	32 D10103(12) G10202(20)						
3	汰渍薰衣草香氛洗衣液	79 H30101(40) H30201(39)	30 L10303(30)						
4	清风抽纸	32 H30202(32)	50 G10203(50)						
5	公牛插线板	85 H30301(40) H30302(45)	53 G10302(18) L10208(35)						
6	冷酸灵抗敏感牙膏	180 H40101(60) H40102(60) H40201(60)	40 D10402(20) L10207(20)						
7	家鑫牌芳香防虫丸	142 H30401(60) H30402(60) H30403(22)	16 G10402(16)						
8	三民毛巾	95 H40202(60) H40302(35)	25 G10702(25)						

审核： 制表：李小白

有的仓库由于 WMS 较为完善，可以直接用 RF 手持终端或者类似设备进行盘点，将仓位、物料条码、数量等信息扫描填写后，直接打印出盘点表与系统账面信息进行核对。

四、盘点

根据仓配中心的布局，一般按照从左至右、从前往后、从下至上的顺序进行盘点，当然，盘点顺序可以事先统一，主要是为了避免错盘、漏盘。

在实操中，可以根据需要灵活调整盘点方式，具体如下：

（1）如果盘点现场面积不大，各货架仓位相隔不远，那么可以根据盘点表的序号依次盘点，先盘点整件物料，再盘点零散件物料，盘点无误后在数量与仓位旁边打“√”标记。

（2）如果盘点现场面积很大，各货架仓位相隔较远，那么为了提高盘点效率，也可以按照货架种类来依次盘点，如先盘点重型货架区的物料，再盘点电子标签区、阁楼货架区和立体库区货架。盘点无误后在数量与仓位旁边打“√”标记。

初盘完成后，换人进行复盘，如有需要（如存在盘亏或盘盈等），可以再安排另外的仓储员进行抽盘，每位盘点员盘点结束后，必须签字确认，以划分责任，盘点结果如表 5-18 所示。

表 5-18　盘点结果表

盘点单号：2023032501　　　　盘点日期：2023.03.25

序号	物料名称	数量 / 整箱（单位：箱）	数量 / 零散（单位：盒 / 瓶 / 个）	初盘 /（整箱 / 零散）/ 签名	复盘 /（整箱 / 零散）/ 签名	抽盘 /（整箱 / 零散）/ 签名	盘亏	盘盈	备注
1	宝贝兔软毛儿童牙刷	85 √ H20102(40) H20103(45)	60 √ D10102(15) G10102(20) L10203(25)	85/60 李小白	85/60 马来	85/60 李遥	0	0	
2	舒肤佳苦艾本草型香皂	120 √ H20201(60) H20202(60)	32 √ D10103(12) G10202(20)	120/32 李小白	120/32 马来		0	0	
3	汰渍薰衣草香氛洗衣液	79 （78） H30101(40) H30201(39)38	30 √ L10303(30)	78/30 李小白	78/30 马来	78/30 李遥	1	0	
4	清风抽纸	32 √ H30202(32)	50 √ G10203(50)	32/50 李小白	32/50 马来		0	0	
5	公牛插线板	85 (86) H30301(40) H30302(45)46	53 √ G10302(18) L10208(35)	86/53 李小白	86/53 马来	86/53 李遥	0	1	
6	冷酸灵抗敏感牙膏	180 √ H40101(60) H40102(60) H40201(60)	40 √ D10402(20) L10207(20)	180/40 李小白	180/40 马来		0	0	
7	家鑫牌芳香防虫丸	142 √ H30401(60) H30402(60) H30403(22)	16 √ G10402(16)	142/16 李小白	142/16 马来		0	0	
8	三民毛巾	95 √ H40202(60) H40302(35)	25 √ G10702(25)	95/25 李小白	95/25 马来		0	0	

审核：张芒　　　　制表：李小白

五、查清盘点差异

经过李小白、马来和李遥的初盘、复盘和抽盘，发现存在两个问题。

问题1：“汰渍薰衣草香氛洗衣液”在仓位“H30201”账面数量应该是39箱，但是实际数量只有38箱，盘亏1箱。

问题2：“公牛插线板”在仓位“H30302”账面数量应该是45箱，但是实际数量有46箱，盘盈1箱。

无论是盘亏还是盘盈，都是账物卡不一致的体现，反映的是仓配中心物料管理存在漏洞，李遥三人倒查了近三个星期的入库单和出库单，并将上月的结余量进行汇总，发现了盘亏和盘盈的原因。3月18日，颐和工贸有限公司入库23箱“汰渍薰衣草香氛洗衣液”，但是在做入库单时，将“23”箱录入为“24”箱，导致账面数量比实际数量多1箱。

3月10日，客户“美兰有限责任公司”下了33箱“公牛插线板”的订单，在做出库单时，将数量“33”箱录成了“34”箱，在实际出库拣货过程中，复核人员发现了问题，只出库33箱，并没有出库34箱，但是在系统中忘记修改出库单，导致实际数量比账面数量多1箱。

六、处理盘点结果

盘点表中的盘亏和盘盈都是发生在3月份，盘点异常的原因也找到了，并没有给仓配中心造成实际的损失，最终经过张芒主管申请，财务部与PMC部核对同意后，将账面数量统一调整为实际数量。这两次仓储管理事故中的物料出入库信息录入人是马来，给予马来扣除当月工资200元的处罚。

七、盘点注意事项

在实际盘点过程中，需要重点注意如下事项：

（1）盘点表不允许涂改，阿拉伯数字书写要工整，填写盘点表时要使用中性笔或油笔，不允许使用铅笔进行盘点表的抄写。

（2）对于参与盘点的人员，将相关人员名单提供人事及主管部门，作为年度考核的依据之一留档。

（3）盘点截数时间（指截止到某一时间的物品状态数据）前一定要完成所有单据入账，车间内除在制品以外的所有物料应划分清楚，否则将直接影响盘点表数据的准确性。

（4）注意盘点后恢复生产时的及时发料、领料等；如发现有严重影响准确性的工作未按规定办理，如未及时办理入库的，除了要将数据盘点清楚以外，还需给予相关人员一定实质性的处罚等。

（5）所有盘点数据必须以实际清点为准，不得猜想数据、伪造数据记录，禁止目测数量、估计数量。

（6）盘点时注意物料的摆放，盘点后需要对物料进行整理，保持原来的或合理的摆放顺序。

任务评价

对于该任务的完成情况，从职业素养和任务实施情况两个方面来制定评价标准，职业素养主要评价工作态度、工作规范、现场 6S 作业三个方面。任务实施情况的评价从盘点计划制订、现场盘点、盘点结果分析 3 个方面来进行。在上述评分标准的基础上，将任务实施的考核点细分，对练习和测试过程中的要点进行量化，从而形成盘点作业任务的任务实施评分表，如表 5-19 所示。

表 5-19　盘点作业任务个人评分表（课用）

任务实施人：　　　　　　　　　　　　　　开始时间：
评分人：　　　　　　　　　　　　　　　　完成时间：

评价内容	配分	评分标准		得分	超时扣分	备注
职业素养	20 分	工作态度	细致耐心（5 分）			
		工作规范	动作规范、准确（10 分）			
		现场 6S 作业	整齐、整洁等（5 分）			
盘点作业	80 分	盘点计划制订	人员分工合理（5 分） 盘点方法适当（5 分） 盘点计划全面（10 分）			
		现场盘点	盘点前理货（5 分） 盘点表制作科学（10 分） 盘点动作规范（5 分） 盘点准确（10 分） 盘点表填写准确（10 分）			
		盘点结果分析	异常原因分析（10 分） 盘点结果处理（10 分）			
总分合计						

注：完成时限为 10 分钟，超时 1 分钟扣 10 分。

总结与反思

该任务分为盘点计划制订和现场盘点，难点在于盘点准确和盘点结果异常分析。在现场盘点过程中，稍有分神，就有可能错盘和漏盘。盘点结果异常的原因也有很多，需要认真倒查资料，分析原因，从而进一步提高仓储管理水平。认真回答下列问题，将有助于提升你的技能训练效果。你失分的主要原因是什么？你认为应该从哪些方面提高任务评分？请将你对该任务的总结与反思写在表 5-20 内。

表 5-20　盘点作业任务总结与反思表

班级		姓名	
任务完成时间		任务实施得分	
职业素养得分			
和你情况相符的请打 √	□ 盘点表制作速度慢 □ 盘点靠估算、目测 □ 盘点完没做标记 □ 盘点仓位错误 □ 盘点表填错 □ 其他＿＿＿＿	□ 盘点计划不合理 □ 盘点不按顺序 □ 盘点数量点错 □ 盘点物料错误 □ 盘点异常原因分析不出来	
失分原因			
改进方向			
给老师的建议			

任务巩固

一、知识内化

请对整个任务知识进行复习，将你认为正确的答案填在（　　）中。

1. 制造企业生产物料年终盘点，一般不需要（　　）参与。

   A. 财务部　　B. 仓储部

   C. 人事部　　D. PMC 部

2. （　　）是在入库的同时就进行盘点，及时发现差错。

   A. 动态盘点法　　B. 循环盘点法

   C. 全面盘点法　　D. 重点盘点法

3. 下列盘点的流程正确无误的是（　　）。

   A. 培训盘点人员—制订盘点计划—初盘—复盘—抽盘—处理盘点结果

   B. 制订盘点计划—培训盘点人员—清理盘点现场—初盘—复盘—抽盘—处理盘点结果

   C. 制订盘点计划—清理盘点现场—培训盘点人员—初盘—复盘—抽盘—处理盘点结果

   D. 制订盘点计划—培训盘点人员—清理盘点现场—初盘—抽盘—复盘—处理盘点结果

4. （　　）不是盘点前的准备工作。
   A. 确定盘点日期，确定盘点人员
   B. 将仓库物料封存，禁止仓库物料进出
   C. 清理仓库并调整库位，库内货物分类摆放整齐，同类货物集中在一起
   D. 提前印制盘点用表与盘点标签
5. 下列盘点作业错误的是（　　）。
   A. 用铅笔填写盘点表
   B. 盘点过程中禁止目测数量、估计数量
   C. 盘点表不允许涂改，阿拉伯数字书写要工整
   D. 盘点截止日期前后货物的进出，包括领用、报废、在途货物的情况都要在账上体现

二、学以致用

2023 年 3 月 28 日，仓配中心需要对重型货架区 H1 货架和 H2 货架的货物（如表 5-21 所示）进行一次盘点，由于该仓配中心拥有完整的 WMS，任何货物的进出库都需要在系统中体现，因此，盘点过程相对较为容易，这次盘点是内部盘点，是对仓配中心仓储管理水平的一次抽查。你作为仓储管理员负责本次盘点活动的组织与实施，请你完成以下作业要求，并请同学对任务实施情况进行评价，将得分与扣分情况填入表 5-22。

作业要求：

（1）制作盘点计划表。

（2）制作并打印盘点表。

（3）实施盘点，并填写盘点表。

（4）对盘点异常的原因进行汇总分析。

表 5-21　WMS 系统中日用品类货物信息

序号	商品名称	商品条码	重型货架仓位	数量 / 箱
1	宝贝兔软毛儿童牙刷	6908733489213	H1-02-01-03	55
2	舒肤佳苦艾本草型香皂	6916475634901	H1-01-01-02	12
3	汰渍薰衣草香氛洗衣液	6929890985345	H1-01-01-01	30
			H1-01-02-01	32
4	清风抽纸	6929898878435	H2-01-03-02	45
5	家鑫牌芳香防虫丸	6902234421354	H2-01-02-03	38
6	三民毛巾	6926311448908	H2-02-01-02	60

表 5-22 盘点作业任务个人评分表（练习用）

任务实施人：　　　　　　　　　　　　　　　　　　开始时间：
评分人：　　　　　　　　　　　　　　　　　　　　完成时间：

评价内容	配分	评分标准		得分	超时扣分	备注
职业素养	20 分	工作态度	细致耐心（5 分）			
		工作规范	动作规范、准确（10 分）			
		现场 6S 作业	整齐、整洁等（5 分）			
盘点作业	80 分	盘点计划制订	人员分工合理（5 分） 盘点方法适当（5 分） 盘点计划全面（10 分）			
		现场盘点	盘点前理货（5 分） 盘点表制作科学（10 分） 盘点动作规范（5 分） 盘点准确（10 分） 盘点表填写准确（10 分）			
		盘点结果分析	异常原因分析（10 分） 盘点结果处理（10 分）			
总分合计						

注：完成时限为 10 分钟，超时 1 分钟扣 10 分。

任务三 安全作业与设备维护

学习目标

1．能够完成仓库常见设备的日常维护。

2．能够编制安全记录表。

3．能够巡查仓库作业的安全隐患并能归纳仓储作业安全注意事项。

作业标准

1．任务标准：任务评分表得分 80 分以上。

2．任务限时：10 分钟 / 人。

3．职业素养：耐心细致、动作迅速、操作规范、6S 作业。

任务准备

近年来，越来越多的企业引进了大型货架，加上租金迅速攀升，货架摆放越来越密，堆码越来越高，给安全操作埋下了很多隐患。

那么，货架出现类似“多米诺”倒塌的原因有哪些呢?

一、货架被叉车撞击

货架被叉车撞击后，由于结构损坏或挤压载荷，会有很大的倒塌风险。我们可以采取哪些措施来减少倒塌的可能性呢?

1. 保留宽阔的货架通道

尽管最大的空间利用率是所有仓库的关键目标，但安全是第一位的。许多企业依据叉车型号设计其货架通道。通道太窄，缺乏经验的司机在操作时会撞到货架。仓库通道宽度设计需要考虑托盘尺寸、货物单元尺寸、搬运车辆型号及其转弯半径的大小等参数。宽敞的通道允许司机在通道中更快地工作，从而提高生产力。

2. 安装防撞护栏

这是保护货架的一种便宜而简单的方法。角落里的货架最容易受到叉车的撞击，所以任何类型的护脚护栏都能很好地避免货架被叉车损坏。

3. 加强叉车的速度限制

叉车在仓库内部的行驶速度不应超过 5km/h，在托盘架区域的速度更应进一步降低，一般不应超过 3km/h。在过道中，靠近角落或货架隧道内应该是叉车的“慢走”区域。

二、货物超载

货物不能超载存放于货架上，如果横梁没有损坏，有保险销，并且有稳定的托盘摆放其上，那么倒塌的风险将大大降低。需要注意的是，横梁的承载能力也受荷载分布的影响，只有均匀分布，才能达到极限承载。

三、货架设计不佳

根据尺寸、重量和密度，货架通常为特定负载设计。不正确的设计可能会导致崩溃。

设计货架结构时，应综合考虑使用要求、设备情况、载荷性质、材料供应及安装条件等因素，合理选择结构形式、构造措施和制作材料，做到技术先进、经济合理、安全适用，确保质量。

任务派发

2023 年 3 月 30 日，A 公司的安全管理部门将对仓配中心开展安全作业大检查，及时对问题进行诊改，以便排除仓配作业中的安全隐患。仓配中心在收到检查通知后，张芒主管制订了自查计划，首先安排仓储部门员工进行自查，要求李遥在 28 日前制定安全检查记录表，由李遥、马来和李小白三人进行现场预检查。三人进行了初步的沟通，认为仓配中心的安全自查应该针对以下 5 个方面：①场地布置安全；②货物分类放置；③设备养护安全；④现场操作安全；⑤安全管理制度。

一、作业要求

（1）编制安全检查记录表。

（2）制订巡查计划并填写安全检查记录表。

（3）及时改正发现的安全隐患。

二、实施条件

基本实施条件如表 5-23 所示。

表 5-23　基本实施条件

项目	基本实施条件	备注
场地	仓库 1 个，面积不小于 200m^2，要求照明通风良好	必备
设备	激光打印机 1 台，仓储管理系统（WMS）1 套，计算机 10 台，叉车、堆高车、手推车若干	必备
工具	1 200mm×1 000mm×144mm 托盘 2 个、货物纸箱 80 个以上	根据需求选备

知识储备

一、仓库安全作业管理

仓储安全对于任何一家企业都是十分重要的，国家十部委曾联合发布《关于加强物流安全管理工作的若干意见》（中综办 [2015]13 号），要求各有关部门依据相关职责，制定包括仓储、装卸、搬运、包装、流通加工、派送、信息处理等各环节安全操作标准以及安全设备检查等安全防范的国家或行业标准，并提出严格落实责任追究制度，对因安全管理责任不落实、措施不到位而引发严重影响社会治安稳定重特大案（事）件的，依法实行一票否决制。

仓库安全作业管理是指在商品进出仓库装卸、搬运、储存、保管等过程中，为了防止和消除伤亡事故，保障职工安全和减轻繁重的体力劳动而采取的措施。仓库安全作业管理直接关系到货物的安全、作业人员人身安全、作业设备和仓库设施的安全。

仓库安全作业要从作业设备、场所和作业人员等方面进行管理，一方面要消除仓库安全隐患，降低风险；另一方面提高仓库作业人员的安全责任心和安全防范意识。

二、仓库安全作业管理基本要求

仓库安全作业管理基本要求涵盖以下三个方面的内容。

1. 仓库作业

（1）仓库作业设备应当严格按要求操作，细心谨慎，提高安全意识。

（2）仓库保管员应当熟悉储存物品的分类、性质、保管业务知识和防火安全制度，掌握消防器材的操作使用和维修保养方法。

（3）仓库物品应当分类，严格按照“五距”（灯距、堆距、行距、柱距、墙距）的要求堆放，并按货物包装提示安全堆码，货物摆放要分类、整齐、稳定、限高。

（4）对包装材料稳定性较差的货物、包装有锋利棱角的货物、叠层且偏高的货物要设围栏和警示标牌。

（5）库房内不准设置移动式照明灯具。照明灯具、电器设备的周围和主线槽下方严禁堆放物品，其垂直下方与储存物品水平间距不得小于 0.5m。

2. 仓库防火

（1）仓库管理部门应把仓库防火安全作为仓库管理的首要工作，自觉执行“四抓”，即：抓隐患、抓苗头、抓措施、抓效果。

（2）严禁携带火种进入库房，不得存放易燃易爆危险品，仓库区域内严禁吸烟，仓库配套的休息间严禁煮食。

（3）仓库内不准使用碘钨灯、电熨斗、电炉、电烙铁等电加热器具，不准超负荷用电作业，不准用不合格的保险装置。

（4）每年至少两次对库房内灯具、电线等设备进行检查，禁止乱拉临时线，发现电线老化、破损、绝缘不良等可能引起打火、短路等不良因素，必须及时更新线路。

3. 仓库制度

（1）仓库安全管理必须贯彻“预防为主”“谁主管谁负责”的原则。

（2）禁止货物堵塞消防设施及消防通道。

（3）仓库要定期进行白蚁防治检查和消杀，严禁有白蚁的货物出入库房。

（4）切实做好库区内的防盗工作，确保仓库门窗紧固有效，杜绝无关人员进入仓库，对进入仓库的操作人员或其他检查人员采取登记制度，仓管人员离开仓库时必须锁上仓库大门，仓库大门的钥匙不准随便交与他人保管。

三、设备安全检查维护

仓库的设备有许多种类，容易存在安全隐患的是电动搬运叉车和半电动堆高车，为了不影响设备的正常使用，需要经常对其进行实行日常检查和维护。

1. 电动搬运叉车

（1）经常检查或更换易磨损的部件，如电动搬运叉车的轮胎等。长期满负荷工作，使用频率又高，会导致电动搬运叉车脚轮、轮胎等部件磨损严重，务必定期检查磨损情况并及时更换。

（2）保持电动搬运叉车工作环境的整洁，同时也要注意电动搬运叉车整车的清洁工作。工作环境中难免会产生一些杂物，这些杂物如果不及时清理会缠在叉车轮子上，将大大降低工作效率。

（3）操作人员要严格按操作规程操作电动搬运叉车，不可误操作，误操作轻则损伤搬运叉车设备，重则引起人身伤亡事故。

（4）及时给电动搬运叉车添加液压油和润滑油，液压油不足会导致电动搬运叉车无法达到额定高度和额定载荷，降低工作效率。

2．半电动堆高车

（1）半电动堆高车升高高度不宜过高，因为半电动堆高车不如全电动堆高车厚实稳重，升高高度如果太高，不便于操作人员推拉行走，并且具有一定的危险性，行走力量不均匀，行驶速度时快时慢，这样容易造成货物晃动，导致坠落。

（2）检查部分机构是否有裂损，紧固件是否松动，润滑油是否渗漏等异常现象。

（3）检查开关、喇叭、前大灯、指示灯是否处于正常状态。电器元件有无烧损和短路情况。

（4）检查电压表指示数是否在正常使用范围之内。若不在，应停止使用，待充电或更换蓄电池后方可继续工作。

（5）检查各个车轮的磨损情况，如有破损应及时更换，以免工作时出现不必要的异常。

（6）充电时，蓄电池释放出大量氢气与空气混合成易爆气体，因此充电设备与蓄电池必须隔离，严禁烟火。

任务实施

一、整理常见仓库安全隐患

李遥、马来和李小白三人通过一下午的资料整理与沟通，结合本仓配中心所储存物品，将常见的仓库安全隐患分成以下六类。

1．车辆伤害隐患

车辆伤害隐患主要分两类：一类是运货的外来车辆带来的安全隐患，另一类是仓库内部进行装卸、搬运的叉车、堆高车等特殊机动车辆带来的安全隐患。

2．货物坍塌隐患

货物坍塌隐患主要有：①高货架上的成品件堆放位置较高；②原料仓

堆放的原料层数比较高；③五金、化工仓堆放的五金备件堆放不平整；④库房内的储存物品未分类、分堆、限额存放；⑤堆垛上部与楼板、平屋顶之间的距离小于 0.3m；⑥巷道较窄，没有安装防撞护栏。

3．仓库火灾隐患

仓库火灾隐患主要有：①仓库堆放的货物比较多，有许多都是易燃品；②库房内货架未采用非燃烧材料制作；③货架遮挡消火栓、自动喷淋系统喷头以及排烟口；④危险品和一般物品以及容易相互发生化学反应或者灭火方法不同的物品，未分间、分库储存；⑤“严禁烟火”管理规章制度执行不严；⑥仓储场所设置的消防通道、安全出口，未设置明显标志，堆放物品和放置障碍物影响疏散；⑦仓储场所圈占、埋压、挪用和关闭消防设施。

4．用电隐患

用电隐患也是一个不容忽视的问题，稍不注意就会导致火灾，包括：①使用碘钨灯和超过 60W 以上的白炽灯等高温照明灯具；②仓储电器与可燃物的防火间距小于 0.5m；③室内储存场所内敷设的配电线路，未穿金属管或难燃硬质塑料管保护；④随意拉接电线，擅自增加用电设备；⑤漏电、老化、绝缘不良、接头松动、电线互相缠绕等可能引起打火、短路、发热时，未立即停止使用，并未能及时修理和更换；⑥冬天储存场所内使用电炉等电热器。

5．作业人员行为隐患

仓配中心作业人员的安全行为隐患大都是由安全意识不强造成的，包括：①违章作业；②严重违反劳动纪律；③疲劳、带病或情绪不稳上岗。

6．安全管理制度隐患

仓配中心的一些安全管理制度执行不严，包括：①没有贯彻“预防为主”的原则，对许多安全隐患视而不见；②没有严格执行入库人员登记制度，无关人员随意进出仓配中心；③没有进行白蚁防治检查和消杀；④仓管人员离开仓配中心时锁门不及时等。

二、编制安全检查记录表

仓配中心安全检查应该是一个持续不断的日常行为，前期仓配中心对安全作业管理重视不足，为了更好地进行改进，李遥结合三人整理的常见安全隐患，编制仓配中心安全检查记录表。

三、巡查并填写安全检查记录表

3 月 28 日和 29 日下午，李遥、马来和李小白三人按照编制的安全检查记录表对仓配中心进行了巡查，并将巡查情况进行了登记，巡查结果如表 5-24 所示。

表 5–24 仓配中心安全检查记录表

检查内容		日期					
		3 月 28 日	3 月 29 日	3 月 30 日	3 月 31 日	4 月 1 日	4 月 2 日
车辆伤害隐患	无限速行驶	√	√				
	装卸无人指引	√					
货物坍塌隐患	高货架上成品过高		√				
	堆放不平整	√	√				
	未分类、分堆、限额存放	√					
	堆垛上部空间小于 0.3m						
	没有安装防撞护栏	√	√				
仓库火灾隐患	易燃品过多						
	货架遮挡消防设备	√					
	易反应货物未分间、分库储存	√					
	仓库有明火行为		√				
	堵占消防设施						
用电隐患	使用高温照明用具						
	仓储电器与可燃物的间距过小	√					
	随意拉接电线	√					
	电路漏电、老化等	√	√				
	使用电炉等电器						
作业人员行为隐患	违章作业	√					
	严重违反劳动纪律		√				
	疲劳、带病上岗						
	未戴安全防护用具	√					
安全管理制度隐患	入库人员未登记	√					
	人走未锁门		√				
	巡查缺失	√					
	设备无定期检修计划	√	√				

四、整改并消除安全隐患

根据 3 月 28 日和 3 月 29 日两天的巡查记录，发现目前仓配中心安全隐患主要集中在：场内作业车速过快；车辆装卸有时无人指引；货物堆放不平整；在比较狭窄的通道作业时，高层货架没有安装防撞护栏；仓配中心内有随意拉接电线的行为；有部分员工经常违章作业，并且没有戴安全防护用具；对于仓配设备没有相应的定期检修计划；外来人员随意进出仓库，登记制度缺失，没有相应的巡查制度等。

针对上述自查出的问题，李遥、马来和李小白三人将结果汇报给了主管张芒，张芒针对安全作业隐患进行了整改，并在 3 月 30 日的安全作业大检查中进行了检讨和反省，表示无论是自查发现的安全隐患还是安全作业大检查中发现的安全隐患，都是仓配中心部门领导对安全作业意识不强的体现，安全无小事，在以后的工作中，一定完善安全作业制度，并按照制度严格执行。

任务评价

对于该任务的完成情况，从职业素养和任务实施情况两个方面来制定评价标准，职业素养主要评价工作态度、操作规范、现场 6S 作业三个方面。任务实施情况的评价从安全巡查记录表编制、现场巡查记录、安全作业改进和基本设备维护四个方面来进行。在上述评分标准的基础上，将任务实施的考核点细分，对练习和测试过程中的要点进行量化，从而形成安全作业与设备维护任务的任务实施评分表，如表 5-25 所示。

表 5-25　安全作业与设备维护任务个人评分表（课用）

任务实施人：　　　　　　　　　　　　开始时间：
评分人：　　　　　　　　　　　　　　完成时间：

评价内容	配分	评分标准		得分	超时扣分	备注
职业素养	20 分	工作态度	审查细致、实施耐心（5 分）			
		操作规范	操作严谨规范（10 分）			
		现场 6S 作业	整齐、整洁等（5 分）			
安全作业与设备维护	80 分	安全巡查记录表编制	记录表信息完整（5 分） 记录表内容全面（5 分）			
		现场巡查记录	巡查安排合理（5 分） 巡查认真仔细（5 分） 巡查记录填写规范（5 分） 巡查记录正确（15 分）			
		安全作业改进	改进方案合理（10 分） 改进结果有效（10 分）			
		基本设备维护	RF 手持终端检修正确（10 分） 半电动堆高车检查（10 分）			
总分合计						

注：完成时限为 10 分钟，超时 1 分钟扣 10 分。

总结与反思

该任务主要从整理常见仓库安全隐患、安全检查记录表编制、现场巡查并填写安全检查记录表，以及整改并消除安全隐患等方面完成，难点在于巡查发现全面的安全作业隐患，在现场巡查过程中，稍有分神，就有可能忽略存在的安全隐患，需要大量的仓配中心实践经验作为巡查基础，从而进一步提高安全意识。认真回答下列问题，将有助于提升你的技能训练效果。你失分的主要原因是什么？你认为应该从哪些方面提高任务评分？请将你对该任务的总结与反思写在表 5-26 内。

表 5-26　安全作业与设备维护任务总结与反思表

班级		姓名	
任务完成时间		任务实施得分	
职业素养得分			
和你情况相符的请打 √	□ 安全检查记录表编制慢 □ 巡查计划不合理 □ 巡查记录填错 □ 不会检修 RF 手持终端 □ 安全问题不会改进 □ 其他________	□ 安全检查记录表内容不全 □ 巡查不细致认真 □ 发现不了安全问题 □ 不会检查半电动堆高车	
失分原因			
改进方向			
给老师的建议			

任务巩固

一、知识内化

请对整个任务知识进行复习，将你认为正确的答案填在（　　）中。

1. 仓库中货架倒塌的主要原因包括（　　）。

A. 被叉车撞击　　B. 货架设计问题

C. 货架超载　　D. 巷道过窄

2. 下列选项中，不利于仓库防火，存在仓库火灾隐患的是（　　）。

A. 普通仓库不得存放易燃易爆危险品

B. 发现电线老化、破损、绝缘不良等情况及时更新线路

C. 仓库内严禁煮食，要煮食只能在仓库配套的休息间进行

D. 仓库内不准使用碘钨灯照明

3. 对半电动堆高车的检查维护，不正确的是（　　）。

A. 应检查部分机构是否有裂损，紧固件是否松动，润滑油是否渗漏等异常现象

B. 检查开关、喇叭、前大灯、指示灯是否处于正常状态

C. 检查电压表指示数是否在正常使用范围之内

D. 检查半电动堆高车升高高度，作业中升高高度不宜过低

4. 下列选项中，不属于仓库作业人员行为隐患的是（　　）。

A. 外来人员随意进出仓库　　B. 违章作业

C. 严重违反劳动纪律　　D. 疲劳、带病或情绪不稳上岗

5. 下列不属于仓库中常见的安全隐患的是（　　）。

A. 车辆伤害隐患　　B. 仓库防水隐患

C. 安全管理制度隐患　　D. 作业人员行为隐患

二、学以致用

2023 年 4 月 8 日，请授课老师事先根据实际条件，对仓配实训室和现有的仓配设施设备进行简单的布置，并安排 2 位同学为一组，完成以下作业要求，并请同学对任务实施情况进行评价，将得分与扣分情况填入表 5-27。

作业要求：

（1）编制并打印安全检查记录表。

（2）实施安全巡查，并填写安全检查记录表。

（3）对存在的安全隐患进行改进。

（4）针对 RF 手持终端在应用中出现的问题完成检修。

表 5-27　安全作业与设备维护任务个人评分表（练习用）

任务实施人：　　　　　　　　　　开始时间：
评分人：　　　　　　　　　　　　完成时间：

评价内容	配分	评分标准		得分	超时扣分	备注
职业素养	20 分	工作态度	审查细致、实施耐心（5 分）			
		操作规范	操作严谨精准（10 分）			
		现场 6S 作业	整齐、整洁等（5 分）			

（续）

评价内容	配分	评分标准		得分	超时扣分	备注
安全作业与设备维护	80分	安全巡查记录表编制	记录表信息完整（5分） 记录表内容全面（5分）			
		现场巡查记录	巡查安排合理（5分） 巡查认真仔细（5分） 巡查记录填写规范（5分） 巡查记录正确（15分）			
		安全作业改进	改进方案合理（10分） 改进结果有效（10分）			
		基本设备维护	RF手持终端检修正确（10分） 半电动堆高车检查（10分）			
总分合计						

注：完成时限为10分钟，超时1分钟扣10分。

模块二

智慧出库：货物出库作业

项目背景资料

2023 年 3 月 22 日上午 10:00，A 公司物流仓配中心接到了 5 张客户订单，分别是万家超市、四季发超市、美兰超市、乐美超市和兴云超市，客户订单明细如下。

万家超市采购订单

订单编号：D2023032205

订单处理日期：2023-03-22　　　　货物配送日期：2023-03-23 之前

序号	商品名称	单位	单价 / 元	订购数量	金额 / 元	备注
1	隆达葡萄籽油	箱	500	10	5 000	
2	乐事无限薯片黄瓜味	箱	100	15	1 500	
3	长城干红葡萄酒（500mL）	箱	200	10	2 000	
4	达利园法式小面包	箱	100	10	1 000	
5	得力中性台笔	盒	50	2	100	
6	大华文具快干印台	个	10	3	30	
7	冰露包装饮用水（500mL）	瓶	3	3	9	
合计				53	9 639	

四季发超市采购订单

订单编号：D2023032206

订单处理日期：2023-03-22　　　　货物配送日期：2023-03-23 之前

序号	商品名称	单位	单价 / 元	订购数量	金额 / 元	备注
1	隆达葡萄籽油	箱	500	5	2 500	
2	公牛插线板	箱	1 000	10	10 000	
3	长城干红葡萄酒（500mL）	箱	200	8	1 600	
4	怡宝饮用纯净水	箱	30	5	150	
5	得力中性台笔	盒	50	2	100	
6	沐之韵洗发露	瓶	50	5	250	
7	奥德美状元满屋答题卡铅笔	支	5	2	10	
合计				37	14 610	

美兰超市采购订单

订单编号：D2023032207

订单处理日期：2023-03-22　　　　货物配送日期：2023-03-23之前

序号	商品名称	单位	单价/元	订购数量	金额/元	备注
1	娃哈哈桂圆莲子八宝粥	箱	300	8	2 400	
2	江中猴姑酥性饼干	箱	800	10	8 000	
3	隆达葡萄籽油	箱	500	5	2 500	
4	公牛插线板	箱	1 000	6	6 000	
5	得力中性台笔	盒	50	3	150	
6	沐之韵洗发露	瓶	50	2	100	
7	冰露包装饮用水（500mL）	瓶	3	4	12	
合计				38	19 162	

乐美超市采购订单

订单编号：D2023032208

订单处理日期：2023-03-22　　　　货物配送日期：2023-03-23之前

序号	商品名称	单位	单价/元	订购数量	金额/元	备注
1	娃哈哈桂圆莲子八宝粥	箱	300	20	6 000	
2	江中猴姑酥性饼干	箱	800	10	8 000	
3	隆达葡萄籽油	箱	500	5	2 500	
4	长城干红葡萄酒（500mL）	箱	200	10	2 000	
合计				45	18 500	

兴云超市采购订单

订单编号：D2023032209

订单处理日期：2023-03-22　　　　货物配送日期：2023-03-23之前

序号	商品名称	单位	单价/元	订购数量	金额/元	备注
1	康师傅牛肉面（400g）	箱	100	20	2 000	
2	江中猴姑酥性饼干	箱	800	10	8 000	
3	隆达葡萄籽油	箱	500	6	3 000	
4	长城干红葡萄酒（500mL）	箱	200	10	2 000	
5	佳洁士盐白牙膏	盒	20	2	40	
6	得力固体胶	支	5	2	10	
7	江中猴姑酥性饼干	盒	20	5	100	
8	青蛙牙刷	支	15	4	60	
合计				59	15 210	

仓配中心实施波次管理，仓管员李遥在10点10分将接到的这5张客户订单汇总处理，另外两位仓管员马来和李小白协作配合，将客户订单的出库作业进行了任务分解，他们要在规定的时间内，进行合理的分工协作，将待出库的货物按照仓配中心要求，完成客户分析、订单处理、拣选作业以及装车配送作业。既要完成在仓库的实物出库，将出库货物按订单放到指定的月台上，也要在仓储管理系统（WMS）中完成系统出库，以便在系统中能够及时查询核对。

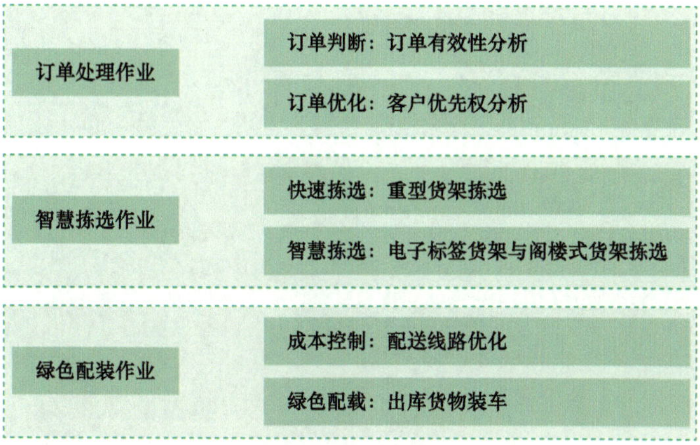

货物出库作业工作任务分解图

项目六

订单处理作业

任务一　订单判断：订单有效性分析

学习目标

1．能够统计客户信息，建立客户档案。
2．能够核算客户信用额度。
3．能够准确判断客户订单是否有效。

作业标准

1．任务标准：任务评分表得分 80 分以上。
2．任务限时：6 分钟 / 人。
3．职业素养：细致规范、谨慎精准、现场 6S 作业。

任务准备

在进行订单分析前，需要掌握客户的基本情况，收集客户信息，通过 WMS 将 5 个订单的客户信息资料导出，如果是新客户，则需要重新录入，客户基本信息资料如表 6-1 ～表 6-5 所示。

表 6-1　万家超市客户档案

客户编号	2019065055						
公司名称	万家超市				助记码	WJ	
法人代表	李岚	家庭地址	长沙市雨花区紫竹苑 6-1-×××			联系方式	0731-2765××××
证件类型	营业执照	证件编号	12010877687××××			营销区域	长沙市区
公司地址	长沙市雨花区香樟路 154 号			邮编	410007	联系人	高泽
办公电话	0731-8397××××		家庭电话	0731-8765××××		传真号码	0731-8397××××
电子邮箱	wanjia@yahoo.com		QQ 账号	875438××××		微信账号	××××
开户银行	长沙市商业银行			银行账号	622202××××909785		

（续）

公司性质	民营	所属行业	零售	注册资金	200 万元	经营范围	日用品、食品
信用额度	50 万元	忠诚度	较高	满意度	一般	应收账款	48 万元
客户类型	重点型			客户级别	B		
建档时间	2019 年 6 月			维护时间	2023 年 5 月		
备注：							

表 6-2　四季发超市客户档案

客户编号	2018012403						
公司名称	四季发超市			助记码	SJF		
法人代表	李文	家庭地址	长沙市天心区水岸渔村 3-×××			联系方式	0731-2733××××
证件类型	营业执照	证件编号	12010378934××××			营销区域	长沙市区
公司地址	长沙市天心区猴子石路 93 号			邮编	410004	联系人	许云
办公电话	0731-8393××××		家庭电话	0731-8764××××		传真号码	0731-8397××××
电子邮箱	sijifa@yahoo.com		QQ 账号	675428××××		微信账号	××××
开户银行	长沙市商业银行			银行账号	622202××××900941		
公司性质	民营	所属行业	零售	注册资金	200 万元	经营范围	日用品、食品
信用额度	80 万元	忠诚度	较低	满意度	较高	应收账款	76 万元
客户类型	重点型			客户级别	A		
建档时间	2018 年 6 月			维护时间	2023 年 5 月		
备注：							

表 6-3　美兰超市客户档案

客户编号	2017014567						
公司名称	美兰超市			助记码	ML		
法人代表	董轩	家庭地址	长沙市岳麓区凯莱庄园 13-×××			联系方式	0731-2733××××
证件类型	营业执照	证件编号	12010927836××××			营销区域	长沙市区
公司地址	长沙市岳麓区荣湾镇 93 号			邮编	410208	联系人	王新
办公电话	0731-8387××××		家庭电话	0731-8763××××		传真号码	0731-8387××××
电子邮箱	meilan@yahoo.com		QQ 账号	125438××××		微信账号	××××
开户银行	长沙市商业银行			银行账号	622201××××878987		
公司性质	民营	所属行业	零售	注册资金	200 万元	经营范围	日用品、食品
信用额度	20 万元	忠诚度	一般	满意度	较高	应收账款	18 万元
客户类型	普通型			客户级别	B		
建档时间	2017 年 6 月			维护时间	2023 年 5 月		
备注：							

表 6-4　乐美超市客户档案

客户编号	2016014532						
公司名称	乐美超市				助记码	LM	
法人代表	张强	家庭地址	长沙市芙蓉区人民东路 18-×××			联系方式	0731-2733××××
证件类型	营业执照	证件编号	12010876543××××			营销区域	长沙市区
公司地址	长沙市芙蓉区远大一路 238 号			邮编	410000	联系人	牛红
办公电话	0731-8887××××		家庭电话	0731-8765××××		传真号码	0731-8387××××
电子邮箱	lemei@yahoo.com		QQ 账号	338438××××		微信账号	××××
开户银行	长沙市商业银行			银行账号	622202××××534664		
公司性质	民营	所属行业	零售	注册资金	200 万元	经营范围	日用品、食品
信用额度	100 万元	忠诚度	较高	满意度	较高	应收账款	80 万元
客户类型	伙伴型			客户级别	A		
建档时间	2016 年 12 月			维护时间	2023 年 5 月		
备注：							

表 6-5　兴云超市客户档案

客户编号	2018014532						
公司名称	兴云超市				助记码	XY	
法人代表	董洁	家庭地址	长沙市开福区盛世路 6-×××			联系方式	0731-2766××××
证件类型	营业执照	证件编号	12010927836××××			营销区域	长沙市区
公司地址	长沙市开福区珠江花城 238 号			邮编	410008	联系人	王平原
办公电话	0731-8345××××		家庭电话	0731-8865××××		传真号码	0731-8345××××
电子邮箱	xingyun@yahoo.com		QQ 账号	123438××××		微信账号	××××
开户银行	长沙市商业银行			银行账号	622201××××984332		
公司性质	民营	所属行业	零售	注册资金	200 万元	经营范围	日用品、食品
信用额度	25 万元	忠诚度	较高	满意度	较高	应收账款	24 万元
客户类型	普通型			客户级别	A		
建档时间	2018 年 10 月			维护时间	2023 年 5 月		
备注：							

任务派发

2023 年 3 月 22 日，A 公司的仓配中心收到万家超市、四季发超市、美兰超市、乐美超市和兴云超市 5 个客户的订单，都要求在 3 月 23 日前配送，客户订单明细见模块二项目背景资料。要求通过查询客户档案，核对客户信用额度，以确定客户订单是否有效，同时核对配送日期并且核对仓库货物库存，确定货物是否缺货，以完成客户订单分析，具体请完成以下作业。

一、作业要求

（1）核对配送日期，判断订单有效性。

（2）核对客户信用额度，判断订单有效性。

（3）核对仓库库存是否缺货。

二、实施条件

基本实施条件如表 6-6 所示。

表 6-6 基本实施条件

项目	基本实施条件	备注
场地	仓库 1 个，面积不小于 $200m^2$，要求照明通风良好	必备
设备	激光打印机 1 台、仓储管理系统（WMS）1 套、计算机 1 台以上	必备
工具	Excel 软件、Word 软件	必备

知识储备

一、信用额度

信用额度又叫信用限额，是企业为了扩大销售和控制风险的一种策略。信用额度不仅反映公司的资金能力，还反映了对客户承担的可容忍的赊销和坏账风险。

信用额度一般根据客户的净资产和流动资金来设定：①信用额度不应超出客户净资产，以防客户无力承担债务，而且大多数情况，信用额度应为客户净资产的一小部分；②信用额度不应超出客户的流动资金，如果客户流动资金不足，必须对客户的净资产进行分析、评估。

二、订单有效性

仓配中心收到客户订单之后，并不是所有的客户订单都能进行分拣和配送。首先，要对客户订单进行简单的分析，来判断订单是否有效，是否可执行。常见的判断方法有以下几种。

1．是否超出配送时间

客户订单一般都会注明配送时间。如果完成必要的订单处理、拣选、出库配送等作业所需的时间较长，无法在订单要求的配送时间前配送，或者要求配送时间早于订单接收时间，那么该订单无法执行，肯定是无效的，云腾采购订单如表 6-7 所示。

表 6-7　云腾采购订单

订单编号：D20230223

订单处理日期：2023-02-23　　　　　　　　货物配送日期：2023-02-22 之前

序号	商品名称	单位	单价 / 元	订购数量	金额 / 元	备注
1	娃哈哈桂圆莲子八宝粥	箱	100	20	2 000	
2	江中猴姑酥性饼干	箱	400	8	3 200	
3	隆达葡萄籽油	箱	500	5	2 500	

接到客户订单的时间是“2023-02-23”，而要求配送的时间是“2023-02-22 之前”，该订单根本无法执行，因此判定该订单无效。

2. 是否超过设定的客户信用额度

许多赊销模式，因为账期的关系，并不是货物发出去就能收回货款，所以公司一般都会对客户进行信用额度的授权来评估风险。在设定的信用额度内，没有风险或者风险很低，可以正常发货。如果超出了设定的信用额度，风险就比较高，这时公司可能会要求先收回部分货款再发货。对于信用额度的设定一般都有差异，有的完全不允许超出，有的视情况可以允许超过一定的比例。

例如，A 公司被授予的信用额度是 20 万元，它的应收账款已达到 19 万元，那么这次订单上的货款合计如果超出 1 万元，很多仓库就不能发货，在 WMS 中就已经被锁定，因此，该客户订单也将被判定为无效。

若信用额度 − 应收账款 − 本次订单金额 ≥ 0，那么本次订单有效；反之，本次订单无效。

3. 库存是否充足

库存不足要视情况而定。如果客户订单中列明的货物全部缺货，那肯定是执行不了订单，订单无效。如果客户订单中列明的货物只是部分缺货，经过和客户沟通，客户愿意等待补货，或者能接受部分缺货，那么订单也是可以执行的，订单有效；反之，订单无效。

任务实施

一、汇总配送日期

从客户订单可以看出，订单接收时间都是 3 月 22 日，5 家客户订单要求的配送日期汇总如表 6-8 所示。

表 6-8　配送日期汇总表

序号	客户名称	订单日期	配送日期	订单是否有效
1	万家超市	2023.3.22	2023.3.23 之前	是
2	四季发超市	2023.3.22	2023.3.23 之前	是
3	美兰超市	2023.3.22	2023.3.23 之前	是
4	乐美超市	2023.3.22	2023.3.23 之前	是
5	兴云超市	2023.3.22	2023.3.23 之前	是

因为订单要求的配送日期都晚于订单接收日期一天，根据以往的经验，一天的提前期可以满足客户配送要求。因此，从配送日期上看，5 家客户的订单都是有效的。

二、核算信用额度

A 公司的仓配中心在系统中设定了不允许超出信用额度，一旦超出，系统锁定，将不能出货，因此，从客户档案中，将 5 家客户的信用额度、应收账款和本次订单金额汇总，具体如表 6-9 所示。

表 6-9　信用额度、应收账款和本次订单金额汇总表

序号	客户名称	信用额度 / 元	应收账款 / 元	本次订单金额 / 元	差额 / 元	订单是否有效
1	万家超市	500 000	480 000	9 639	10 361	是
2	四季发超市	800 000	760 000	14 610	25 390	是
3	美兰超市	200 000	180 000	19 162	838	是
4	乐美超市	1 000 000	800 000	18 500	181 500	是
5	兴云超市	250 000	240 000	15 210	−5 210	否

根据上述信用额度核算，5 家客户订单中，只有兴云超市超出了信用额度，超出比率为 2.08%，因此，该订单无效，需要和兴云超市联系，支付欠款后才能发货。

从信用额度上分析，只有万家超市、四季发超市、美兰超市和乐美超市订单有效，可以执行。

三、核对库存量

将 4 家客户订单汇总后，通过 WMS 查询库存，将重型货架、电子标签货架、阁楼货架、重型散货及立体仓库的相应库存量导出，进行对比，如表 6-10 所示。

表 6-10　库存核对表

序号	货物名称	单位	库存量	订购量	是否缺货	备注
1	隆达葡萄籽油	箱	30	25	否	
2	乐事无限薯片黄瓜味	箱	20	15	否	
3	长城干红葡萄酒（500mL）	箱	30	28	否	
4	达利园法式小面包	箱	30	10	否	
5	公牛插线板	箱	15	16	是（−1）	

（续）

序号	货物名称	单位	库存量	订购量	是否缺货	备注
6	怡宝饮用纯净水	箱	5	5	否	
7	娃哈哈桂圆莲子八宝粥	箱	26	28	是（−2）	
8	江中猴姑酥性饼干	箱	30	20	否	
9	乐事薯片	包	7	0	否	
10	冰露包装饮用水（550mL）	瓶	7	7	否	
11	得力中性台笔	盒	7	7	否	
12	青蛙牙刷	支	7	0	否	
13	洽洽香瓜子	包	7	0	否	
14	奥德美状元满屋答题卡铅笔	支	7	2	否	
15	沐之韵洗发露	瓶	7	7	否	
16	纯点纸面巾	包	7	0	否	
17	珍爱湿巾	包	7	0	否	
18	佳洁士盐白牙膏	盒	7	0	否	
19	大华文具快干印台	个	7	3	否	

经过汇总核对后发现，零散件货物不缺，公牛插线板缺 1 箱，娃哈哈桂圆莲子八宝粥缺 2 箱。公牛插线板四季发超市和美兰超市都有需求，娃哈哈桂圆莲子八宝粥美兰超市和乐美超市都有需求，要想进行库存分配，需要做后续的客户优先权分析。

四、确定订单有效性

结合上述三方面的分析，从配送日期分析，5 家订单都有效；信用额度的分析结果表明兴云超市订单无效；虽然存在部分货物库存不足，但是因为缺货数量较少，可以通过沟通或者补货的方式来满足客户需求，除非客户态度明确，拒绝补货，一般情况下可以认为订单有效，所以，订单有效的是万家超市、四季发超市、美兰超市和乐美超市。

任务评价

一、任务评价标准

对于该任务的完成情况，从职业素养和任务实施情况两个方面来制定评价标准，职业素养主要评价工作态度、职业精神、现场 6S 作业三个方面。任务实施情况的评价从配送时间核对、信用额度核对、库存核对以及订单处理结果四个方面来进行。在上述评分标准的基础上，将任务实施的考核点细分，对练习和测试过程中的要点进行量化，从而形成订单有效性分析任务的任务实施评分表，如表 6-11 所示。

表 6-11　订单有效性分析任务个人评分表（课用）

任务实施人：　　　　　　　　　　　　　　　　开始时间：

评分人：　　　　　　　　　　　　　　　　　　完成时间：

评价内容	配分	评分标准		得分	超时扣分	备注
职业素养	20 分	工作态度	细致规范（5 分）			
		职业精神	严谨精准（10 分）			
		现场 6S 作业	整齐、整洁等（5 分）			
订单有效性分析	80 分	配送时间核对	表格规范完整（5 分） 数据准确无误（5 分）			
		信用额度核对	表格规范完整（5 分） 数据准确无误（10 分） 信用额度核对正确（10 分）			
		库存核对	表格规范完整（5 分） 数据准确无误（15 分） 库存核对结果正确（15 分）			
		订单处理结果	订单处理结果准确（10 分）			
总分合计						

注：完成时限为 6 分钟，超时 1 分钟扣 10 分。

总结与反思

该任务主要从配送时间核对、信用额度核对、库存核对、订单处理四个方面完成，难点在于在汇总各类数据的过程中易漏易错，需要具备严谨细致的职业态度。认真回答下列问题，将有助于提升你的技能训练效果。你失分的主要原因是什么？你认为应该从哪些方面提高任务评分？请将你对该任务的总结与反思写在表 6-12 内。

表 6-12　订单有效性分析任务总结与反思表

班级		姓名	
任务完成时间		任务实施得分	
职业素养得分			
和你情况相符的请打 √	□ 基础数据整理错误 □ Excel 应用不熟练 □ 库存汇总错误 □ Word 排版混乱 □ 其他	□ 表格不规范 □ 信用额度计算错误 □ 订单有效性结果错误	
失分原因			
改进方向			
给老师的建议			

任务巩固

一、知识内化

请对整个任务知识进行复习，将你认为正确的答案填在（　　）中。

1. 下列不属于设定信用额度的作用的是（　　）。
   A. 及时回款　B. 扩大销量　C. 及时发货　D. 降低风险
2. 下列因素与判断客户订单是否超出信用额度无关的是（　　）。
   A. 货物单价　B. 订单金额　C. 应收账款　D. 信用额度
3. 在货物出库前进行订单有效性分析的作用是（　　）。
   A. 确定订单是否可以执行　B. 确定客户订单的先后顺序
   C. 确定订单总金额　D. 确定客户订货需求
4. 当库存不足时，下列说法有误的是（　　）。
   A. 客户订单货物全部缺货，订单无效
   B. 客户订单部分缺货，客户愿意等待补货，订单有效
   C. 客户订单部分缺货，客户愿意接受部分缺货，订单有效
   D. 客户订单部分缺货，订单无效
5. 订单有效性分析的主要考虑因素不包括（　　）。
   A. 配送时间　B. 库存量　C. 信用额度　D. 订单金额

二、学以致用

2023 年 4 月 8 日，仓配中心收到 5 家客户订单，信息订单、客户信息和库存信息 3 个基础资料见表 6-13 ～表 6-27。

订单信息：

表 6-13　乐革堂连锁集团采购订单

订单编号：C20230408001
订单处理日期：2023-04-08　　货物配送日期：2023-04-09 之前

序号	货品名称	单位	单价 / 元	订购数量	总重量 /kg	金额 / 元	备注
1	起泡酒	箱	950	13	260	12 350	
2	葡萄干	箱	60	8	16	480	
3	Kinder 牛奶巧克力	箱	120	8	120	960	
4	衣架	箱	230	4	80	920	
5	鲜橙味牛奶饮品	瓶	5	2	1	10	
6	娃哈哈石榴汁饮料	瓶	3.5	3	1.5	10.5	
7	玫瑰香手帕纸	包	8	2	0.5	16	
8	一帆婴儿湿巾	包	12.5	5	3	62.5	
9	丽人堂玫瑰茶	瓶	8	10	6	80	
10	三得利乌龙茶	瓶	4.5	3	2	13.5	
11	七喜	瓶	3	15	8	45	
合计					498	14 947.5	

表 6-14　达兴公司采购订单

订单编号：C20230408002

订单处理日期：2023-04-08　　　　货物配送日期：2023-04-09之前

序号	货品名称	单位	单价 / 元	订购数量	总重量 /kg	金额 / 元	备注
1	纯咖啡	箱	500	8	48	4 000	
2	起泡酒	箱	950	15	300	14 250	
3	爽身粉	箱	360	10	50	3 600	
4	春天苹果醋	瓶	5	15	8	75	
5	悦活U格乳酸柠檬味	瓶	4.8	15	8	72	
6	心相印面巾纸	盒	8	8	5	64	
7	小福星卫生纸	包	6	2	0.5	12	
8	康师傅绿茶	瓶	3	10	5	30	
9	佳得乐蓝莓味	瓶	4.5	8	4	36	
10	日加满	瓶	5	12	6	60	
合计					434.5	22 199	

表 6-15　星美公司采购订单

订单编号：C20230408003

订单处理日期：2023-04-08　　　　货物配送日期：2023-04-09之前

序号	货品名称	单位	单价 / 元	订购数量	总重量 /kg	金额 / 元	备注
1	Kinder牛奶巧克力	箱	120	10	150	1 200	
2	葡萄干	箱	60	1	2	60	
3	湿巾	箱	360	10	50	3 600	
4	开胃山楂汁	瓶	5	10	6	50	
5	原味优酸乳	瓶	3	8	3.2	24	
6	伊利巧克力奶	瓶	2	6	1.2	12	
合计					212.4	4 946	

表 6-16　桃源集团采购订单

订单编号：C20230408004

订单处理日期：2023-04-08　　　　货物配送日期：2023-04-09之前

序号	货品名称	单位	单价 / 元	订购数量	总重量 /kg	金额 / 元	备注
1	起泡酒	箱	950	2	40	1 900	
2	衣架	箱	230	13	260	2 990	
3	纯咖啡	箱	500	4	24	2 000	
4	爽身粉	箱	360	9	45	3 240	
5	怡宝矿泉水	箱	45	15	120	675	
6	康师傅绿茶	瓶	3	2	1	6	
7	水溶C100	瓶	5	2	1	10	
8	鲜柠多	瓶	4	10	5	40	
合计					496	10 861	

表 6-17　华丰公司采购订单

订单编号：C20230408005

订单处理日期：2023-04-08　　　　　　　　货物配送日期：2023-04-09 之前

序号	货品名称	单位	单价 / 元	订购数量	总重量 /kg	金额 / 元	备注
1	衣架	箱	230	10	200	2 300	
2	蛋糕	箱	290	15	300	4 350	
3	统一果漾芒果饮料	瓶	4	4	2	16	
4	海太葡萄果肉饮料	瓶	12	10	7	120	
5	伊利巧克力奶	瓶	2	6	1.8	12	
6	华邦橙汁	瓶	8	5	5	40	
7	清风空心卷纸	包	9	5	2	45	
8	可美卷筒纸	包	4	10	5	40	
9	维妮美冰茉莉卫生湿巾	包	6	10	2	60	
10	小熊面纸	包	6.5	12	3	78	
合计					527	7 061	

客户信息：

表 6-18　达兴公司客户档案

客户编号	201506250201						
公司名称	达兴公司				助记码	DX	
法人代表	田甜	家庭地址	天津市南开区密云路新南马路 3 栋			联系方式	022-24××××09
证件类型	营业执照	证件编号	120106×××××128806			营销区域	天津市
公司地址	天津市东丽区			邮编	300313	联系人	吴国福
办公电话	022-24××××90		家庭电话	022-24××××31		传真号码	022-24××××99
电子邮箱	WGF@126.com		QQ 账号	375×××316		微信账号	××××
开户银行	平安银行			银行账号	622099806675××××		
公司性质	民营	所属行业	零售业	注册资金	200 万元	经营范围	食品、百货
信用额度	50 万元	忠诚度	一般	满意度	一般	应收账款	47.9 万元
客户类型	普通型			客户级别	C		

表 6-19　乐草堂连锁集团客户档案

客户编号	201506250202						
公司名称	乐草堂连锁集团				助记码	LCT	
法人代表	徐乐	家庭地址	天津市河西区宾水道宾泰公寓 A 座××1			联系方式	022-26××××69
证件类型	营业执照	证件编号	120104×××××159906			营销区域	天津市
公司地址	天津市河西区			邮编	300202	联系人	贾明明
办公电话	022-24××××35		家庭电话	022-24××××98		传真号码	022-24××××40
电子邮箱	jiamm@126.com		QQ 账号	12096××××		微信账号	××××
开户银行	广发银行			银行账号	620087605567××××		
公司性质	民营	所属行业	零售业	注册资金	1 200 万元	经营范围	食品、百货
信用额度	100 万元	忠诚度	较高	满意度	较高	应收账款	99.7 万元
客户类型	普通型（待发展为重点型）			客户级别	B		

表 6-20 星美公司客户档案

客户编号	201506250203						
公司名称	星美公司				助记码	XM	
法人代表	刘金逸	家庭地址	天津市河东区津塘公路与十五经路交叉口			联系方式	022-28××××46
证件类型	营业执照	证件编号	1202××××××6430			营销区域	天津市
公司地址	天津市河东区			邮编	300171	联系人	宋海鹏
办公电话	022-28××××98		家庭电话	022-28××××09		传真号码	022-28××××76
电子邮箱	SHP@126.com		QQ 账号	18903××××		微信账号	××××
开户银行	平安银行			银行账号	630900764453××××		
公司性质	民营	所属行业	零售业	注册资金	1 500 万元	经营范围	食品、百货
信用额度	180 万元	忠诚度	高	满意度	较高	应收账款	179.5 万元
客户类型	重点型			客户级别	A		

表 6-21 华丰公司客户档案

客户编号	201506250204						
公司名称	华丰公司				助记码	HF	
法人代表	田雪梅	家庭地址	天津市河西区郁江道 21 号			联系方式	022-26××××30
证件类型	营业执照	证件编号	1204××××××76430			营销区域	天津市
公司地址	天津市河西区			邮编	300202	联系人	李成玲
办公电话	022-24××××21		家庭电话	022-24××××45		传真号码	022-24××××21
电子邮箱	licl@126.com		QQ 账号	20098××××		微信账号	××××
开户银行	华夏银行			银行账号	600788094453××××		
公司性质	民营	所属行业	零售业	注册资金	210 万元	经营范围	食品、百货、办公用品、服装鞋帽
信用额度	50 万元	忠诚度	一般	满意度	低	应收账款	49.6 万元
客户类型	普通型（将淘汰至 C 级）			客户级别	B		

表 6-22 桃源集团客户档案

客户编号	201506250205						
公司名称	桃源集团				助记码	TY	
法人代表	陶宁	家庭地址	天津市南开区福安大街			联系方式	022-26××××84
证件类型	营业执照	证件编号	12041××××××76430			营销区域	天津市
公司地址	天津市南开区			邮编	300100	联系人	石慧
办公电话	022-26××××53		家庭电话	022-26××××87		传真号码	022-26××××45
电子邮箱	SH@126.com		QQ 账号	150098××××		微信账号	××××
开户银行	招商银行			银行账号	654098123321××××		
公司性质	民营	所属行业	零售业	注册资金	2 000 万元	经营范围	食品百货、服装鞋帽
信用额度	240 万元	忠诚度	高	满意度	高	应收账款	239.6 万元
客户类型	伙伴型			客户级别	A		

库存信息：

表 6-23　重型货架库存

序号	货品名称	规格	单位	库存量
1	纯咖啡	600mm×500mm×600mm	箱	12
2	葡萄干	500mm×300mm×350mm	箱	12
3	衣架	400mm×500mm×200mm	箱	20
4	饼干	400mm×250mm×300mm	箱	20
5	起泡酒	300mm×250mm×300mm	箱	18
6	怡宝矿泉水	600mm×500mm×600mm	箱	16
7	爽身粉	300mm×250mm×300mm	箱	15
8	湿巾	400mm×250mm×300mm	箱	20
9	Kinder 牛奶巧克力	500mm×300mm×350mm	箱	20

表 6-24　立体库区存储信息

序号	商品品种	序号	商品品种
1	蓝带啤酒	15	统一果漾芒果饮料
2	惠泉啤酒	16	娃哈哈石榴汁饮料
3	鲜橙味牛奶饮品	17	真功夫摇摇乐果汁饮料
4	康师傅冰糖雪梨	18	乐天美贝然芒果汁饮料
5	汇源果汁	19	海太葡萄果肉饮料
6	明太郎花生牛奶饮品	20	欢乐园精选红提子酒
7	伊利活性乳酸菌饮品草莓味	21	美汁源热带果粒
8	春天苹果醋	22	牵手果汁饮料
9	伊利巧克力奶	23	银鹭花生牛奶饮料
10	大红枣酸奶	24	统一蜜桃多
11	原味优酸乳	25	雅哈冰咖啡
12	冠益乳草莓味	26	华邦橙汁
13	儿童酸奶芒果	27	开胃山楂汁
14	太子奶	28	醒目西瓜味

注：每个品种存储单位为箱，每个货位 1 箱，10 瓶 / 箱。

表 6-25　电子标签货架区存储信息

序号	商品品种		
1	清风 3 层面纸	维达迷你手帕纸	小熊面纸
2	心相印优选蓝调 10 包手帕纸	心相印面巾纸	富尔雅妇婴用纸
3	心相印冬己百变手帕纸 10 包	一片云卷纸	栀子香氛软抽
4	小福星卫生纸	小宝贝迷你装软抽	相思卫生纸
5	好吉利 3 层特柔无心卷纸	清风空心卷纸	可雅原浆纸
6	中卷无芯卷纸	心相印三层压花纸抽	丽洁卷筒纸
7	清风超质感卷筒卫生纸	双灯高级平板卫生纸	丽影妇婴用纸
8	玫瑰香手帕纸	中荣万盛长筒卷纸	可美卷筒纸
9	珍爱芦荟 10 片独立湿巾	一帆婴儿湿巾	维妮美冰茉莉卫生湿巾

注：每个品种存储单位为包，15 包 / 货位。

表 6-26 阁楼货架区存储信息

序号	商品名称	单位	库存量
1	康师傅水晶葡萄	瓶	30
2	康师傅绿茶	瓶	30
3	可口可乐	瓶	30
4	农夫山泉	瓶	30
5	七喜	瓶	30
6	阿萨姆奶茶	瓶	30
7	水溶 C100	瓶	30
8	三得利乌龙茶	瓶	30
9	优格奶茶	瓶	30
10	丽人堂玫瑰茶	瓶	30
11	鲜柠多	瓶	30
12	三得利乌龙茶	瓶	30

表 6-27 重型货架散货区存储信息

序号	商品名称	单位	库存量
1	脉动柠檬味	瓶	50
2	佳得乐蓝莓味	瓶	50
3	日加满	瓶	50
4	东鹏特饮	瓶	50

请你仔细分析，用 Excel 和 Word 软件完成以下作业要求，并请同学对任务实施情况进行评价，将得分与扣分情况填入表 6-28。

作业要求：

（1）编制配送日期核对表，并完成核对。

（2）编制信用额度核对表，并完成核对。

（3）编制库存量核对表，并完成核对。

（4）确定订单有效性，形成订单有效性分析报告。

表 6-28 订单有效性分析任务个人评分表（练习用）

任务实施人： 开始时间：

评分人： 完成时间：

评价内容	配分	评分标准		得分	超时扣分	备注
职业素养	20 分	工作态度	细致规范（5 分）			
		职业精神	严谨精准（10 分）			
		现场 6S 作业	整齐、整洁等（5 分）			
订单有效性分析	80 分	配送时间核对	表格规范完整（5 分）			
			数据准确无误（5 分）			
		信用额度核对	表格规范完整（5 分）			
			数据准确无误（10 分）			
			信用额度核对正确（10 分）			
		库存核对	表格规范完整（5 分）			
			数据准确无误（15 分）			
			库存核对结果正确（15 分）			
		订单处理结果	订单处理结果准确（10 分）			
总分合计						

注：完成时限为 6 分钟，超时 1 分钟扣 10 分。

任务二　订单优化：客户优先权分析

学习目标

1．能够合理量化客户指标。

2．能够快速准确地完成客户优先权分析。

3．能够制定库存分配表，并合理分配库存。

作业标准

1．任务标准：任务评分表得分80分以上。

2．任务限时：10分钟/人。

3．职业素养：细致规范、谨慎精准、现场6S作业。

任务准备

客户优先权是指在出库过程中对于客户订单满足的一种先后顺序，排在前面的客户订单先满足，之后才依次满足后面的客户订单。它是利用企业内部确定的侧重点，来体现客户重要程度的一种方式。

如果企业仓库库存充足，那么客户优先权的确定并没有意义，所有的客户订单都能够满足；如果企业仓库库存存在缺货的情况，就需要根据企业内部认可的侧重点来确定客户优先权，先满足重点客户，再满足一般客户。

【案例解析】确定客户优先权

2023年2月25日，某企业接收到了12家客户订单，都指定大量购买某种型号的畅销产品C，但是由于该产品在市面是热销品，该企业的产能不足，仓库库存存在缺货压力。经统计，这12家客户有的需求比较大，订单额度达到200万元；有的客户需求相对较小，订单额度只有20万元。有的客户是企业的老客户了，伴随着企业的成长；有的客户虽然是新客户，只有一年的合作时间，但是客户潜力很大，也是市场部花了很多精力才开拓的。有的客户信誉度很高，有的客户信誉度不是很清楚。有的客户忠诚度很高，有的客户忠诚度一般。由于仓库里库存不足，公司销售部给了两种方案：第一种，所有的客户都只按比例满足部分订单，直言不讳地告知公司缺货；第二种，公司根据客户的信息，按一定的侧重点排出先后顺序，优先满足排在前列的，后面的客户订单放弃。

> 思考：
>
> 1. 你觉得哪种方案好？
>
> 2. 如果是你，你会按什么思路来进行客户排序？

任务派发

2023 年 3 月 22 日，A 公司的仓配中心收到万家超市、四季发超市、美兰超市、乐美超市和兴云超市 5 个客户的订单，都要求在 3 月 23 日前配送，客户订单明细见模块二项目背景资料。通过查询客户档案，核对客户信用额度，确定前 4 家客户订单是有效可执行的，但是目前仓库库存存在部分整件货物的缺货，具体缺货明细如表 6-29 所示。请根据已有资料，确定客户优先权，并完成库存分配。（确定客户优先权时，仓配中心将各因素重视程度排序如下：客户类型 > 客户级别 > 客户忠诚度 > 客户满意度 > 合作年限，权重分别为 0.35、0.3、0.2、0.1、0.05。）

表 6-29　库存缺货明细表

序号	货物名称	单位	库存量	订购量	是否缺货	备注
1	隆达葡萄籽油	箱	30	25	否	
2	乐事无限薯片黄瓜味	箱	20	15	否	
3	长城干红葡萄酒（500mL）	箱	30	28	否	
4	达利园法式小面包	箱	30	10	否	
5	公牛插线板	箱	15	16	是（-1）	
6	怡宝饮用纯净水	箱	5	5	否	
7	娃哈哈桂圆莲子八宝粥	箱	26	28	是（-2）	
8	江中猴姑酥性饼干	箱	30	20	否	

一、作业要求

（1）合理量化客户优先权指标。

（2）快速准确完成客户优先权分析。

（3）制定库存分配表，并合理分配库存。

二、实施条件

基本实施条件如表 6-30 所示。

表 6-30　基本实施条件

项目	基本实施条件	备注
场地	仓库 1 个，面积不小于 200m²，要求照明通风良好	必备
设备	激光打印机 1 台、仓储管理系统（WMS）1 套、计算机 1 台以上	必备
工具	Excel 软件、Word 软件	必备

知识储备

一、客户优先权的影响因素

客户优先权的确定需要考虑的因素很多，一般根据客户类型、客户级别、客户忠诚度、客户满意度、客户营业额占比、合作年限等因素来综合考虑。

1. 客户类型

常见的客户类型可以划分为伙伴型、重点型、普通型等，伙伴型一般是公司的战略合作伙伴，相对地位最高，其次是重点型和普通型。

2. 客户级别

有些企业会根据客户的潜力将其分级，一般可以分为A级、B级和C级，A级潜力最大，其次是B级、C级。

3. 客户忠诚度

客户忠诚是指客户在合作的过程中对企业或者产品产生的信任、承诺、情感维系，乃至情感依赖。客户忠诚度是指客户的忠诚程度。拥有大量忠诚度高的客户，意味着企业更能在激烈的市场竞争中立足。

4. 客户满意度

客户满意度是指客户在合作期间对企业整体的看法，满意度高意味着对产品的质量、价格和服务等方面的认可。

5. 客户营业额占比

客户营业额占比指的是一段时期内客户的累计订单金额占总营业额的比值。客户营业额占比越高，那么该客户对于企业越重要。

6. 合作年限

合作年限体现的是企业与客户合作的时间长短，一般来讲，合作年限越长越好，老客户的回款风险低于新客户。

二、客户优先权确定的步骤

客户优先权的确定通过量化评分计算得出，具体步骤如下：

（1）确定影响因素，一般都是从客户档案中整理挑选得出。

（2）建立影响因素赋值量化标准，在赋值量化的过程中，应该做到科学合理。

（3）确定各影响因素的权重，权重的确定受到主观因素影响较大，一般需要企业内部结合实际综合考虑，权重的数值变化将直接影响客户优先权。

（4）将权重与影响因素的量化值进行加权求和，按最终得分进行客户优先权排序。

$$\text{客户得分} = \sum_{i=1}^{n}(\text{影响因素量化值} \times \text{权重})$$

任务实施

一、确定影响因素

从搜集整理的客户档案中，可获得对应的客户类型、客户级别、客户忠诚度、客户满意度以及合作年限 5 个影响因素的信息，并据此进行客户优先权分析。4 家客户的相关信息汇总整理，如表 6-31 所示。

表 6-31　4 家客户影响因素明细表

客户名称	影响因素				
	客户类型	客户级别	客户忠诚度	客户满意度	合作年限
万家超市	重点型	B	较高	一般	2 年
四季发超市	重点型	A	较低	较高	3 年
美兰超市	普通型	B	一般	较高	4 年
乐美超市	伙伴型	A	较高	较高	5 年

注："合作年限 = 当前时间 - 建档时间"。

二、建立影响因素赋值量化标准

在量化标准中，常见的是采用三等级或五等级加百分制分数阈限来划分程度，参考如下。

（1）客户类型：伙伴型（100 分）、重点型（90 分）、普通型（80 分）。

（2）客户级别：A 级（100 分）、B 级（90 分）、C 级（80 分）。

（3）客户忠诚度和客户满意度：高（100 分）、较高（90 分）、一般（80 分）、较低（70 分）、低（60 分）。

（4）合作年限：5 年及以上（100 分）、4 年（90 分）、3 年（80 分）、2 年（70 分）、1 年（60 分）。

根据上述评分标准，4 家客户影响因素量化结果如表 6-32 所示。

表 6-32　4 家客户影响因素量化表

客户名称	影响因素				
	客户类型	客户级别	客户忠诚度	客户满意度	合作年限
万家超市	90	90	90	80	70
四季发超市	90	100	70	90	80
美兰超市	80	90	80	90	90
乐美超市	100	100	90	90	100

三、确定各影响因素的权重

权重对于客户优先权的最终结果有着很大的影响，因此，一般是经企业相关部门论证后直接给出，如果没有给出，那么在本任务中，可以参考如下方法进行确定。

任务中给出了各因素重视程度排序，客户类型 > 客户级别 > 客户忠诚度 >

客户满意度 > 合作年限，仓配中心的重视程度越高，意味着该指标的权重越大，经仓配中心相关部门论证后的权重依次是 0.35、0.3、0.2、0.1、0.05。

四、确定客户优先权

利用公式：客户得分 = $\sum_{i=1}^{n}$（影响因素量化值 × 权重），得出客户得分表，如表 6-33 所示。

表 6-33　客户得分表

客户名称	影响因素										
	客户类型	权重	客户级别	权重	客户忠诚度	权重	客户满意度	权重	合作年限	权重	得分
万家超市	90	0.35	90	0.3	90	0.2	80	0.1	70	0.05	88
四季发超市	90	0.35	100	0.3	70	0.2	90	0.1	80	0.05	88.5
美兰超市	80	0.35	90	0.3	80	0.2	90	0.1	90	0.05	84.5
乐美超市	100	0.35	100	0.3	90	0.2	90	0.1	100	0.05	97

按得分高低排序分别是：乐美超市（97 分）、四季发超市（88.5 分）、万家超市（88 分）、美兰超市（84.5 分），客户优先权也是按此顺序排列。

五、确定库存分配

零散件货物库存充足，不需要分配。根据客户优先权来满足客户订单，整件货物库存分配如表 6-34 所示。

表 6-34　整件货物库存分配表

序号	货品名称	万家超市	四季发超市	美兰超市	乐美超市	库存数量 / 箱	结余	缺货数量 / 箱	备注
1	隆达葡萄籽油	10	5	5	5	30	5		
2	乐事无限薯片黄瓜味	15				20	5		
3	长城干红葡萄酒（500mL）	10	8		10	30	2		
4	达利园法式小面包	10				30	20		
5	公牛插线板		10	5（1）		15	0	1	需补货 1 箱
6	怡宝饮用纯净水		5			5	0		
7	娃哈哈桂圆莲子八宝粥			6（2）	20	26	0	2	需补货 2 箱
8	江中猴姑酥性饼干			10	10	30	10		

六、处理缺货订单

乐美超市、万家超市、四季发超市的订单都能得到满足，美兰超市缺 1 箱公牛插线板和 2 箱娃哈哈桂圆莲子八宝粥，需要待仓配中心补货后，再二次补发。填写补货单（表 6-35）并进行补货。

表 6-35 补货单

补货单号：2023032201　　　　　　　　　　　　日期：2023.03.22

序号	客户名称	货物名称	数量	货品类型	处理部门	填单
1	美兰超市	公牛插线板	1	生活用品	采购部	李遥
2	美兰超市	娃哈哈桂圆莲子八宝粥	2	快速消费品	采购部	李遥

任务评价

对于该任务的完成情况，从职业素养和任务实施情况两个方面来制定评价标准，职业素养主要评价工作态度、职业精神、现场 6S 作业三个方面。任务实施情况的评价从影响因素量化标准确定、客户优先权确定、库存分配、办公软件应用与整理四个方面来进行。

在上述评分标准的基础上，将任务实施的考核点细分，对练习和测试过程中的要点进行量化，从而形成客户优先权分析任务的任务实施评分表，如表 6-36 所示。

表 6-36 客户优先权分析任务个人评分表（课用）

任务实施人：　　　　　　　　　　　　　　开始时间：

评分人：　　　　　　　　　　　　　　　　完成时间：

评价内容	配分	评分标准		得分	超时扣分	备注
职业素养	20 分	工作态度	细致规范（5 分）			
		职业精神	严谨精准（10 分）			
		现场 6S 作业	整齐、整洁等（5 分）			
客户优先权分析	80 分	影响因素量化标准确定	标准设定合理（5 分） 标准设计全面（5 分）			
		客户优先权确定	计算过程快速（5 分） 计算结果准确（20 分） 客户排序准确（10 分）			
		库存分配	订单统计准确（5 分） 数据准确无误（5 分） 库存分配结果正确（10 分）			
		办公软件应用与整理	Excel 快速准确（10 分） Word 规范美观（5 分）			
总分合计						

注：完成时限为 10 分钟，超时 1 分钟扣 10 分。

总结与反思

该任务主要从影响因素量化标准确定、客户优先权确定、库存分配、办公软件应用与整理四个方面完成，难点在于在汇总各类数据和计算的过程中，易漏易错，需要具备严谨细致的职业态度。认真回答下列问题，将有助于提升你的技能训练效果。你失分的主要原因是什么？你认为应该从哪些方面提高任务评分？请将你对该任务的总结与反思写在表 6–37 内。

表 6–37　客户优先权分析任务总结与反思表

班级		姓名	
任务完成时间		任务实施得分	
职业素养得分			
和你情况相符的请打 √	□ 订单统计出错　□ 量化标准不规范 □ 数据计算错误　□ Excel 应用不熟练 □ 客户优先排序错误　□ 库存分配结果出错 □ Word 排版混乱　□ 任务超时 □ 其他＿＿＿＿		
失分原因			
改进方向			
给老师的建议			

任务巩固

一、知识内化

请对整个任务知识进行复习，将你认为正确的答案填在（　　）中。

1. 需要进行客户优先权分析的情况是（　　　）。
   A. 订单库存不足
   B. 都是重点型客户
   C. 订单库存充足
   D. 有伙伴型、重点型和普通型客户
2. 常见的客户优先权影响因素不包括（　　　）。
   A. 客户类型　　B. 客户级别
   C. 客户信用额度　　D. 客户营业额占比
3. 客户优先权确定的步骤是（　　　）。
   A. 确定影响因素—确定影响因素赋值量化标准—确定客户优先顺序—确定权重
   B. 确定影响因素—确定影响因素赋值量化标准—确定权重—确定客户优先顺序
   C. 确定影响因素赋值量化标准—确定影响因素—确定客户优先顺序—确定权重

D. 确定影响因素赋值量化标准—确定影响因素—确定权重—确定客户优先顺序

4. 你会选择下列（　　）工具来完成客户优先权计算。

A. Windows 附件计算器　　B. Excel

C. 计算器　　D. Word

5. 下列（　　）将在客户优先权计算中决定客户得分。

A. 影响因素量化值　　B. 客户级别

C. 权重　　D. 合作年限

二、学以致用

2023 年 4 月 8 日，仓配中心收到 5 家客户订单，客户订单、客户档案和库存信息 3 个基础资料，具体请查看上一个任务的“学以致用”资料，订单有效性已于前面完成，请你按任务要求用 Excel 和 Word 完成客户优先权分析，并请同学对任务实施情况进行评价，将得分与扣分情况填入表 6-38。

作业要求：

（1）制定相应影响因素的量化标准。

（2）用 Excel 完成客户优先权核算。

（3）制定并完成库存分配表。

（4）Word 排版，并形成客户优先权结论。

表 6-38　客户优先权分析任务个人评分表（练习用）

任务实施人：　　　　开始时间：

评分人：　　　　完成时间：

评价内容	配分	评分标准		得分	超时扣分	备注
职业素养	20 分	工作态度	细致规范（5 分）			
		职业精神	严谨精准（10 分）			
		现场 6S 作业	整齐、整洁等（5 分）			
客户优先权分析	80 分	影响因素量化标准确定	标准设定合理（5 分） 标准设计全面（5 分）			
		客户优先权确定	计算过程快速（5 分） 计算结果准确（20 分） 客户排序准确（10 分）			
		库存分配	订单统计准确（5 分） 数据准确无误（5 分） 库存分配结果正确（10 分）			
		办公软件应用与整理	Excel 使用快速准确（10 分） Word 规范美观（5 分）			
总分合计						

注：完成时限为 10 分钟，超时 1 分钟扣 10 分。

项目七

智慧拣选作业

任务一　快速拣选：重型货架拣选

学习目标

1. 能够快速准确地录入客户订单信息。
2. 能够合理选择拣选方式。
3. 能够快速完成 WMS 分拣出库。
4. 能够快速完成客户订单实物分拣出库。

作业标准

1. 任务标准：任务评分表得分 80 分以上。
2. 任务限时：10 分钟 / 人。
3. 职业素养：细致谨慎、操作规范、现场 6S 作业。

任务准备

一、系统检查

重型货架拣选作业是整个出库作业的重点，因为在客户订单中，重型货架上的整件货物出库量是最大的，为了作业的顺利完成，首先需要对 WMS 进行以下三方面检查：

（1）WMS 网络顺畅，是否登录无误。

（2）WMS 中货物存放处是否与仓配中心实际一致。

（3）WMS 中货物数量是否与仓配中心实际一致。

二、设备检查

重型货架拣选作业既要完成系统出库，也要完成实物出库，因此，需要用到许多仓配设备。在任务开始前，需要对设备进行检查，确保任务能够正常完成。

（1）检查手拖液压式叉车有无故障。

（2）检查半电动堆高车电量是否充足。

（3）检查 RF 手持终端网络连接是否正常。

任务派发

2023 年 3 月 22 日上午 10:00，A 公司物流仓配中心接到了 5 张客户订单，分别是万家超市、四季发超市、美兰超市、乐美超市和兴云超市，经过前面的订单有效性分析和客户优先权分析，已经判定兴云超市订单无效，并对有效订单进行了库存分配。按照正常的流程，应该是将所有的客户订单一起录入 WMS 中，一起分拣出库，但是李遥为了让李小白更好地理解分拣出库作业流程，特将重型货架的整件货物单独拎出来进行拣选出库。表 7-1 ～表 7-4 是经过整理的重型货架货物出库客户订单。

表 7-1　万家超市采购订单（整件货物）

订单编号：D2023032205

订单处理日期：2023-03-22　　货物配送日期：2023-03-23 之前

序号	商品名称	单位	单价 / 元	订购数量	金额 / 元	备注
1	隆达葡萄籽油	箱	500	10	5 000	
2	乐事无限薯片黄瓜味	箱	100	15	1 500	
3	长城干红葡萄酒（500mL）	箱	200	10	2 000	
4	达利园法式小面包	箱	100	10	1 000	

表 7-2　四季发超市采购订单（整件货物）

订单编号：D2023032206

订单处理日期：2023-03-22　　货物配送日期：2023-03-23 之前

序号	商品名称	单位	单价 / 元	订购数量	金额 / 元	备注
1	隆达葡萄籽油	箱	500	5	2 500	
2	公牛插线板	箱	1 000	10	10 000	
3	长城干红葡萄酒（500mL）	箱	200	8	1 600	
4	怡宝饮用纯净水	箱	30	5	150	

表 7-3　美兰超市采购订单（整件货物）

订单编号：D2023032207

订单处理日期：2023-03-22　　货物配送日期：2023-03-23 之前

序号	商品名称	单位	单价 / 元	订购数量	金额 / 元	备注
1	娃哈哈桂圆莲子八宝粥	箱	300	8	2 400	
2	江中猴姑酥性饼干	箱	800	10	8 000	
3	隆达葡萄籽油	箱	500	5	2 500	
4	公牛插线板	箱	1 000	6	6 000	

表 7-4　乐美超市采购订单（整件货物）

订单编号：D2023032208
订单处理日期：2023-03-22　　　　　　货物配送日期：2023-03-23 之前

序号	商品名称	单位	单价 / 元	订购数量	金额 / 元	备注
1	娃哈哈桂圆莲子八宝粥	箱	300	20	6 000	
2	江中猴姑酥性饼干	箱	800	10	8 000	
3	隆达葡萄籽油	箱	500	5	2 500	
4	长城干红葡萄酒（500mL）	箱	200	10	2 000	

一、作业要求

（1）快速准确地录入客户订单信息（整件货物）。

（2）正确选择拣选方式。

（3）快速完成 WMS 拣选出库。

（4）快速规范地完成实物拣选出库。

二、实施条件

基本实施条件如表 7-5 所示。

表 7-5　基本实施条件

项目	基本实施条件	备注
场地	仓库 1 个，面积不小于 $200m^2$，要求照明通风良好	必备
设备	激光打印机 1 台、仓储管理系统（WMS）1 套、计算机 1 台以上、RF 手持终端、手拖液压式叉车、半电动堆高车等	必备
工具	纸箱 50 个以上，托盘若干，条码标签若干	必备

知识储备

一、基本拣选方式

1. 摘果式拣选

摘果式拣选指的是针对每一张订单，由拣货员完全用人工方式根据订单上的货品信息到相应的存储位置将货品逐一挑出并集中的过程。简单地说，就是仓库人员根据一个订单来回往返于各个货架货位拣选订单所需要的物料。

摘果式拣选在很多制造企业的仓库中广泛得以应用，其最大的优点在于按领料单完成拣货不需要进行任何的“二次加工”，对于仓库管理人员来说也不用过多的技能要求，就单笔订单而言，货物获取的及时性可以得到保障。但作为一种传统的拣货方式，面对品种少、数量多的订单的拣货处理是可以支持的，但货品品种较多时，摘果式的过程就会出现路径反复、过长等影响拣货效率的情况，如果仓库空间大、拣货区域跨度广，搬运也会成为难点。

2. 播种式拣选

播种式拣选指的是将一定时间段里的多张订单集合成一个批次，并依照货品的种类将货品数量汇总，仓库人员按照货品进行拣选，然后通过分货的方式对应到每张领料单。

播种式最大的优点在于当拣选货物数量大的时候可以用“合并”的方式提高效率，缩短搬运距离，增加单位时间的拣选数量。采用播种式拣选的制造企业通常具有订单品种多、数量大的特点。但是这种方式最为显著的劣势是对仓库人员的技能要求比较高，订单的汇总需要时间和技巧，操作上相对复杂，相应的人工操作的概率就比较高。另外，对于某一张订单而言，很可能因为拣货数量少而出现部分货物延迟发货的问题。

摘果式拣选与播种式拣选方式比较如表 7-6 所示。

表 7-6 摘果式拣选与播种式拣选方式比较

拣选方式	优点	缺点	适用场景
摘果式拣选	①操作简单、拣货完成后无须分货 ②订单延迟时间短 ③管理责任分明	①订单品类多时，拣选路径长、距离大、动作多、时间久、效率低 ②仓库区域大时，搬运距离长	数量多、品种少的订单
播种式拣选	①订单数量大时，拣货效率高 ②拣货需要的总行走距离短，能增加单位时间内拣货数量	有些单一订单，会出现延迟拣货	相同品种多的订单

3. 复合式拣选

为了提升拣货的效率，避免错漏等问题影响生产，也会采用复合式拣选的方式来扬长避短。例如“摘果 + 播种式”，这种方式采用播种式进行订单需求汇总的方法，然后将需要的货物全部取出并放置于分拣区内，再根据实际需要领用的订单顺序进行拣选。这种方式结合了两种原始分拣方式的部分优点，多用于品种少、货物需求多的情况。还有一种比较常见的复合拣选方式就是“播种 + 播种式”，这种方式相对复杂，往往用于品种多、货物需求多的情况。

二、重型货架拣选流程

图 7-1 所示为 WMS 重型货架拣选流程图，可以分为两个阶段，第一个阶段是 WMS 出库，第二个阶段是用 RF 手持终端完成拣货。

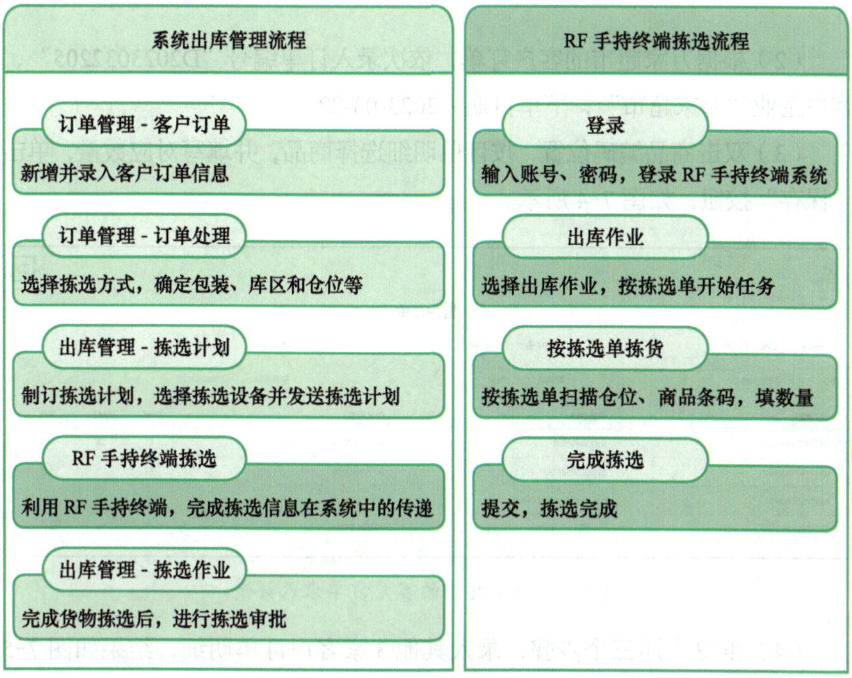

图 7-1　WMS 重型货架拣选流程图

任务实施

一、录入客户订单

（1）选择“订单管理”→“客户订单”进入客户订单页面，单击“新增”按钮（见图 7-2），进入客户订单录入界面（见图 7-3）。

订单录入示范

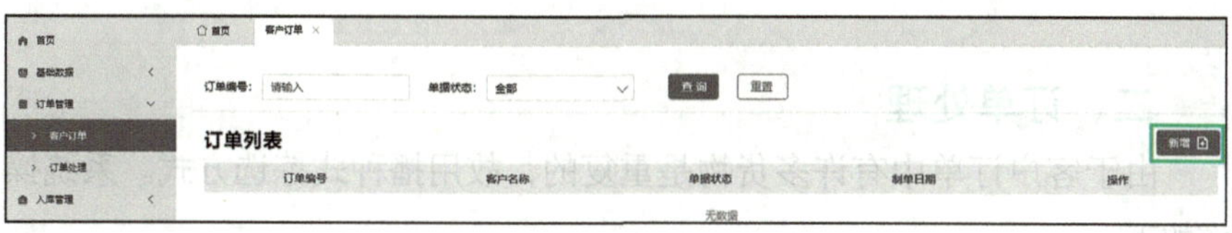

图 7-2　客户订单新增界面

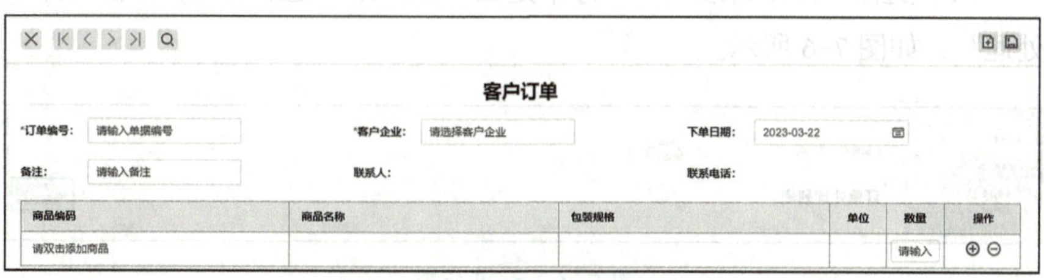

图 7-3　客户订单录入界面

（2）根据万家超市的客户订单，依次录入订单编号“D2023032205”、客户企业“万家超市”，下单日期“2023-03-22”。

（3）双击商品编码位置，按订单明细选择商品，并填写对应数量，单击“保存”按钮，如图 7-4 所示。

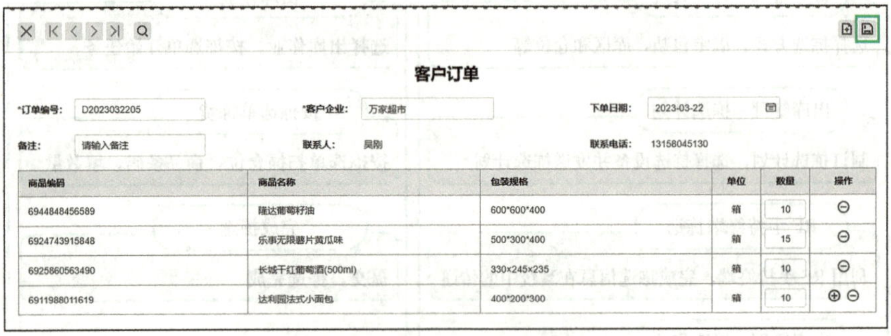

图 7-4　万家超市的客户订单录入详情

（4）重复上述三个步骤，录入其他 3 家客户订单明细，结果如图 7-5 所示，同时将 4 家客户订单打印出来备用。

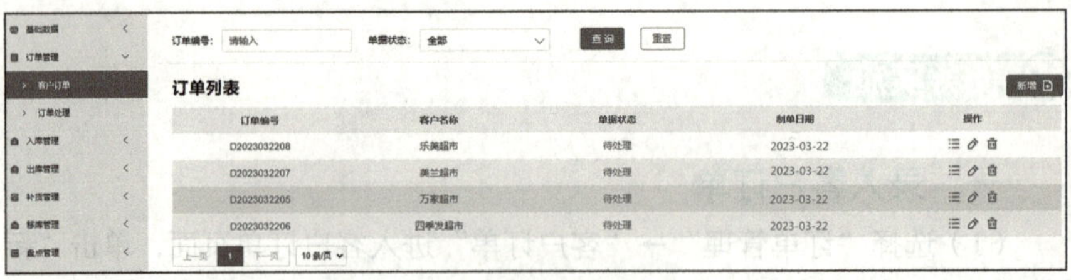

图 7-5　4 家客户订单录入结果图示

二、订单处理

由于客户订单中有许多货物是重复的，故用播种式拣选方式。系统操作如下：

（1）选择“订单管理”→“订单处理”进入订单处理页面，单击“订单处理”，如图 7-6 所示。

订单处理示范

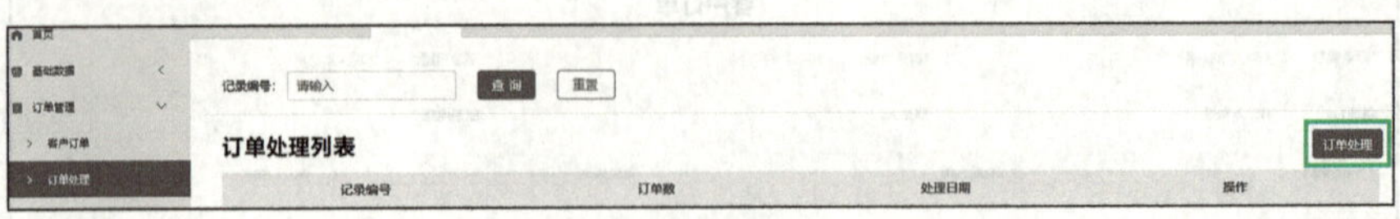

图 7-6　订单处理

（2）进入“选择订单”界面，将4家待处理订单选中，单击“下一步”，如图7-7所示，这个过程实现了订单合并。

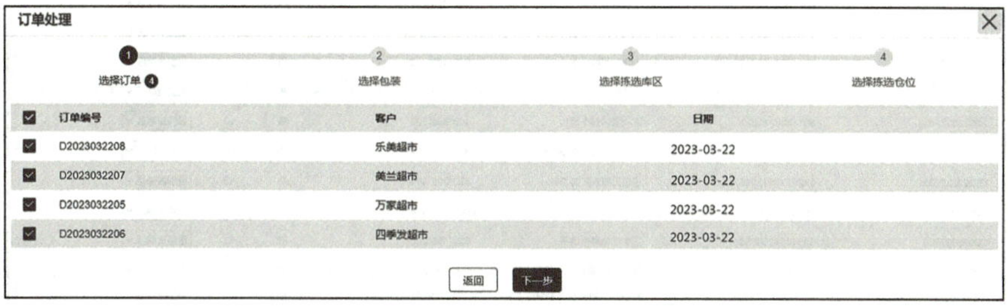

图7-7　订单处理—选择订单

（3）进入“选择包装”界面，如图7-8所示，包装单位默认都是“箱”，直接单击“下一步”。

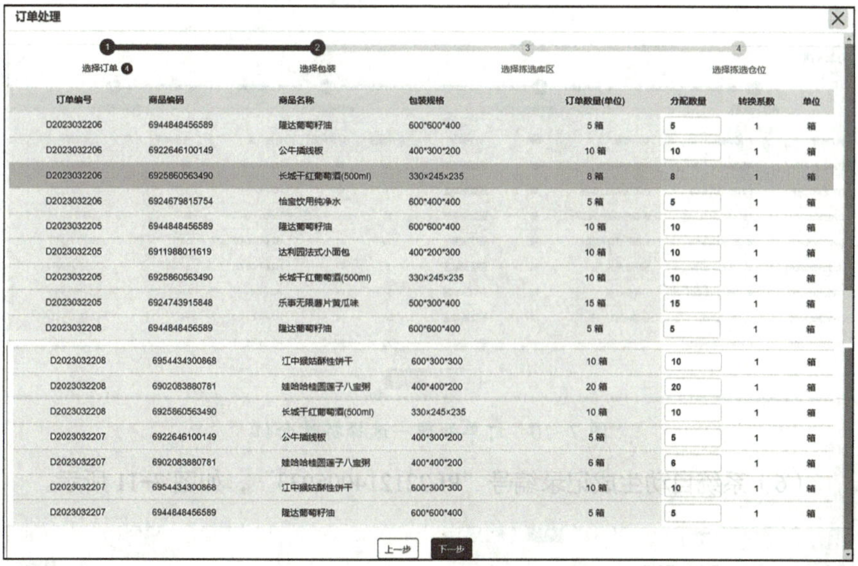

图7-8　订单处理—选择包装

（4）进入“选择拣选库区”界面，如图7-9所示，系统默认选择“重型货架区”，单击“下一步”。

（5）进入“选择拣选仓位”界面，如图7-10所示，系统根据库存数量自动分配仓位，如有需要，也可以更换各仓位的出库数量，初步检查无误后，单击“确认”。

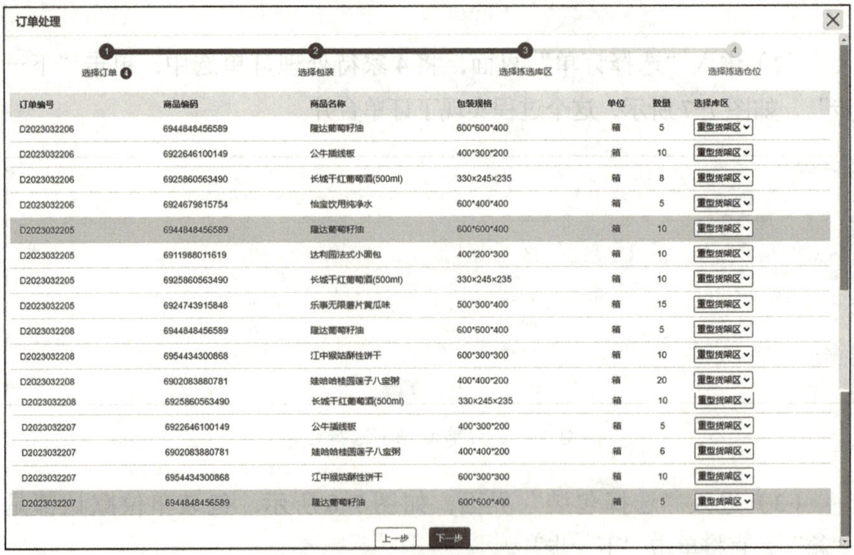

图 7-9 订单处理—选择拣选库区

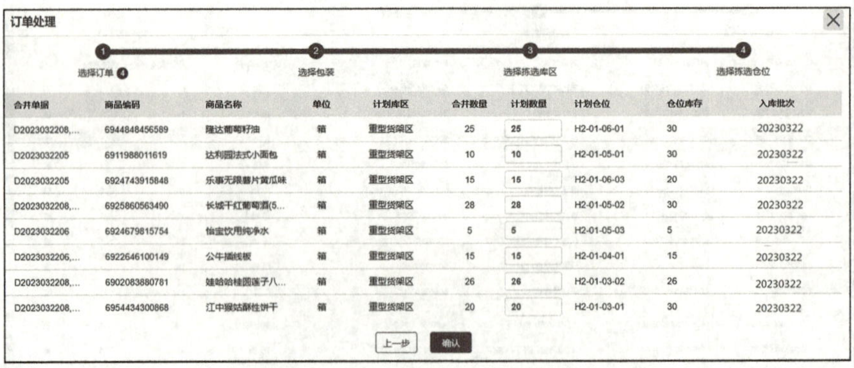

图 7-10 订单处理—选择拣选仓位

（6）系统自动生成记录编号“PL221214005933”，如图 7-11 所示。

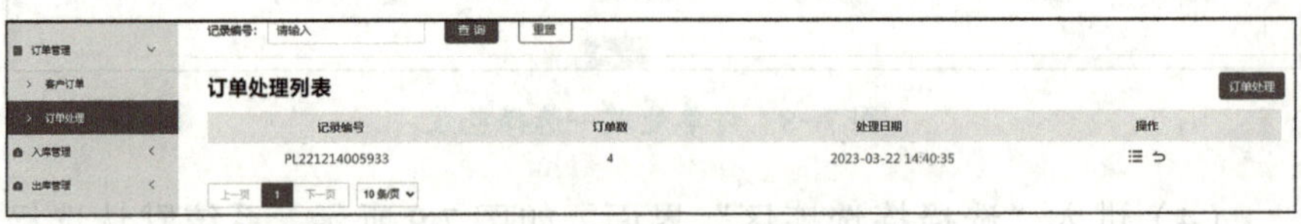

图 7-11 记录编号生成

三、制订拣选计划

制订拣选计划就是对计划出库的任务单进行出库任务分配。

（1）选择“出库管理”→“拣选计划”进入拣选计划列表页面，如图 7-12 所示，选中系统自动生成的拣选计划编号“CK221214005934”，然后在“选择设备类型”中选中“手持 OR 智能穿戴设备”，单击右侧的“发送作业”按钮，如图 7-13 所示。

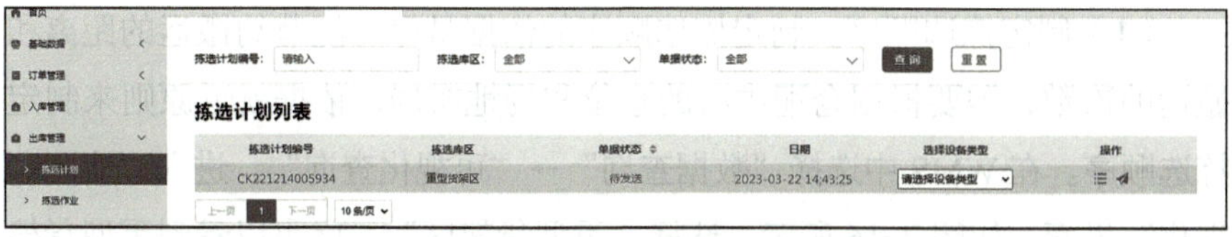

图 7-12　拣选计划列表

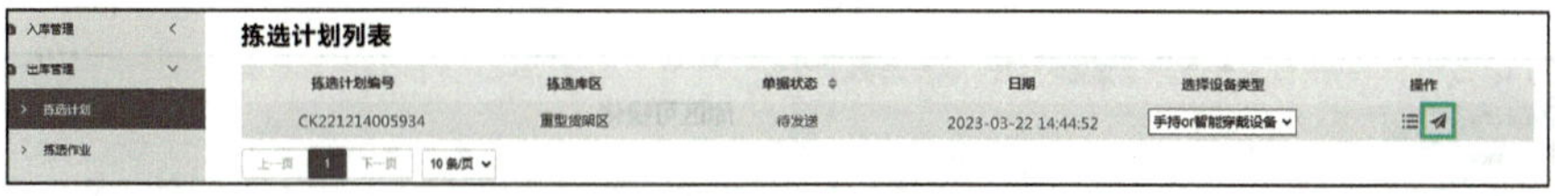

图 7-13　拣选计划发送图示

（2）拣选计划发送之后，拣选计划对应的单据状态从“待发送”变成“已发送”，如图 7-14 所示。

图 7-14　拣选计划状态图示

四、实施拣货作业

1. 打印拣选单

单击图 7-14 右侧“详情”按钮，可以查看该拣选计划单的拣选明细，如图 7-15 所示，单击右上角“打印”按钮，可将拣选计划单打印出来，以便根据拣选单拣选货物。

已发送

拣选计划单

库区名称：重型货架区　　日期：2023-03-22　　单据编号：CK221214005934

商品编码	商品名称	包装规格	单位	入库批次	计划库区	计划仓位	计划数量
6944848456589	隆达葡萄籽油	600*600*400	箱	20230322	重型货架区	H2-01-06-01	25
6911988011619	达利园法式小面包	400*200*300	箱	20230322	重型货架区	H2-01-05-01	10
6924743915848	乐事无限薯片黄瓜味	500*300*400	箱	20230322	重型货架区	H2-01-06-03	15
6925860563490	长城干红葡萄酒(500ml)	330×245×235	箱	20230322	重型货架区	H2-01-05-02	28
6924679815754	怡宝饮用纯净水	600*400*400	箱	20230322	重型货架区	H2-01-05-03	5
6922646100149	公牛插线板	400*300*200	箱	20230322	重型货架区	H2-01-04-01	15
6902083880781	娃哈哈桂圆莲子八宝粥	400*400*200	箱	20230322	重型货架区	H2-01-03-02	26
6954434300868	江中猴姑酥性饼干	600*300*300	箱	20230322	重型货架区	H2-01-03-01	20

制单人：马来

图 7-15　拣选单打印

2. 拣选货物

（1）制定拣选顺序。制定拣选顺序的依据是尽可能节约搬运的距离和搬运的次数，需要根据仓配中心的仓位和场地布局，依据就近原则来制定拣选顺序。在 WMS 中选择“数据查询”→“可视化查询”，进入“库区可视化”界面，如图 7-16 所示，选择“重型货架区”，就可以看到重型货架区货物对应仓位，图 7-17 所示。

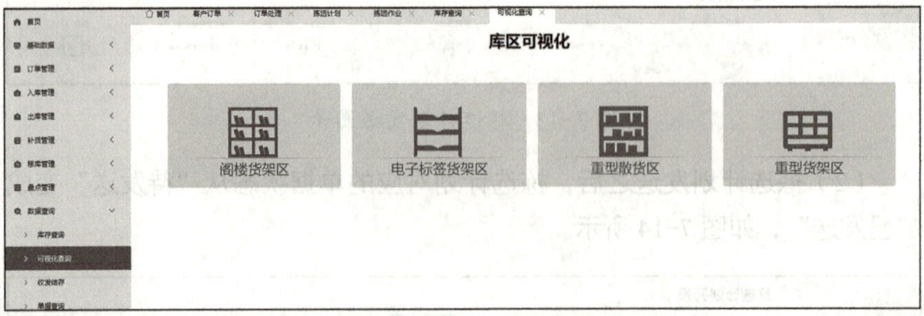

图 7-16　库区可视化图示

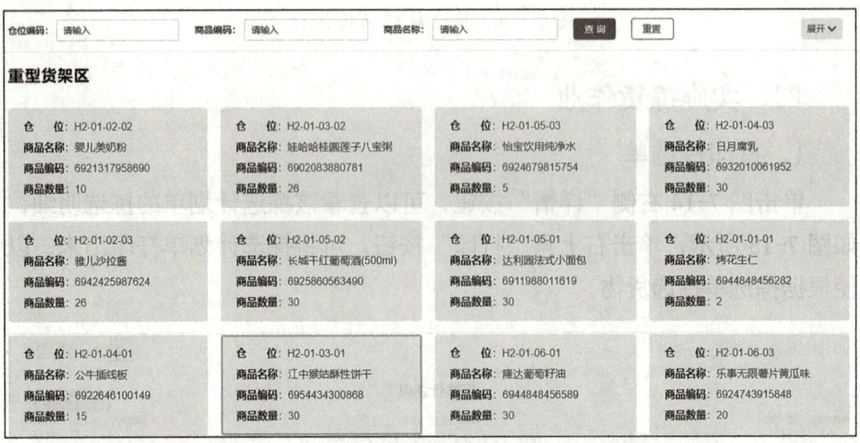

图 7-17　重型货架区货物对应仓位图示

因为本模块中的仓位都较为集中，所以，按照先拣第一层货物，再拣第二、第三层货物的顺序，或者直接按照就近原则进行拣选均可，本任务参考待出库货物数量与外包装箱尺寸，制定出待出库货物的拣选顺序，如表 7-7 所示。

表 7-7　拣选顺序表

序号	拣选货物	仓位	数量	合计	备注
1	娃哈哈桂圆莲子八宝粥	H2-01-03-02	26	26	
2	隆达葡萄籽油 达利园法式小面包	H2-01-06-01 H2-01-05-01	25 10	35	
3	长城干红葡萄酒	H2-01-05-02	28	28	
4	江中猴姑酥性饼干 公牛插线板	H2-01-03-01 H2-01-04-01	20 15	35	
5	怡宝饮用纯净水 乐事无限薯片黄瓜味	H2-01-05-03 H2-01-06-03	5 15	20	

（2）叉取周转托盘。可以用手拖液压式叉车叉取一个空托盘，作为周转托盘，也可以将库存的托盘进行释放后，作为周转托盘，如公牛插线板库存量只有 15 箱，合并后需要 15 箱，那么就可以将 H2-01-04-01 仓位的公牛插线板整个托盘叉取作为周转托盘使用。

出库按照拣选顺序进行货物拣选，第一层货物需要用叉车将其从仓位中叉取出来再拣选，第二层货物需要用堆高车将其下架后，再拣选至周转托盘上。为了避免遗漏，当货物拣选至周转托盘后，可以用笔在拣选单中进行标记。

3. RF 手持终端拣选

按照“先物流，后信息流”的原则，每拣选完一种货物，需要及时在 RF 手持终端中进行扫描录入。

RF 拣选

（1）用“1213”账号登录 RF 手持终端，在界面中选择“出库作业”，如图 7-18a 所示。

（2）在“出库作业—任务列表”中选择单号“CK221214005934”，点击“开始任务”，如图 7-18b 所示。

（3）进入“重型 / 轻型货架出库”界面，如图 7-18c 所示，分别扫描“仓位编码”和“商品编码”，并填写“商品数量”。例如，先拣选“娃哈哈桂圆莲子八宝粥”，那么用 RF 手持终端扫描仓位编码“H2-01-03-02”，接着扫描外包装箱编码“6902083880781”，数量填“26”，点击“拣选”。

（4）重复第三步，当所有货物都拣选完成后，点击“提交”。

注意：系统设定只能提交一次，在所有的货物没有拣选完之前，不能点“提交”，否则会导致部分货物在系统中不能继续拣选。每种货物在没拣选之前的类型是“计划”，拣选完之后的状态变成了“实操”，这也有助于分辨货物是否用 RF 手持终端做过拣选。

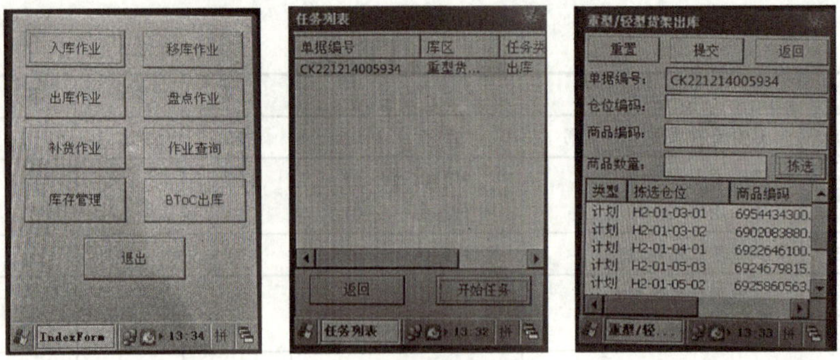

a）　　　　　　　　b）　　　　　　　　c）

图 7-18　RF 手持终端操作图示

a）选择“出库作业”　b）“开始任务”　c）扫描“仓位编码”和“商品编码”

4．拣选作业审批

当所有商品都完成了实物拣选和 WMS 拣选之后，应该在 WMS 中进行拣选审批，具体操作如下：选择“出库管理”→“拣选作业”，选中拣选单号“CK221214005934”，单击右侧“拣选审批”按钮（见图 7-19），进行拣选审批。在弹出的界面中，单击“确定”按钮（见图 7-20），完成拣选审批。

审批

提示：在拣选审批前，如果拣选出错，可以进行撤回，重新使用 RF 手持终端扫描拣选进行更正，但是一旦进行拣选审批，就不能进行修改了。

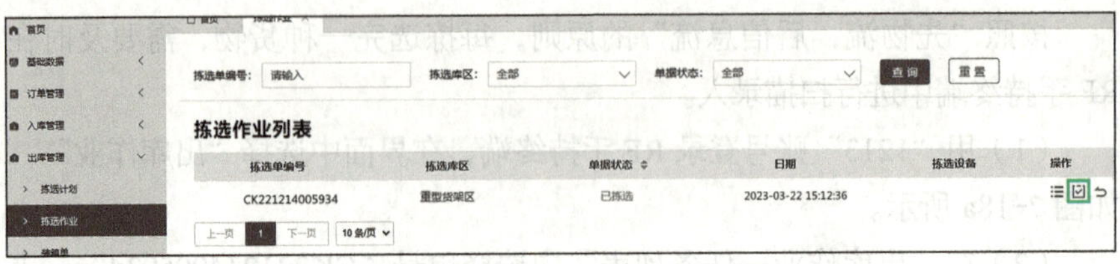

图 7-19　拣选审批图示

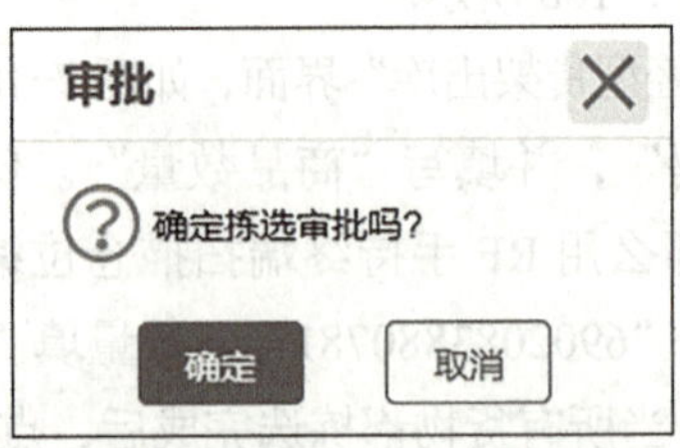

图 7-20　拣选审批确定

5．分播货物

根据前面已经打印好的客户订单，在月台进行分播货物。例如，周转托盘上的“江中猴姑酥性饼干”一共是 20 箱，根据客户订单，客户美兰超市和乐美超市各需要 10 箱，那么在月台上，美兰超市的位置应分播 10 箱，乐美超市的位置应分播 10 箱。直至将所有的货物都按客户订单分好，实现单货一致。

任务评价

对于该任务的完成情况，从职业素养和任务实施情况两个方面来制定评价标准，职业素养主要评价工作态度、操作水平、现场 6S 作业三个方面。任务实施情况的评价从客户订单信息录入、WMS 出库管理、仓配设备操作、货物分拣四个方面来进行。在上述评分标准的基础上，将任务实施的考核点细分，对练习和测试过程中的要点进行量化，从而形成重型货架拣选任务的任务实施评分表，如表 7-8 所示。

表 7-8 重型货架拣选任务个人评分表（课用）

任务实施人： 开始时间：

评分人： 完成时间：

评价内容	配分	评分标准		得分	超时扣分	备注
职业素养	20 分	工作态度	迅速细致（5 分）			
		操作水平	操作规范（10 分）			
		现场 6S 作业	整齐、整洁等（5 分）			
重型货架拣选	80 分	客户订单信息录入	订单信息录入迅速（5 分） 订单信息录入准确（10 分）			
		WMS 出库管理	WMS 系统应用熟练（10 分） 出库计划合理（5 分） 出库流程正确（5 分）			
		仓配设备操作	地牛操作规范（10 分） 堆高车操作规范安全（10 分） RF 手持终端操作规范迅速（10 分）			
		货物分拣	货物分拣迅速（5 分） 货物分拣准确（10 分）			
总分合计						

注：完成时限为 10 分钟，超时 1 分钟扣 10 分。

总结与反思

该任务主要从 WMS 出库和仓配中心货物出库两方面完成，体现了信息流和物流流转的过程，难点在于 WMS 的熟练应用。在出库过程中快速有效地处理碰到的问题，需要具备严谨细致的职业态度。认真回答下列问题，将有助于提升你的技能训练效果。你失分的主要原因是什么？你认为应该从哪些方面提高任务评分？请将你对该任务的总结与反思写在表 7-9 内。

表 7-9 重型货架拣选任务总结与反思表

班级		姓名	
任务完成时间		任务实施得分	
职业素养得分			
和你情况相符的请打√	□客户订单信息录入速度慢 □WMS 出库流程出错 □地牛操作不规范 □货物掉落 □其他______		□客户订单信息录入错误 □WMS 出库计划出错 □半电动堆高车操作慢 □货物分拣错误
失分原因			
改进方向			
给老师的建议			

任务巩固

一、知识内化

请对整个任务知识进行复习，将你认为正确的答案填在（　　）中。

1. 比较适合采用播种式进行拣选的是（　　）。
   A. 订单品种多，数量小，各订单中货物品种各不相同
   B. 订单品种少，每种数量大
   C. 订单品种多，数量小，各订单中相同品种多
   D. 订单品种少，每种数量小
2. 重型货架货物拣选作业中，不需要用到的设备是（　　）。
   A. 电子标签　　B. 手拖液压式叉车
   C. 堆高车　　D. RF 手持终端
3. 正确的重型货架货物出库流程是（　　）。
   A. 录入订单信息—制订出库计划—RF 手持终端拣选—货物拣选—货物分播
   B. 录入订单信息—制订出库计划—RF 手持终端拣选—RF 手持终端分播—货物拣选
   C. 录入订单信息—制订出库计划—货物拣选—RF 手持终端拣选—货物分播
   D. 录入订单信息—制订出库计划—货物拣选—货物分播—RF 手持终端拣选

4. 进行订单合并主要考虑的因素是（　　）。
   A. 各订单货物数量大　　B. 各订单相同货物多
   C. 各订单货物数量小　　D. 各订单相同货物少
5. 摘果式拣选的优点不包括（　　）。
   A. 拣货完成后无须分货　　B. 拣货品类多时，拣货效率高
   C. 订单延迟时间短　　D. 管理责任分明

二、学以致用

2023 年 4 月 25 日，A 公司物流仓配中心接到了 5 张客户订单，已经完成了客户订单有效性分析，因为库存充足，因此客户优先权也可不必进行分析。请根据客户订单，完成重型货架拣选作业，具体的客户订单如表 7-10 ～表 7-14 所示，并请同学对任务完成情况进行评价，将得分与超时扣分情况填入表 7-15。

表 7-10　宜家超市采购订单（整件货物）

订单编号：D2023042501
订单处理日期：2023-04-25　　货物配送日期：2023-04-27 之前

序号	商品名称	单位	单价 / 元	订购数量	金额 / 元	备注
1	乐事无限薯片黄瓜味	箱	500	10	5 000	
2	趣多多曲奇饼干	箱	100	15	1 500	
3	长城干红葡萄酒（500mL）	箱	500	10	5 000	
4	达利园法式小面包	箱	100	10	1 000	

表 7-11　百润超市采购订单（整件货物）

订单编号：D2023042502
订单处理日期：2023-04-25　　货物配送日期：2023-04-27 之前

序号	商品名称	单位	单价 / 元	订购数量	金额 / 元	备注
1	乐事无限薯片黄瓜味	箱	500	5	2 500	
2	公牛插线板	箱	1 000	10	10 000	
3	长城干红葡萄酒（500mL）	箱	500	8	4 000	
4	趣多多曲奇饼干	箱	400	5	2 000	

表 7-12　万合欢超市采购订单（整件货物）

订单编号：D2023042503
订单处理日期：2023-04-25　　货物配送日期：2023-04-27 之前

序号	商品名称	单位	单价 / 元	订购数量	金额 / 元	备注
1	达利园法式小面包	箱	50	20	1 000	
2	趣多多曲奇饼干	箱	400	10	4 000	
3	长城干红葡萄酒（500mL）	箱	500	5	2 500	
4	公牛插线板	箱	1 000	6	6 000	

表 7-13　乐美超市采购订单（整件货物）

订单编号：D2023042504

订单处理日期：2023-04-25　　　　货物配送日期：2023-04-27 之前

序号	商品名称	单位	单价 / 元	订购数量	金额 / 元	备注
1	公牛插线板	箱	1 000	6	6 000	
2	趣多多曲奇饼干	箱	400	6	2 400	
3	乐事无限薯片黄瓜味	箱	500	8	4 000	
4	长城干红葡萄酒（500mL）	箱	500	10	5 000	

表 7-14　天之蓝超市采购订单（整件货物）

订单编号：D2023042505

订单处理日期：2023-04-25　　　　货物配送日期：2023-04-27 之前

序号	商品名称	单位	单价 / 元	订购数量	金额 / 元	备注
1	公牛插线板	箱	1 000	8	8 000	
2	长城干红葡萄酒（500mL）	箱	500	5	2 500	
3	达利园法式小面包	箱	50	5	250	
4	趣多多曲奇饼干	箱	400	10	4 000	

表 7-15　重型货架拣选任务个人评分表（练习用）

任务实施人：　　　　开始时间：

评分人：　　　　完成时间：

<table>
<tr><th>评价内容</th><th>配分</th><th colspan="2">评分标准</th><th>得分</th><th>超时扣分</th><th>备注</th></tr>
<tr><td rowspan="3">职业素养</td><td rowspan="3">20 分</td><td>工作态度</td><td>迅速细致（5 分）</td><td></td><td rowspan="3"></td><td rowspan="3"></td></tr>
<tr><td>操作水平</td><td>操作规范（10 分）</td><td></td></tr>
<tr><td>现场 6S 作业</td><td>整齐、整洁（5 分）</td><td></td></tr>
<tr><td rowspan="4">重型货架拣选</td><td rowspan="4">80 分</td><td>客户订单信息录入</td><td>订单信息录入迅速（5 分）
订单信息录入准确（10 分）</td><td></td><td rowspan="4"></td><td rowspan="4"></td></tr>
<tr><td>WMS 出库管理</td><td>WMS 应用熟练（10 分）
出库计划合理（5 分）
出库流程正确（5 分）</td><td></td></tr>
<tr><td>仓配设备操作</td><td>地牛操作规范安全（10 分）
堆高车操作规范安全（10 分）
RF 手持终端操作规范迅速（10 分）</td><td></td></tr>
<tr><td>货物分拣</td><td>货物分拣迅速（5 分）
货物分拣准确（10 分）</td><td></td></tr>
<tr><td colspan="4">总分合计</td><td></td><td></td><td></td></tr>
</table>

注：完成时限为 10 分钟，超时 1 分钟扣 10 分。

任务二 智慧拣选：电子标签货架与阁楼式货架拣选

学习目标

1. 够归纳电子标签货架拣选流程。
2. 能够完成重型货架散货拣选。
3. 能够完成阁楼式 BtoC 播种。

作业标准

1. 任务标准：任务评分表得分 80 分以上。
2. 任务限时：8 分钟 / 人。
3. 职业素养：迅速细致、操作规范、现场 6S 作业。

任务准备

一、认识电子标签货架

电子标签货架是指在轻型货架或流利式货架上面安装拣货电子标签（电子显示装置），通过电子标签来显示拣货的位置与数量。图 7-21 为电子标签货架。

图 7-21 电子标签货架图示

电子标签拣货系统是一种辅助的无纸化拣货系统，其原理是借助安装在货架上每一个货位的电子标签取代拣货单，利用计算机程序将订单信息传输到电子标签中，引导拣货人员正确、快速、轻松地完成拣货工作。

电子标签拣货系统是采用电子技术和通信技术开发而成的产品，通常使用在货物分拣和仓储环节，具有效率高、差错率低的特点，与 WMS 一起构成智能存储管理系统。

电子标签拣货系统一般包括基站、服务器、信息管理系统以及控制器，常见的拣货电子标签有的可以显示中文，有的单纯显示数字，如图 7-22 所示。

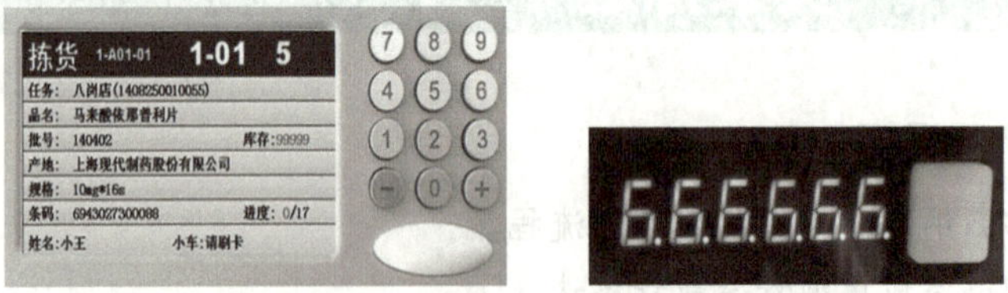

图 7-22　中文显示电子标签（左）和数字显示电子标签（右）

二、认识阁楼式货架

阁楼式货架是指在已有的工作场地或货架上建一个中间阁楼，以增加存储空间。阁楼式货架可做成二层或三层阁楼，宜存取一些多品种、大批量或多品种、小批量的轻泡及中小件货物，适合人工存取货物。货物通常由叉车、液压升降台或货梯送至二楼、三楼，再由轻型小车或液压托盘车送至某一位置。

阁楼式货架分为阁楼货架、阁楼平台和悬臂式阁楼货架三种类型（如图 7-23 所示），不同类型的结构和适用的存储场景不同。

1. 阁楼货架

很多仓库都使用阁楼货架存货，它由中型搁板式货架或重型搁板式货架作为阁楼平台支撑。货架上层下层都可以用于货物存取。

2. 阁楼平台

阁楼平台又称立柱式阁楼货架，它由几根立柱来支撑楼面平台，立柱之间形成了比较大的存储空间，可以随意放置货物，使用起来比较灵活。

3. 悬臂式阁楼货架

在阁楼系统的底层用悬臂式货架作为楼面平台的支撑介质，同时，悬臂货架也起到存储相应货物的作用，可以说是一举两得。悬臂式阁楼货架样式比较特殊，在五金、板材等仓库中应用比较多，适合存储管材、板材等长形货物。

图 7-23　阁楼货架、阁楼平台和悬臂式阁楼货架图示（从左至右）

任务派发

2023 年 3 月 22 日上午 10:00，A 公司物流仓配中心接到了 5 张客户订单，分别是万家超市、四季发超市、美兰超市、乐美超市和兴云超市，经过前面的订单有效性分析和客户优先权分析，已经判断兴云超市订单无效，并对有效订单进行了库存分配。按照正常的流程，应该是将所有的客户订单一起录入 WMS 中，一起分拣出库，但是李遥为了让李小白更好地理解分拣出库作业流程，将重型货架的整件货物和零散件货物分开拣选，表 7-16 ～表 7-18 是经整理过的零散件货物客户订单。

表 7-16　万家超市采购订单（零散件货物）

订单编号：D2023032201

订单处理日期：2023-03-22　　　　货物配送日期：2023-03-23 之前

序号	商品名称	单位	单价 / 元	订购数量	金额 / 元	备注
1	得力中性台笔	盒	50	2	100	
2	大华文具快干印台	个	10	3	30	
3	冰露包装饮用水（550mL）	瓶	3	3	9	

表 7-17　四季发超市采购订单（零散件货物）

订单编号：D2023032202

订单处理日期：2023-03-22　　　　货物配送日期：2023-03-23 之前

序号	商品名称	单位	单价 / 元	订购数量	金额 / 元	备注
1	得力中性台笔	盒	50	2	100	
2	沐之韵洗发露	瓶	50	5	250	
3	奥德美状元满屋答题卡铅笔	支	5	2	10	

表 7-18　美兰超市采购订单（零散件货物）

订单编号：D2023032203

订单处理日期：2023-03-22　　　　货物配送日期：2023-03-23 之前

序号	商品名称	单位	单价 / 元	订购数量	金额 / 元	备注
1	得力中性台笔	盒	50	3	150	
2	沐之韵洗发露	瓶	50	2	100	
3	冰露包装饮用水（550mL）	瓶	3	4	12	

一、作业要求

（1）快速准确地录入客户订单信息（零散件货物）。

（2）正确选择拣选方式。

（3）快速完成 WMS 拣选出库。

（4）快速规范地完成实物拣选出库。

二、实施条件

基本实施条件如表 7-19 所示。

表 7-19　基本实施条件

项目	基本实施条件	备注
场地	仓库 1 个，面积不小于 $200m^2$，要求照明通风良好	必备
设备	激光打印机 1 台、仓储管理系统（WMS）1 套、计算机 1 台以上、电子标签拣选系统、RF 手持终端、台车系统等	必备
工具	纸箱 50 个以上、托盘若干、条码标签若干	必备

知识储备

一、电子标签拣选的优势

电子标签拣选凭借其弹性的拣货流程控制、实时订单处理与现场控制、投资回报率高等特点，为无数中小企业所青睐。在电子标签拣选的实际使用中，包含“摘果式”和“播种式”两种拣货方式。

与传统的纸张拣货单方式相比，电子标签拣选具有极大的优势，具体如下：

1. 解放双手，无纸化作业

无须持有设备和纸张，员工不再受打印出库单、分拣单等纸质单据的困扰，既简化了流程，缩短了作业时间，又避免了纸张的浪费，环保高效。

2. 提升拣货效率

一般来说，作业人员在拣货时，往往在品种核对以及库位寻找与核对上花费较多的时间，电子标签拣选系统凭借库位直观的信息显示和路径优化，可以省去时间上不必要的花费，大大减少作业人员的行走距离，提升拣货效率。

3. 增加拣货的准确率

准确高效的拣货方式可以提升企业在客户心目中的品牌形象，拣货的准确率是管理者评判拣选好坏的一项重要指标。拣货准确率与拣货员的劳动强度和专注度息息相关。电子标签拣选系统可以降低拣货的劳动强度、减少作业人员思考判断的时间，使作业人员可以始终保持较高的工作效率。

4. 降低培训和人工成本

电子标签拣选系统让拣选作业变得更加简单，大幅降低了企业员工培训成本，非专职人员也可以胜任。拣货效率的提升也降低了企业人工成本。

5. 可追溯性和记录工作量

电子标签上唯一的 RFID 地址与工作人员绑定，使订单具有可追溯性，能够对人员进行量化考核。电子标签拣选提升了企业在拣选时的作业效率、降低了管理成本。

二、电子标签货架拣选流程

电子标签货架拣选流程如下：

（1）在 WMS 中录入客户订单信息。和重型货架整件货物出库一样，在“订单管理”→“客户订单”中录入客户订单信息，并在“订单管理”→“订单处理”中进行订单处理。

（2）在 WMS 中制订拣选计划，在“出库管理”→“拣选计划”界面发送拣货作业。（流程和重型货架区订单处理一致）

（3）绑定周转箱。发送完成后，每家客户绑定一个周转箱，该客户的货物将放入该周转箱内。

（4）拣选信号发送。

（5）在电子标签货架传送带前，用 RF 手持终端扫描已绑定的周转箱条码，电子标签货架亮灯。

（6）按从上至下、从左往右的顺序，根据标签显示的位置和数量依次拣选，并将货物放入周转箱，相应位置拣选完成后手动按钮灭灯。

（7）核对装箱单，进行打包装箱，并放入对应客户所在月台位置。

任务实施

一、电子标签货架拣选

1. 录入客户订单信息

选择“订单管理”→“客户订单”，进入客户订单页面，依次录入任务中的 3 家客户订单信息，图 7-24 为万家超市客户订单（零散件）录入图示，图 7-25 为 3 家客户订单（零散件）汇总图示。

客户订单

*订单编号：D2023032201　*客户企业：万家超市　下单日期：2023-03-22

备注：请输入备注　联系人：高泽　联系电话：13158045130

商品编码	商品名称	包装规格	单位	数量	操作
6921734967916	得力中性台笔	0.5mm	盒	2	⊖
6943381700081	大华文具快干印台	82mm	个	3	⊖
6954767470573	冰露包装饮用水550ml	550ml	瓶	2	⊕ ⊖

图 7-24　万家超市客户订单（零散件）录入图示

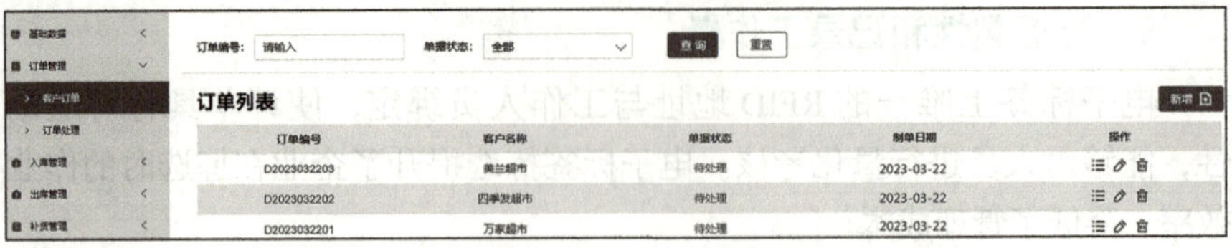

图 7-25　3 家客户订单（零散件）汇总图示

2. 订单处理

零散件的订单处理流程与前文重型货架区订单处理一致。

（1）选择“订单管理”→“订单处理”，进入订单处理界面，单击“订单处理”。

（2）完成“选择订单”，将三家客户订单选中，单击“下一步”，如图 7-26 所示。

（3）完成“选择包装”，系统自动选择，单击“下一步”，如图 7-27 所示。

（4）完成“选择拣选库区”，系统自动选择，单击“下一步”，如图 7-28 所示。

（5）完成“选择拣选仓位”，系统自动选择，单击“确认”，如图 7-29 所示。确认后系统自动生成拣选计划编号。

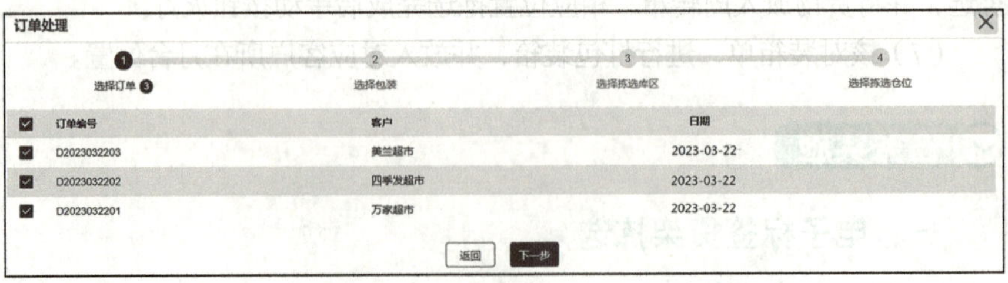

图 7-26　订单处理—选择订单

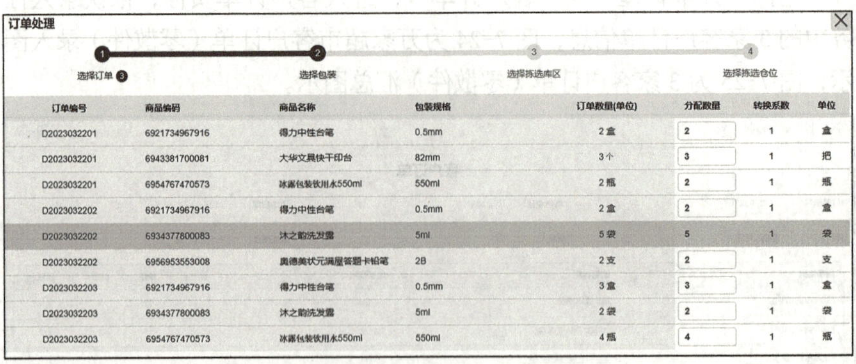

图 7-27　订单处理—选择包装

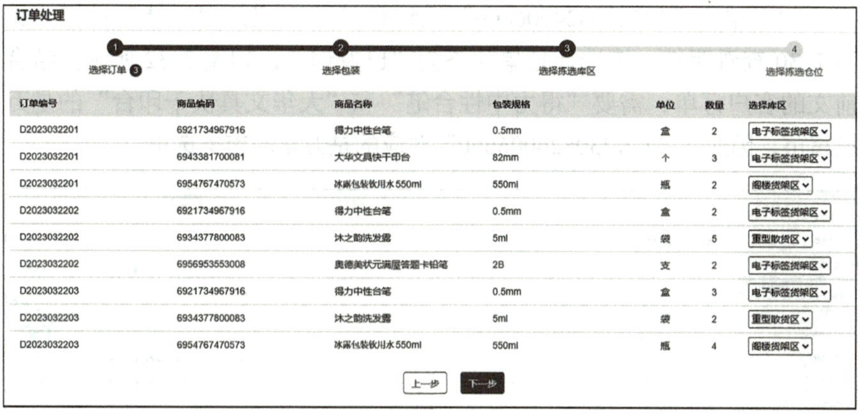
订单处理

选择订单 3　选择包装　选择拣选库区　选择拣选仓位

订单编号	商品编码	商品名称	包装规格	单位	数量	选择库区
D2023032201	6921734967916	得力中性台笔	0.5mm	盒	2	电子标签货架区
D2023032201	6943381700081	大华文具快干印台	82mm	个	3	电子标签货架区
D2023032201	6954767470573	冰露包装饮用水 550ml	550ml	瓶	2	阁楼货架区
D2023032202	6921734967916	得力中性台笔	0.5mm	盒	2	电子标签货架区
D2023032202	6934377800083	沐之韵洗发露	5ml	袋	5	重型散货区
D2023032202	6956953553008	奥德美状元满屋答题卡铅笔	2B	支	2	电子标签货架区
D2023032203	6921734967916	得力中性台笔	0.5mm	盒	3	电子标签货架区
D2023032203	6934377800083	沐之韵洗发露	5ml	袋	2	重型散货区
D2023032203	6954767470573	冰露包装饮用水 550ml	550ml	瓶	4	阁楼货架区

上一步　下一步

图 7-28　订单处理—选择拣选库区

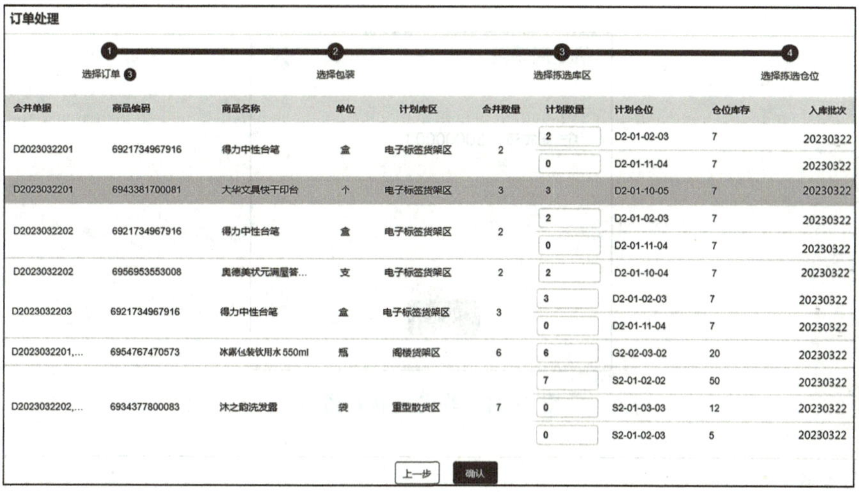
订单处理

选择订单 3　选择包装　选择拣选库区　选择拣选仓位

合并单据	商品编码	商品名称	单位	计划库区	合并数量	计划数量	计划仓位	仓位库存	入库批次
D2023032201	6921734967916	得力中性台笔	盒	电子标签货架区	2	2	D2-01-02-03	7	20230322
						0	D2-01-11-04	7	20230322
D2023032201	6943381700081	大华文具快干印台	个	电子标签货架区	3	3	D2-01-10-05	7	20230322
D2023032202	6921734967916	得力中性台笔	盒	电子标签货架区	2	2	D2-01-02-03	7	20230322
						0	D2-01-11-04	7	20230322
D2023032202	6956953553008	奥德美状元满屋答...	支	电子标签货架区	2	2	D2-01-10-04	7	20230322
D2023032203	6921734967916	得力中性台笔	盒	电子标签货架区	3	3	D2-01-02-03	7	20230322
						0	D2-01-11-04	7	20230322
D2023032201,...	6954767470573	冰露包装饮用水 550ml	瓶	阁楼货架区	6	6	G2-02-03-02	20	20230322
D2023032202,...	6934377800083	沐之韵洗发露	袋	重型散货区	7	7	S2-01-02-02	50	20230322
						0	S2-01-03-03	12	20230322
						0	S2-01-02-03	5	20230322

上一步　确认

图 7-29　订单处理—选择拣选仓位

3. 制订拣选计划

选择“出库管理”→“拣选计划”，进入“拣选计划列表”界面，如图 7-30 所示。

（1）电子标签货架区自动生成三个拣选计划，首先选中拣选计划“CK230824006660”，单击右侧的“发送”按钮。

（2）在单击“发送”后，将会弹出“绑定周转箱”界面，如图 7-31 所示，因为电子标签货架区需要绑定周转箱后才能发送成功，可以任选系统内置的周转箱编码进行绑定，该拣选计划选择的是“50000003”。再次单击“发送”，会显示发送成功。

（3）重复上述两步，依次将拣选计划编号“CK230824006661”“CK230824006662”绑定周转箱，并发送成功。

（4）单击“CK230824006660”拣选计划单对应的“详情”按钮，见图 7-30 查看明细，拣选计划单状态为“已发送”，如图 7-32 所示。结合前文的客户订单，需要“得力中性台笔”和“大华文具快干印台”的是万家超市，因此，“CK230824006660”对应的是万家超市拣选单。

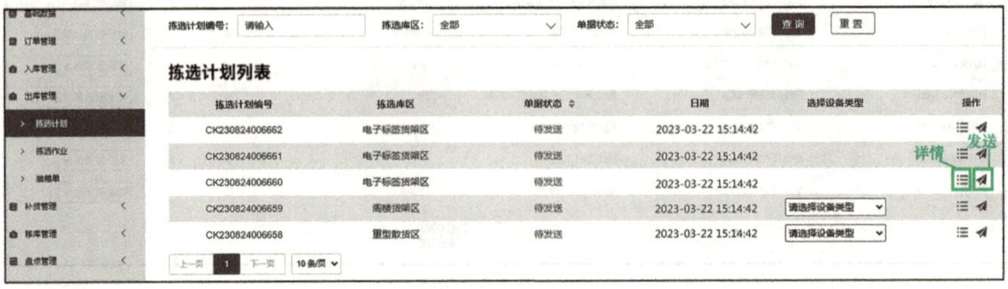

图 7-30　零散件拣选计划列表图示

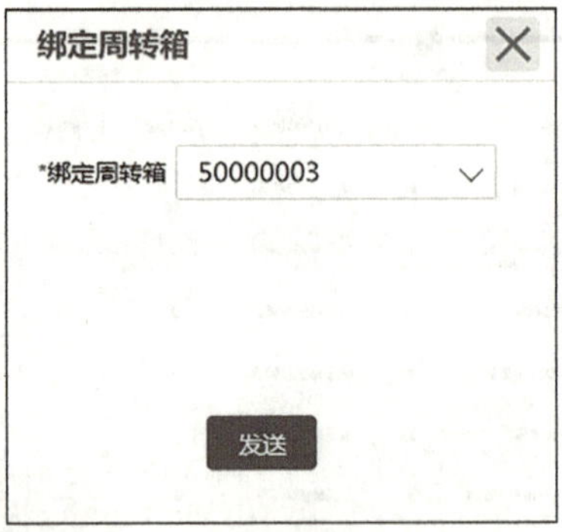

图 7-31　绑定周转箱图示

图 7-32　万家超市电子标签货架区拣选计划单明细

4. 电子标签拣选

（1）登录 RF 手持终端系统，点击“出库作业”，选中拣选计划单号“CK230824006660”，点击“开始任务”，如图 7-33 所示。

（2）在电子标签附近，找到编号为“50000003”的周转箱。在弹出的“电子标签立库出库”界面，用 RF 手持终端扫描周转箱编号“50000003”，如图 7-34 所示，点击“开始作业”，信号发送至电子标签货架。

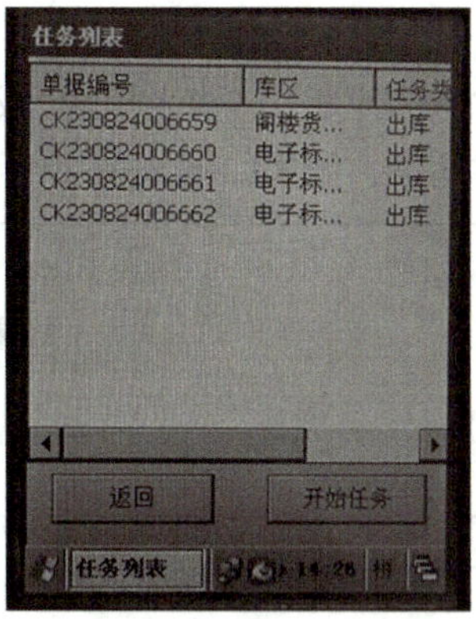

图 7-33　出库作业—任务列表

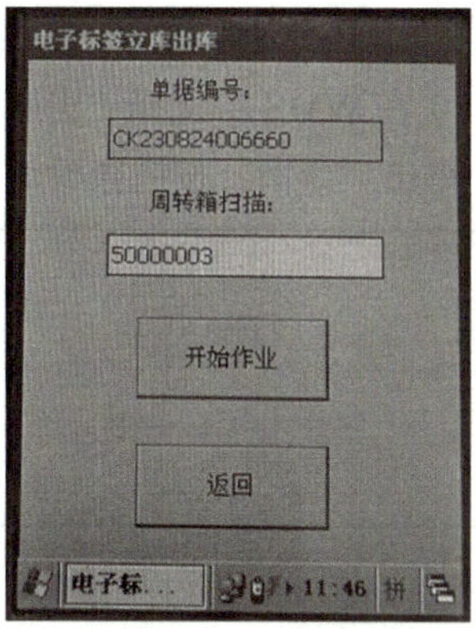

图 7-34　电子标签扫描周转箱图示

电子标签拣选示范

5. 电子标签拣货

周转箱一般放在电子标签货架传送带附近，在扫描周转箱上对应的条码之后，电子标签拣选系统将在指定的仓位亮灯，按从上至下，从左往右的顺序，拣选作业单号“CK230824006660”对应的货物。仓位“D2-01-02-03”亮灯，显示数量为“2”，根据标签显示的位置拣选 2 盒“得力中性台笔”，并将货物放入周转箱，拣选完成后手动按钮灭灯；仓位“D2-01-10-05”亮灯，显示数量为“3”，拣选 3 个“大华文具快干印台”，放入周转箱内，拣选完成后手动按钮灭灯。选择“出库管理”→“拣选作业”，打印装箱单，将装箱单和周转箱中的货物进行核对，并将货物放入万家超市的物流箱中，然后放入对应客户所在月台位置。

6. 重复拣选

选择“出库管理”→“拣选作业”，重复上述第 4 步和第 5 步，完成另外两个拣选单的电子标签拣选。

7. 拣选审批

选择“出库管理”→“拣选作业”，在拣选作业列表中依次选中对应的拣选单号，单击右侧的“拣选审批”按钮，依次对电子标签货架区的三个拣选作业“CK230824006660”“CK230824006661”“CK230824006662”进行审批，如图 7-35 所示。

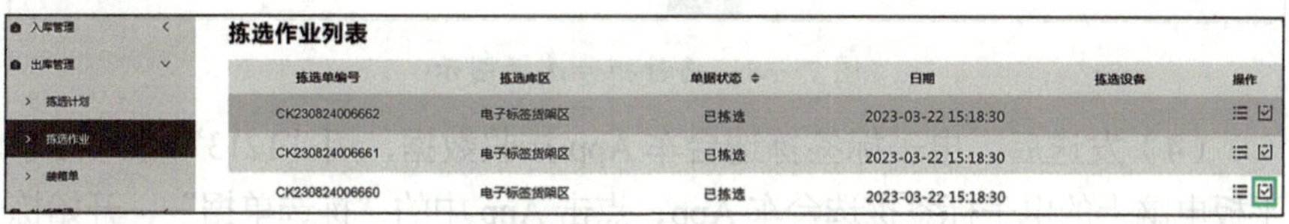

图 7-35　拣选审批图示

二、重型货架散货拣选

（1）在 WMS 中选择“出库管理”→“拣选计划”，进入拣选计划列表界面，单击“详情”按钮查看该拣选计划单明细，结果如图 7-36 所示。

待发送

拣选计划单

库区名称：重型散货区　　日期：2023-03-22　　单据编号：CK230824006658

商品编码	商品名称	包装规格	单位	入库批次	计划库区	计划仓位	计划数量
6934377800083	沐之韵洗发露	5ml	袋	20230322	重型散货区	S2-01-02-02	7

制单人：马来

图 7-36　重型散货区拣选计划单明细图示

（2）在“拣选计划列表”界面，编号“CK230824006658”对应的“选择设备类型”处，在下拉框中选择“电子拣选台车”，然后单击右侧的“发送”按钮，如图 7-37 所示。

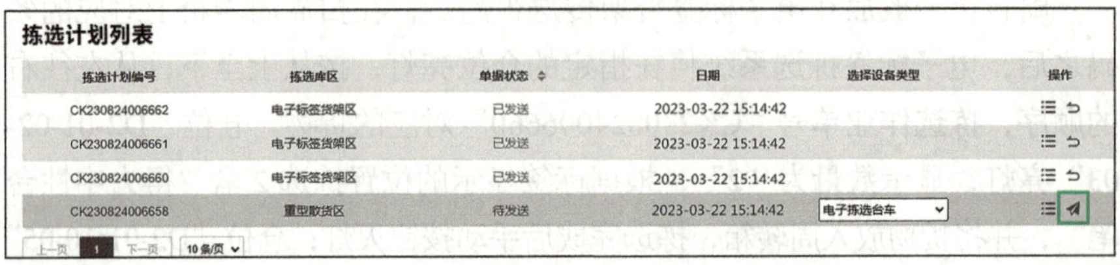

拣选计划列表

拣选计划编号	拣选库区	单据状态	日期	选择设备类型	操作
CK230824006662	电子标签货架区	已发送	2023-03-22 15:14:42		
CK230824006661	电子标签货架区	已发送	2023-03-22 15:14:42		
CK230824006660	电子标签货架区	已发送	2023-03-22 15:14:42		
CK230824006658	重型散货区	待发送	2023-03-22 15:14:42	电子拣选台车	

上一页　1　下一页　10 条/页

图 7-37　重型散货区拣选计划发送图示

（3）在弹出的界面中，进行播种柜号选择，播种柜号代表的是电子拣选台车中的仓位，将客户订单与拣货台车中的仓位进行对应，代表该订单的货品要被播种到这个仓位。电子拣选台车播种柜号的编码规则和重型货架区的仓位编码规则类似，依次按列和层来编号，图 7-38 中，四季发超市的播种柜号为“01-01-02-03”，对应的是电子拣选台车第二列第三层的柜号，美兰超市的播种柜号为“01-01-03-03”，对应的是电子拣选台车第三列第三层的柜号。播种柜号选择完成后，单击下方的“发送”按钮。

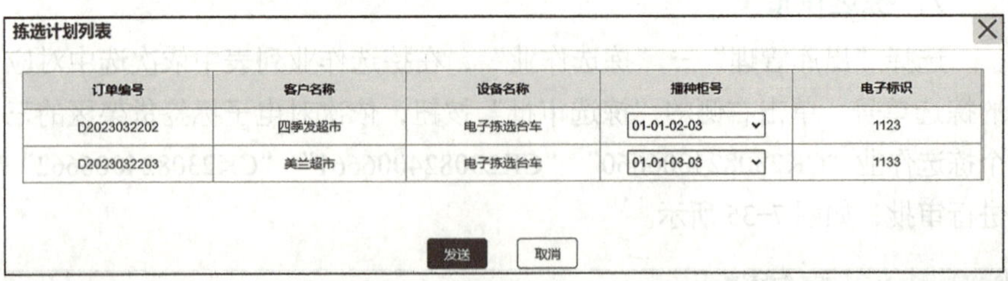

拣选计划列表

订单编号	客户名称	设备名称	播种柜号	电子标识
D2023032202	四季发超市	电子拣选台车	01-01-02-03	1123
D2023032203	美兰超市	电子拣选台车	01-01-03-03	1133

发送　取消

图 7-38　播种柜号选择图示

（4）发送后，电子标签拣选台车 App 接收数据，用“1213”账号登录平板电脑上的电子标签拣选台车 App，点击 App 中的“拣选单据”，开始拣选。扫描“沐之韵洗发露”商品条码，将商品拣选到台车位，“01-01-02-03”

台车系统操作示范

和“01-01-03-03”柜位会亮灯，并分别显示数量“5”和“2”，将重型货架散货区的“沐之韵洗发露”分别拣选5瓶和2瓶放置在对应的“01-01-02-03”和“01-01-03-03”柜位，拣选完毕，将台车指示灯按灭，刷新电子标签拣选台车App，商品状态从“待拣选”选变为“已拣选”。

重型散货拣选示范

（5）选择“出库管理”→“拣选作业”，在拣选作业列表中选中“CK230824006658”，单击右侧的“拣选审批”按钮，完成拣选审批。（和电子标签一致）

如果有几种商品待拣，就需要重复上面的步骤，回到WMS中，打印封箱单，可以将电子拣选台车和电子标签货架上的货按客户合并一起封箱。

三、阁楼式货架拣选

（1）在WMS中选择“出库管理”→“拣选计划”，进入拣选计划列表界面，单击“详情”按钮查看该拣选计划单明细，结果如图7-39所示。

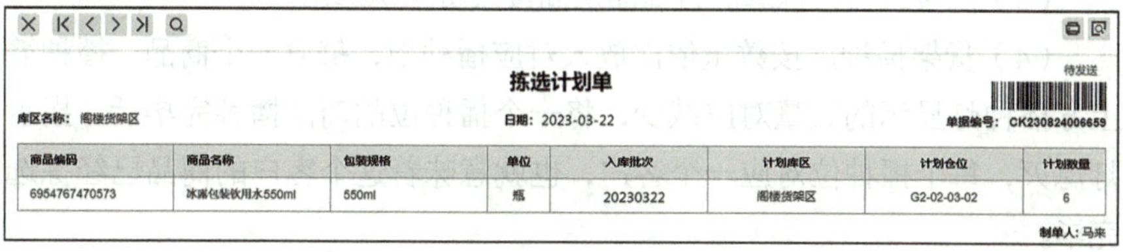

拣选计划单

待发送

库区名称：阁楼货架区　日期：2023-03-22　单据编号：CK230824006659

商品编码	商品名称	包装规格	单位	入库批次	计划库区	计划仓位	计划数量
6954767470573	冰露包装饮用水550ml	550ml	瓶	20230322	阁楼货架区	G2-02-03-02	6

制单人：马来

图7-39　阁楼货架区拣选计划单明细图示

（2）在“拣选计划列表”界面中，阁楼式货架编号“CK230824006659”对应的“选择设备类型”处，在下拉框选中“B2C电子标签”，然后单击右侧的“发送”按钮。

（3）登录RF手持终端，选择“出库作业”，选择阁楼货架拣货作业单号“CK230824006659”，点击“开始任务”，将会弹出“重型/轻型货架出库”界面，如图7-40所示。

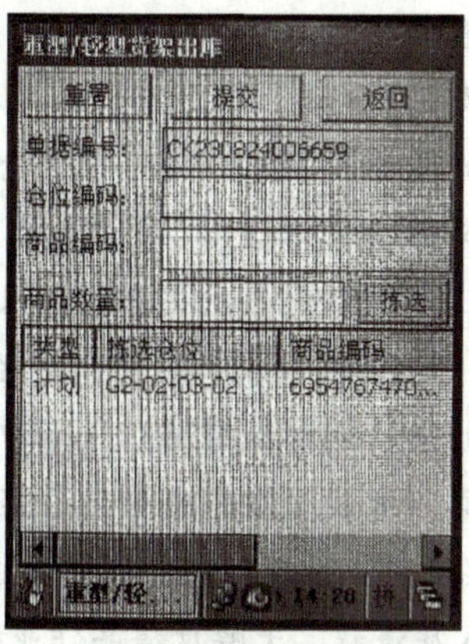

图7-40　重型/轻型货架出库界面图示

阁楼 RF 操作示范

（4）用 RF 手持终端扫描仓位编码“G2-02-03-02”，扫描冰露包装饮用水（550mL）商品编码“6954767470573”，数量“6”瓶，点击“拣选”，再点“提交”。（操作流程和重型货架整件货物 RF 出库流程一致）

（5）在 WMS 中，选择“出库管理”→“拣选作业”，在拣选作业列表中选中单号“CK230824006659”，进行拣选审批。（操作和重型货架拣选审批一致）

四、阁楼式货架对 BtoC 货架播种流程

（1）单据条码扫描。用 BtoC 播种墙前的扫描头扫描单据条码，巷道灯亮起，播种墙上方的中文汇总标签亮起并显示商品总数目。

（2）商品条码扫描。扫描待播种的商品条码，BtoC 播种墙前方播种灯变亮并且显示该商品的播种数量。

（3）阁楼式货架拣选。将商品从阁楼式货架拣选出。

（4）货架播种。按数量依次放入对应播种柜，每放一个商品，播种墙上方播种灯显示的数量对应减少，将一个播种位的商品播种完毕后，指示灯熄灭，每个播种位对应一个客户，也就意味着这个客户的商品已经拣选完毕。

（5）再扫描下一个商品条码，重复第（2）～（4）步，当一个播种位的所有商品全部播种完毕后，背后的完成灯亮起。

（6）灭灯。单据上所有的货物播种完毕，将背后的完成灯按灭，巷道灯随之熄灭，播种完毕。

职业素养 创新

“创新是第一动力”，古往今来，热衷于创新和发明的工匠们一直是世界科技进步的重要推动力量。在仓储业，机械化、智能化、自动化的设施设备近年来不断涌现，如苏宁的无人仓，以 AGV 系统为核心载体，以自主研发的设备控制与调度平台为仓库的大脑，结合无人叉车、无人包装机、机械臂等无人设备，当接到用户下单信号之后，“无人军团”便开始作业，借助视觉导航技术的无人叉车，可将货物精准上架接驳区；紧接着，AGV 机器人通过智能路径规划、自主导航、自动避障等程序，将货物运输到机械臂拣选区。机械臂再通过自动化拆垛系统，将货物“轻柔”地放置在传送带上，经过自动包装和自动贴签处理，最终完成商品的快速出库。随着这些先进设备的应用和推广，必然会改变传统的出入库流程，大幅度提高作业效率。

任务评价

对于该任务的完成情况，从职业素养和任务实施情况两个方面来制定评价标准，职业素养主要评价工作态度、系统操作、现场 6S 作业三个方面。任务实施情况的评价从客户订单信息录入、电子标签货架拣选、重型货架散货拣选、阁楼式货架拣选及阁楼式货架对 BtoC 货架播种等五个方面来进行。在上述的评分标准的基础上，将任务实施的考核点细分，对练习和测试过程中的要点进行量化，从而形成该任务的任务实施评分表，如表 7-20 所示。

表 7-20　电子标签货架与阁楼式货架拣选任务个人评分表（课用）

任务实施人：　　　　　　　　　　　　　　开始时间：

评分人：　　　　　　　　　　　　　　　　完成时间：

评价内容	配分	评分标准		得分	超时扣分	备注
职业素养	20 分	工作态度	迅速细致（5 分）			
		系统操作	操作规范（10 分）			
		现场 6S 作业	整齐、整洁等（5 分）			
电子标签货架与阁楼式货架拣选	80 分	客户订单信息录入	订单信息录入迅速（5 分） 订单信息录入准确（10 分）			
		电子标签货架拣选	WMS 流程清晰（10 分） 拣选动作规范（5 分） 货物拣选准确（5 分）			
		重型货架散货拣选	WMS 流程清晰（10 分） 货物拣选准确（5 分） 台车分播准确（5 分）			
		阁楼式货架拣选	WMS 流程清晰（5 分） 货物拣选准确（5 分）			
		阁楼式货架对 BtoC 货架播种	WMS 流程清晰（5 分） 单号录入迅速（5 分） 货柜播种准确（5 分）			
总分合计						

注：完成时限为 8 分钟，超时 1 分钟扣 10 分。

总结与反思

该任务重点是零散件货物的出库，包括电子标签货架拣选、重型货架散货拣选、阁楼式货架拣选及阁楼式货架对 BtoC 货架播种四部分内容，体现了信息流和物流流转的过程，难点在于 WMS 的熟练应用，出库过程中快速有效地处理问题，需要具备严谨细致的职业态度。认真回答下列问题，将有助于提升你的技能训练效果。你失分的主要原因是什么？你认为应该从哪些方面提高任务评分？请将你对该任务的总结与反思写在表 7-21 内。

表 7-21　电子标签货架与阁楼式货架拣选任务总结与反思表

班级		姓名	
任务完成时间		任务实施得分	
职业素养得分			
和你情况相符的请打 √	□客户订单信息录入速度慢　□客户订单信息录入错误 □电子标签货架拣选流程错误　□拣选数量或位置错误 □重型货架散货拣选流程混乱　□台车分播不亮灯 □阁楼式货架对 BtoC 货架播种流程混乱　□BtoC 货架播种不亮灯 □其他________		
失分原因			
改进方向			
给老师的建议			

任务巩固

一、知识内化

请对整个任务知识进行复习，将你认为正确的答案填在（　　）中。

1. 电子标签拣选的特点不包括（　　）。

A. 会提升拣货效率　B. 会增加拣货的准确率

C. 会增加员工培训成本　D. 无纸化作业，降低成本

2. 重型货架散货拣选过程中，一种商品的拣选需要扫描商品条码（　　）。

A. 1 次　B. 2 次　C. 3 次　D. 4 次

3. 正确的重型货架散货拣选出库流程是（　　）。

A. 录入订单信息—仓库和播种柜号选择—台车播种—条码扫描—货物拣选—封箱

B. 录入订单信息—仓库和播种柜号选择—货物拣选—台车播种—条码扫描—封箱

C. 录入订单信息—条码扫描—仓库和播种柜号选择—货物拣选—台车播种—封箱

D. 录入订单信息—仓库和播种柜号选择—条码扫描—货物拣选—台车播种—封箱

4. 阁楼式货架对 BtoC 货架播种的正确流程是（　　）。

A. 单据条码扫描—商品条码扫描—阁楼式货架拣选—货架播种—灭灯

B. 商品条码扫描—单据条码扫描—阁楼式货架拣选—货架播种—灭灯

C. 单据条码扫描—商品条码扫描—货架播种—阁楼式货架拣选—灭灯

D. 商品条码扫描—单据条码扫描—货架播种—阁楼式货架拣选—灭灯

5. 由中型搁板式货架或重型搁板式货架作为阁楼平台支撑的货架是（　　）。

A. 阁楼货架　　B. 阁楼平台

C. 高层阁楼货架　　D. 悬臂式阁楼货架

二、学以致用

2023 年 4 月 25 日，A 公司物流仓配中心接到了 3 张客户补货的订单，全部都是少量的零散件货物，具体的客户订单如表 7-22 ～表 7-24 所示。请根据客户订单，结合 WMS 中设定的库区仓位情况，在 8 分钟之内选择合适的货架仓位，完成零散件拣选作业，并请同学对任务完成情况进行评价，将得分与超时扣分情况填入表 7-25。

表 7-22　宜家超市采购订单（零散件货物）

订单编号：D2023042511

订单处理日期：2023-04-25　　货物配送日期：2023-04-27 之前

序号	商品名称	单位	单价 / 元	订购数量	金额 / 元	备注
1	白板笔	支	20	2	40	
2	汽车橡皮擦	个	10	3	30	
3	旺旺雪饼	包	25	5	125	
4	康师傅冰红茶	瓶	3	7	21	

表 7-23　百润超市采购订单（零散件货物）

订单编号：D2023042512

订单处理日期：2023-04-25　　货物配送日期：2023-04-27 之前

序号	商品名称	单位	单价 / 元	订购数量	金额 / 元	备注
1	绿箭口香糖	盒	10	5	50	
2	旺旺雪饼	包	25	10	250	
3	康师傅冰红茶	瓶	3	8	24	
4	冰露包装饮用水（550mL）	瓶	3	5	15	

表 7-24　万合欢超市采购订单（零散件货物）

订单编号：D2023042513

订单处理日期：2023-04-25　　　　货物配送日期：2023-04-27 之前

序号	商品名称	单位	单价 / 元	订购数量	金额 / 元	备注
1	冰露矿泉水	瓶	2	3	6	
2	绿箭口香糖	盒	10	6	60	
3	冰露包装饮用水（550mL）	瓶	3	5	15	

作业要求：

（1）快速准确地录入客户订单信息（零散件货物）。

（2）正确选择拣选方式。

（3）快速完成 WMS 拣选出库。

（4）快速规范地完成实物拣选出库。

表 7-25　电子标签货架与阁楼式货架拣选任务个人评分表（练习用）

任务实施人：　　　　开始时间：

评分人：　　　　完成时间：

评价内容	配分	评分标准		得分	超时扣分	备注
职业素养	20 分	工作态度	迅速细致（5 分）			
		系统操作	操作规范（10 分）			
		现场 6S 作业	整齐、整洁等（5 分）			
电子标签货架与阁楼式货架拣选	80 分	客户订单信息录入	订单信息录入迅速（5 分） 订单信息录入准确（10 分）			
		电子标签货架拣选	WMS 流程清晰（10 分） 拣选动作规范（5 分） 货物拣选准确（5 分）			
		重型货架散货拣选	WMS 流程清晰（10 分） 货物拣选准确（5 分） 台车分播准确（5 分）			
		阁楼式货架拣选	WMS 流程清晰（5 分） 货物拣选准确（5 分）			
		阁楼式货架对 BtoC 货架播种	WMS 流程清晰（5 分） 单号录入迅速（5 分） 货柜播种准确（5 分）			
总分合计						

注：完成时限为 8 分钟，超时 1 分钟扣 10 分。

项目八

绿色配装作业

任务一　成本控制：配送线路优化

学习目标

1. 能够快速地收集整理货物信息等基础资料。
2. 能够规范制作运输里程表。
3. 能够快速、准确地应用节约里程法完成配送线路优化。

作业标准

1. 任务标准：任务评分表得分 80 分以上。
2. 任务限时：15 分钟 / 人。
3. 职业素养：信息处理迅速、核算准确、细致耐心。

任务准备

【案例解析】配送的效率

某销售企业主要对企业的销售点和大客户进行配送。销售点和大客户一有需求，该企业马上组织仓配中心装车送货，结果经常造成送货车辆空载率过高，以及所有车辆都派出去了而其他用户需求无法满足的情况，所以销售经理一直要求增加送货车辆，但是该企业由于资金问题没有购车。

> **思考：**
>
> 1. 如果你是公司总经理，你会通过买车来解决送货效率低的问题吗？为什么？
>
> 2. 请你尝试提出合理的解决办法。

一、什么是配送

根据国家标准《物流术语》（GB/T 18354—2021），配送是指根据客户要求，对物品进行分类、拣选、集货、包装、组配等作业，并按时送达指定地点的物流活动。

从物流来讲，配送几乎包括了所有的物流功能要素，是物流的一个缩影或在某小范围中物流全部活动的体现。配送集装卸、包装、保管、运输等于一身，通过这一系列活动完成将货物送达的目的。

二、合理配送的标志

1．配送成本低

配送成本受许多因素的影响，但是有些情况是明显不合理的，如大车拉少货、不必要的空驶等，这些情况产生配送成本在一定程度上是可以控制的。因此，合理的配送必然不能有不必要的成本浪费。

2．配送时间满足客户要求

配送的形式有许多种，在满足控制成本的基础上，也要满足客户对于配送时间的要求，不能一味追求成本最低，也不能一味追求速度最快，需要综合考虑成本和配送时间的平衡。合理的配送应该是在满足客户要求的基础上控制配送成本。

3．配装合理

配送应集中货物进行配装，小批量配送应规划路线，一车送几家，这与一家一户自提相比，可大大节省运力和运费。如果即时配送过多，造成配送车辆实载率过低，就属于不合理配装。

任务派发

2023 年 3 月 22 日上午，A 公司的仓配中心收到万家超市、四季发超市、美兰超市、乐美超市和兴云超市 5 个客户的订单，都要求在 3 月 23 日前配送，经过前面的订单有效性分析和客户优先权分析，已经判断兴云超市订单无效，并对有效订单进行了库存分配。3 月 22 日下午，仓配中心又陆续收到了 6 家客户订单，经判断均为有效订单，并且也要求在 3 月 23 日前配送。10 家客户信息如表 8-1 所示，各客户与仓配中心距离经过信息收集整理如图 8-1 所示。

表 8-1　客户信息表

客户名称	代码	客户名称	代码
万家超市	A	云奔超市	F
四季发超市	B	青青超市	G
美兰超市	C	百姓超市	H
乐美超市	D	东方超市	I
美程超市	E	晴明超市	J

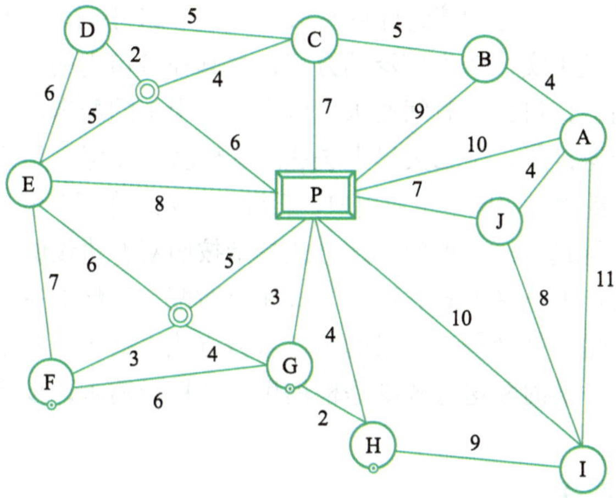

图 8-1　各客户与仓配中心距离图示（单位：km）

一、作业要求

应用节约里程法，制定配送线路优化方案。

二、实施条件

基本实施条件如表 8-2 所示。

表 8-2　基本实施条件

项目	基本实施条件	备注
场地	仓库 1 个，面积不小于 $200m^2$，要求照明通风良好	必备
设备	激光打印机 1 台、仓储管理系统（WMS）1 套、计算机 10 台以上	必备
工具	Excel 软件、Word 软件	必备

知识储备

一、常见配送方式

配送方式按配送商品数量和配送时间可以分为以下几种：

1. 定时配送

定时配送是指按规定时间和时间间隔进行配送。定时配送的时间，由配送的供给与需求双方通过协议确认，每次配送的品种及数量可预先在协议中确定，实行计划配送，也可以在配送之前以商定的联络方式（如电话、传真、网络等）通知配送品种及数量。定时配送有以下几种具体形式。

（1）小时配。小时配是指接到配送订货要求之后，在 1 小时之内将货物送达。这种方式适用于一般消费者突发的个性化需求所产生的配送要求，也经常用作配送系统中应急的配送方式。B2C 型的电子商务，在一个城市范围内，也经常采用小时配的配送服务方式。

（2）日配。日配是指接到订货要求之后，在24小时之内将货物送达。日配是定时配送中实行较为广泛的方式，尤其在城市内的配送，日配占比较大。一般而言，日配的时间要求大体上是：上午的配送订货，下午可送达；下午的配送订货，第二天早上送达。这样就可以保证用户在实际需要的前半天拿到货物。如果是企业用户，日配可使企业的运行更加精密化。

（3）准时配送方式。准时配送方式是指按照双方协议的时间，准时将货物配送到用户的一种方式。这种方式和小时配、日配的主要区别在于：小时配、日配是向社会普遍承诺的配送服务方式，针对社会上不确定的、随机性的需求。准时配送方式则是根据用户的精准需求，按指定的时间将货送达。

2. 定量配送

定量配送是指按规定的批量进行配送，但不确定严格的时间，只是规定在一个指定的时间范围内配送。这种方式由于每次配送的品种、数量固定，备货工作较为简单，不用经常改变配货备货的数量，可以按托盘、集装箱及车辆的装载能力规定配送的定量，既能有效利用托盘、集装箱等集装方式，也可做到整车配送，所以配送效率较高，成本较低。由于配送时间不严格限定，配送企业可以将不同用户所需物品凑整装车后配送，提高车辆利用率。

3. 定时定量配送

定时定量配送是指按照规定的配送时间和配送数量进行配送，兼有定时、定量两种方式的优点，是一种精密的配送服务方式。这种方式要求有较高的服务质量水平，组织工作难度很大，通常针对固定客户进行服务。由于适合的对象不多，很难实行共同配送等配送方式，因而配送成本较高，多数是在用户有特殊要求时采用，不是一种普遍适用的方式。

4. 定时定路线配送

定时定路线配送是在确定的运行路线上制定到达时间表，按运行时间表进行配送，用户可在规定地点和时间接货，可按规定路线及时间提出配送要求。采用这种方式有利于配送企业计划安排车辆及驾驶人员，可以依次对多个用户实行共同配送，无须每次决定货物配装、配送线路、配车计划等问题，因此易于管理，配送成本较低。

5. 即时配送

即时配送是指完全按照用户突然提出的时间、数量方面的配送要求，随即进行配送的方式。即时配送可以灵活高效地满足用户的临时需求，是配送企业快速反应能力的具体化，是配送能力强的体现。即时配送成本较高，对配送中心的要求比较高，特别对配送速度和配送时间要求比较严格。

二、节约里程法基本原理和基本假定

在需求确定的情况下，保证货物准时到达客户指定地点，尽可能减少运输车次和运输总里程是配送线路选择的基本要求。影响配送线路选择的因素很多，如车流量的变化、道路状况、客户的分布状况和配送中心的位置、道路交通网、车辆定额载重量以及车辆运行限制等。配送线路优化是整合影响配送运输的各种因素，适时适当地利用现有的运输工具和道路状况，及时、安全、方便、经济地将客户所需的商品准确地送达客户手中。

1. 节约里程法基本原理

配送线路优化的基本方法有多种，节约里程法是其中比较重要的一种，其基本原理是数学中的三角形“任意两边之和一定大于第三边”，如图 8-2 所示。配送线路优化旨在配送中提高作业效率，减少配送时间，缩短配送距离，降低配送成本。

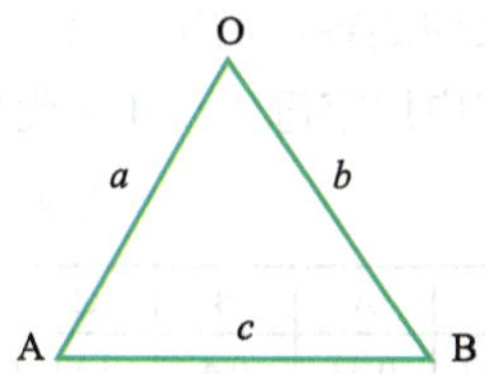

图 8-2　节约里程法原理图示

某配送中心位于 O 处，需要往 A、B 两地配送商品，如果分别用两台车进行配送，往返所需的总里程为 $2a+2b$，但如果能用一台车先送到 A，再送到 B，然后回到 O，所需的总里程为 $a+b+c$。第二种比第一种节约的里程为：$(a+b+c)-(2a+2b)=c-(a+b)$，根据三角形任意两边之和大于第三边，$a+b-c>0$。所以单纯从里程数看，第二种配送方式比第一种更为经济合理。

2. 节约里程法基本假定

运用节约里程法确定配送线路的主要原则是：根据配送中心的运输能力和配送中心到各个用户以及各个用户之间的距离，来制定使总的车辆运输的吨公里数最小的配送线路。有以下几个基本假定需要满足：

（1）不使任何一辆配送车辆超载。

（2）每辆车每天的总运行时间或行驶里程不超过规定的上限。

（3）配送到货时间都是充足的。

（4）货物体积影响忽略不计。

任务实施

一、核算各客户的配送量

各客户的配送量是根据客户订单计算出来的，在模块二项目背景资料中“万家超市采购订单”的基础上，统计出每一种商品的重量，然后进行汇总计算，得出该订单总重量为 320kg，如表 8-3 所示。

表 8-3　万家超市采购订单

序号	商品名称	单位	单位重量 /kg	订购数量	总重量 /kg	备注
1	隆达葡萄籽油	箱	18	10	180	
2	乐事无限薯片黄瓜味	箱	2	15	30	
3	长城干红葡萄酒（500mL）	箱	9	10	90	
4	达利园法式小面包	箱	1.5	10	15	
5	得力中性台笔	盒	1	2	2	
6	大华文具快干印台	个	0.5	3	1.5	
7	冰露包装饮用水（500mL）	瓶	0.5	3	1.5	
合计				53	320	

其他的客户需求量都可以依据上述方式统计得出。为了简化，将万家超市等客户用字母 A ～ J 来代替，假设 10 个客户订单的需求重量如表 8-4 所示。

表 8-4　客户订单需求重量汇总表

客户	A	B	C	D	E	F	G	H	I	J	合计
重量（t）	0.32	0.4	0.32	0.4	0.24	0.16	0.48	0.4	0.32	0.24	3.28

二、统计仓配中心车辆类型和数量

10 家客户的货物将由仓配中心统一进行配送。仓配中心有 2t 和 4t 的货车各 8 辆，由于配送时间的要求，公司规定送货车辆一次巡回距离不超过 35km，在此范围内配送时间均符合客户要求。

三、制作运输里程表

列出仓配中心到客户及客户间的最短距离，如表 8-5 所示。

表 8-5　仓配中心到客户及客户间的最短距离

	P	A	B	C	D	E	F	G	H	I	J
P		10	9	7	8	8	8	3	4	10	7
A			4	9	14	18	18	13	14	11	4
B				5	10	14	17	12	13	15	8
C					5	9	15	10	11	17	13
D						6	13	11	12	18	15
E							7	10	12	18	15
F								6	8	17	15
G									2	11	10
H										9	11
I											8
J											

四、计算节约里程数

按节约里程公式，第二种方式比第一种方式节约的里程数是：a+b−c，求得相应的节约里程数。

如 PAB，表 8-5 中 PA=10、PB=9、AB=4，因此，PAB 可节约的里程数为 PA+PB−AB=10+9−4=15 km，因此在表 8-6AB 交汇处填入 15。

如 PEB，可节约的里程数为 PE+PB−EB=8+9−14=3 km，在 BE 交汇处填入 3。

结果如表 8-6 所示。

表 8-6　节约里程数

	A	B	C	D	E	F	G	H	I	J
A		15	8	4	0	0	0	0	9	13
B			11	7	3	0	0	0	4	8
C				10	6	0	0	0	0	1
D					10	3	0	0	0	0
E						9	1	0	0	0
F							5	4	1	0
G								5	2	0
H									5	0
I										9
J										

五、按节约里程排序

将节约里程按从大到小的顺序排列，如表 8-7 所示。

表 8-7　节约里程数排序表

顺序	连接线	节约里程	顺序	连接线	节约里程
1	A—B	15	13	F—G	5
2	A—J	13	13	G—H	5
3	B—C	11	13	H—I	5
4	D—E	10	16	B—I	4
4	C—D	10	16	A—D	4
6	A—I	9	16	F—H	4
6	E—F	9	19	B—E	3
6	I—J	9	19	D—F	3
9	A—C	8	21	G—I	2
9	B—J	8	22	C—J	1
11	B—D	7	22	E—G	1
12	C—E	6	22	F—I	1

六、确定配送线路

根据节约里程数排序表和配送车辆载重及行驶里程等约束条件，渐近绘出如图 8-3 所示的配送线路图。

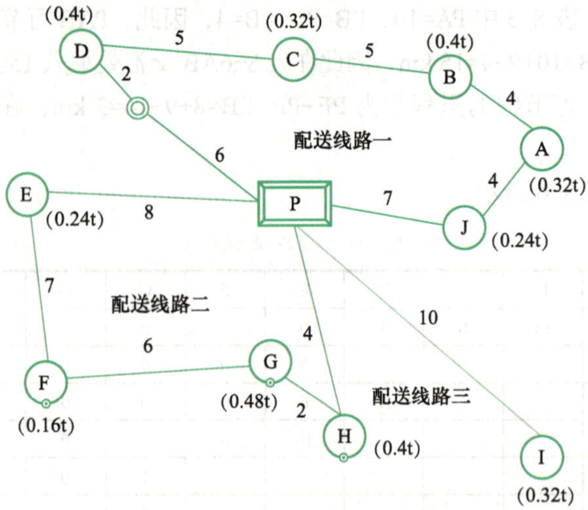

图 8-3 配送线路图

由于配送车辆载重和配送车辆行驶里程的限制，依次可以确定三条配送线路。

1. 配送线路一：P—D—C—B—A—J—P

该配送线路共载有货物 1.68t，需要一辆 2t 的载重货车配送，共行驶里程 33km。

2. 配送线路二：P—E—F—G—H—P

该配送线路共载有货物 1.28t，需要一辆 2t 的载重货车配送，共行驶里程 27km。

3. 配送线路三：P—I—P

该配送线路共载有货物 0.32t，需要一辆 2t 的载重货车配送，共行驶里程 20km。

即完成配送任务需要 2t 货车 3 辆，总行驶里程为 80km，若简单地分别向每个超市送货，需要 2t 货车 10 辆，行驶总里程 148km。

任务评价

对于该任务的完成情况，从职业素养和任务实施情况两个方面来制定评价标准，职业素养主要评价信息处理、数据核算、工作态度三个方面。任务实施情况的评价从客户配送量核算、运输里程表制作、配送线路确定三个方面来进行。

在上述评分标准的基础上，将任务实施的考核点细分，对练习和测试过程中的要点进行量化，从而形成配送线路优化作业任务的任务实施评分表，如表 8-8 所示。

表 8-8　配送线路优化任务个人评分表（课用）

任务实施人：　　　　　　　　　　　　　　　　　　开始时间：

评分人：　　　　　　　　　　　　　　　　　　　　完成时间：

评价内容	配分	评分标准		得分	超时扣分	备注
职业素养	20 分	信息处理	处理迅速（5 分）			
		数据核算	计算准确（10 分）			
		工作态度	细致耐心（5 分）			
配送线路优化	80 分	客户配送量核算	信息查询快速（5 分） 数据核算准确（15 分）			
		运输里程表制作	运输里程表制作规范（5 分） 最短路径准确（10 分） 节约里程准确（15 分）			
		配送线路确定	节约里程排序准确（10 分） 路线优化合理（20 分）			
总分合计						

注：完成时限为 15 分钟，超时 1 分钟扣 10 分。

总结与反思

该任务主要是利用节约里程法完成配送线路优化，包括核算客户配送量、制作运输里程表、配送线路确定三部分内容，难点在于快速准确地对里程进行统计和对节约里程进行核算，需要具备严谨细致的职业态度。认真回答下列问题，将有助于提升你的技能训练效果。你失分的主要原因是什么？你认为应该从哪些方面提高任务评分？请将你对该任务的总结与反思写在表 8-9 内。

表 8-9　配送线路优化任务总结与反思表

班级		姓名	
任务完成时间		任务实施得分	
职业素养得分			
和你情况相符的请打 √	□ 配送量核算错误 □ 运输里程表制作错误 □ 节约里程计算错误 □ 配送线路确定错误 □ 其他＿＿＿＿	□ Excel、Word 办公软件不熟练 □ 运输里程计算错误 □ 节约里程没有按从大到小排序	
失分原因			
改进方向			
给老师的建议			

任务巩固

一、知识内化

请对整个任务知识进行复习，将你认为正确的答案填在（　　）中。

1. 下列配送方式成本最高的一项是（　　）。
   A. 即时配送　　B. 定时配送
   C. 定时定路线配送　　D. 定时定量配送
2. 节约里程法的基本原理是（　　）。
   A. 两点之间直线最短
   B. 三角形任意两边之和大于第三边
   C. 配送时不应迂回行驶
   D. 尽量避免空驶
3. 正确的配送路线优化作业流程是（　　）。
   A. 核算配送量—统计车辆类型和数量—制作运输里程表—计算节约里程数—节约里程大小排序—确定路线优化结果
   B. 统计车辆类型和数量—核算配送量—制作运输里程表—节约里程大小排序—计算节约里程数—确定路线优化结果
   C. 核算配送量—统计车辆类型和数量—计算节约里程数—节约里程大小排序—制作运输里程表—确定路线优化结果
   D. 统计车辆类型和数量—核算配送量—节约里程大小排序—制作运输里程表—计算节约里程数—确定路线优化结果
4. 合理配送的标志不包括（　　）。
   A. 配送成本低　　B. 配送时间满足客户要求
   C. 配装合理　　D. 配送速度越快越好
5. 影响配送线路的关键因素不包括（　　）。
   A. 配送时间是否满足客户要求
   B. 配送重量是否超过车辆限重
   C. 配送车辆空间是否装满
   D. 是否按节约里程大小排序进行优化

二、学以致用

2023 年 4 月 25 日，A 公司物流仓配中心可以向所在城市的佳福（B）、佳慧（C）、佳利（D）、佳乐（E）、佳盈（F）、佳美（G）共 6 个客户点配送货物，如图 8-4 所示，它们之间的距离和每一处的配送货物量如表 8-10 所示。该物流企业现有 2.5t 和 4t 两种货车，请完成作业要求，并请同学对任务实施情况进行评价，将得分和超时扣分情况填入表 8-11 中。

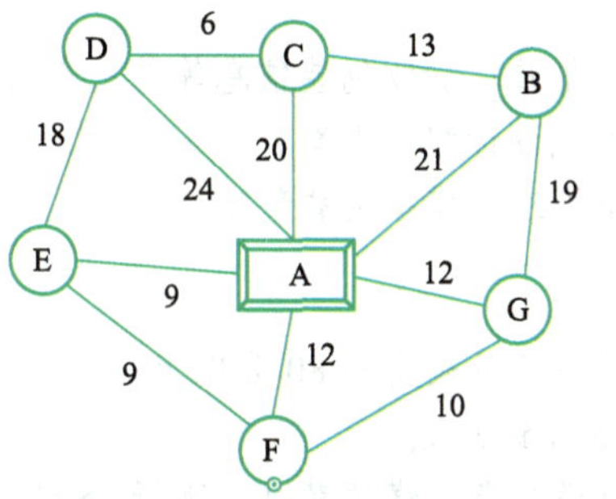

图 8-4　客户距离示意图

表 8-10　配送距离表和配送货物量表

地点	AB	AC	AD	AE	AF	AG	BC	CD	CD	DE	EF	FG	GB
距离（km）	21	20	24	9	12	12	13	6	6	18	9	10	19
货物量（t）	1.15	1.75	1.1	0.8	0.7	1.0							

作业要求：

（1）请确定最优的配送线路。

（2）假设物流企业在向客户（以客户订单为准）配送货物过程中，单位时间平均支出成本为 450 元，假定货车行驶的平均速度为 25km/h，试计算优化后的方案可节约的费用。

表 8-11　配送路线优化任务个人评分表（练习用）

任务实施人：　　　　　　　　　　　　　　　　开始时间：

评分人：　　　　　　　　　　　　　　　　　　完成时间：

评价内容	配分	评分标准		得分	超时扣分	备注
职业素养	20 分	信息处理	处理迅速（5 分）			
		数据核算	计算准确（10 分）			
		工作态度	细致耐心（5 分）			
配送线路优化	80 分	客户配送量核算	信息查询快速（5 分） 数据核算准确（15 分）			
		运输里程表制作	运输里程表制作规范（5 分） 最短路径准确（10 分） 节约里程准确（15 分）			
		配送线路确定	节约里程排序准确（10 分） 路线优化合理（20 分）			
总分合计						

注：完成时限为 15 分钟，超时 1 分钟扣 10 分。

任务二 绿色配载：出库货物装车

学习目标

1．能够快速地收集整理货物包装信息等基础资料。

2．能够科学合理地设计配载方案。

3．能够快速规范地进行模拟配载装车。

作业标准

1．任务标准：任务评分表得分 80 分以上。

2．任务限时：15 分钟 / 人。

3．职业素养：细致规范、谨慎精准、现场 6S 作业。

任务准备

根据前面的配送线路优化作业结果，A（万家超市）、B（四季发超市）、C（美兰超市）、D（乐美超市）、J（晴明超市）5 家客户订单的货物一起装车配送，选用的是 2t 的厢式货车。因为在应用节约里程法进行配送线路优化时忽略体积的影响，即默认为车厢额定容积能够装下所有货物。超市货物大多为重泡货物，在实际装载时，需要对容积进行检验，确保所有货物体积没有超过厢车容积。5 家客户订单的货物体积如表 8-12 ～表 8-16 所示。

表 8-12 万家超市货物信息

序号	商品名称	单位	尺寸	单位体积 /m^3	数量	总体积 /m^3
1	隆达葡萄籽油	箱	600mm×600mm×400mm	0.144	10	1.44
2	乐事无限薯片黄瓜味	箱	500mm×300mm×400mm	0.06	15	0.9
3	长城干红葡萄酒（500mL）	箱	330mm×245mm×235mm	0.019	10	0.19
4	达利园法式小面包	箱	400mm×200mm×300mm	0.024	10	0.24
5	得力中性台笔	盒	500mm×300mm×200mm 散件装入一个周转箱	0.03	2	0.03
6	大华文具快干印台	个			3	
7	冰露包装饮用水（500mL）	瓶			3	
合计						2.8

表 8-13 四季发超市货物信息

序号	商品名称	单位	尺寸	单位体积 /m^3	数量	总体积 /m^3
1	隆达葡萄籽油	箱	600mm×600mm×400mm	0.144	5	0.72
2	公牛插线板	箱	400mm×300mm×200mm	0.024	10	0.24
3	长城干红葡萄酒（500mL）	箱	330mm×245mm×235mm	0.019	8	0.15
4	怡宝饮用纯净水	箱	600mm×400mm×400mm	0.096	5	0.48
5	得力中性台笔	盒	500mm×300mm×200mm 散件装入一个周转箱	0.03	2	0.03
6	沐之韵洗发露	瓶			5	
7	奥德美状元满屋答题卡铅笔	支			2	
合计						1.62

表 8-14　美兰超市货物信息

序号	商品名称	单位	尺寸	单位体积 /m³	数量	总体积 /m³
1	娃哈哈桂圆莲子八宝粥	箱	400mm×400mm×200mm	0.032	8	0.256
2	江中猴姑酥性饼干	箱	600mm×300mm×300mm	0.054	10	0.54
3	隆达葡萄籽油	箱	600mm×600mm×400mm	0.144	5	0.72
4	公牛插线板	箱	400mm×300mm×200mm	0.024	6	0.144
5	得力中性台笔	盒	500mm×300mm×200mm 散件装入一个周转箱	0.03	3	0.03
6	沐之韵洗发露	瓶			2	
7	冰露包装饮用水（500mL）	瓶			4	
合计						1.69

表 8-15　乐美超市货物信息

序号	商品名称	单位	尺寸	单位体积 /m³	数量	总体积 /m³
1	娃哈哈桂圆莲子八宝粥	箱	400mm×400mm×200mm	0.032	20	0.64
2	江中猴姑酥性饼干	箱	600mm×300mm×300mm	0.054	10	0.54
3	隆达葡萄籽油	箱	600mm×600mm×400mm	0.144	5	0.72
4	长城干红葡萄酒（500mL）	箱	330mm×245mm×235mm	0.019	10	0.19
合计						2.09

表 8-16　晴明超市货物信息

序号	商品名称	单位	尺寸	单位体积 /m³	数量	总体积 /m³
1	娃哈哈桂圆莲子八宝粥	箱	400mm×400mm×200mm	0.032	10	0.32
2	江中猴姑酥性饼干	箱	600mm×300mm×300mm	0.054	10	0.54
3	隆达葡萄籽油	箱	600mm×600mm×400mm	0.144	5	0.72
4	怡宝饮用纯净水	箱	600mm×400mm×400mm	0.096	5	0.48
合计						2.06

将 5 家客户订单货物的体积汇总，结果如表 8-17 所示，经过检验，待配装的车辆额定载重为 2t，额定容积为 12m³。

表 8-17　待装车客户订单货物体积汇总表

序号	客户名称	总体积 /m³
1	万家超市	2.8
2	四季发超市	1.62
3	美兰超市	1.69
4	乐美超市	2.09
5	晴明超市	2.06
合计		10.26

按照行业一般规则，去掉缝隙、不规则包装等空间的浪费，假定容积的装载率为 90%，实际可装载货物体积 =12×0.9=10.8m³，货物的总体积 10.26m³<10.8m³，体积满足装车要求。

任务派发

2023 年 3 月 23 日上午，A 公司的仓配中心在经过配送路线优化作业之后，将万家超市、四季发超市、美兰超市、乐美超市和晴明超市 5 个客户的订单装入额定载重 2t，额定容积 $12m^3$ 的模拟厢车中进行配送，经过上面的任务准备，所有的货物装载重量和装载体积都满足装车要求。

一、作业要求

（1）制定装车方案，确定装车顺序。

（2）规范、安全地完成配载装车。

二、实施条件

基本实施条件如表 8-18 所示。

表 8-18　基本实施条件

项目	基本实施条件	备注
场地	仓库 1 个，面积不小于 $200m^2$，要求照明通风良好	必备
设备	激光打印机 1 台、仓储管理系统（WMS）1 套、计算机 10 台以上、模拟配载车 1 台	必备
工具	各种规格的纸箱 200 个以上	必备

知识储备

一、重泡比

在货物运输中，重货一般指重量较大、体积较小的货物，泡货一般指重量较小、体积较大的货物，重泡比 = 重量 / 体积。不同运输方式下的重货和泡货的认定不同，以陆运来说，重泡比为“1:333”，即 $1m^3$ 货物的重量大于 333kg 为重货，$1m^3$ 货物的重量小于 333kg 为泡货，目前市场上也有 1:300、1:200 的重泡比。

在配载时，应使不同货物量的搭配尽量接近“满舱满载”的效果，即在重量上，使装载货物的总重量接近于车辆的额定重量；在体积上，使装载货物的总体积接近车辆的额定体积。

货物的重泡比是配载工作中一个十分重要的数据，由于货物的轻重、包装尺寸规格的不同，重量相等的货物，其体积有时会相差很大。例如：钢材和棉花，如果全部装载钢材，则当车辆载重量已满载时，车辆空间尚空余许多，造成车辆空间上浪费；相反，如果全部装载棉花，虽装满全部车厢容积，但载重量还剩余许多，造成车辆载重上的浪费。可见，确切掌握反映货物体积与重量之间关系的货物重泡比，对于正确制订配载计划极为重要。

【案例解析】效益高的配装方案

某批货物从北京运到长沙，17.5m 6 轴半挂车（厢式）车辆运费成本约为 12 000 元，市场收货运价 400 元 /t、120 元 /m^3，车辆的荷载吨位是 32t，装载容积为 130m^3，末端卸车费用 1 000 元 / 车。

如果配装时先装了 10t 重泡比为 1:2 的重货，那么它占用车体积为 20m^3。

一辆荷载 130m^3 的 17.5m 车，装载率为 92%，那么实际装载容积大约为 120m^3，这辆车剩下的体积理论上还可以装 100m^3，假如剩下的 100m^3 泡货重泡比为 1:5，那么装完 100m^3 后其重量为 20t，整车体积就是 120m^3，整车载重 30t。在荷载范围之内。

那么这辆车收取的运费如下：

泡货按体积计算：120 元 /m^3×100m^3=12 000 元

重货按重量计算：400 元 /t×10t=4 000 元

总计收费：12 000 元 +4 000 元 =16 000 元

利润：16 000 元 −12 000 元 −1 000 元 =3 000 元

以上重泡货配载比例最为合理，体积装载率达到 92%，吨位装载率达到了 93%。体积荷载和吨位荷载都得到了合理利用，同时也实现了利润最大化。

二、配装原则

（1）配装顺序遵循先装后送的原则。

（2）车辆配装时应遵循轻重搭配的原则，尽量在重量上和体积上提高荷载率。

（3）车辆配装过程应遵循重不压轻、大不压小的原则。

（4）大件货物先装，小件货物后装。

（5）车辆配装应遵循货物性质相容的原则。

（6）配载时，车厢货物重量应分布均匀。

（7）应防止车厢内货物之间相互碰撞、玷污。

任务实施

一、月台点检货物

前文所拣选出来的整件货物和零散件货物全部按客户订单放置于指定月台上，由仓储管理员李遥对其进行复核清点，主要核对货物名称与数量，避免发错货物或者漏发货物。图 8-5 为客户对应月台位置及客户订单货物明细。

万家超市 月台一	四季发超市 月台二	美兰超市 月台三	乐美超市 月台四	晴明超市 月台五
万家超市 货物明细	四季发超市 货物明细	美兰超市 货物明细	乐美超市 货物明细	晴明超市 货物明细
隆达葡萄籽油 （10箱）	隆达葡萄籽油 （5箱）	娃哈哈桂圆莲子 八宝粥（8箱）	娃哈哈桂圆莲子 八宝粥（20箱）	娃哈哈桂圆莲子 八宝粥（10箱）
乐事无限薯片 黄瓜味（15箱）	公牛插线板 （10箱）	江中猴姑酥性 饼干（10箱）	江中猴姑酥性 饼干（10箱）	江中猴姑酥性 饼干（10箱）
长城干红葡萄酒 （10箱）	长城干红葡萄酒 （8箱）	隆达葡萄籽油 （5箱）	隆达葡萄籽油 （5箱）	隆达葡萄籽油 （5箱）
达利园法式 小面包（10箱）	怡宝饮用纯净水 （5箱）	公牛插线板 （6箱）	长城干红葡萄酒 （10箱）	怡宝饮用纯净水 （5箱）
周转箱（1个）：得力中性台笔2盒、大华文具快干印台3个、冰露包装饮用水3瓶	周转箱（1个）：得力中性台笔2盒、沐之韵洗发露5瓶、奥德美状元满屋答题卡铅笔2支	周转箱（1个）：得力中性台笔3盒、沐之韵洗发露2瓶、冰露包装饮用水4瓶		

图8-5　客户对应月台位置及客户订单货物明细

在月台上对照客户订单复核清点完成后，如无误，则由复核人员在客户订单上签上“已核”字样，并签名。

二、确定配送顺序

配送顺序是将货物按先后顺序送至客户接收地，在同一辆车中，一般按照路况、距离等因素来确定配送顺序。

根据项目八任务一中的配送路线图，本次配送的顺序可以按照顺时针方向依次确定，顺序为D（乐美超市）—C（美兰超市）—B（四季发超市）—A（万家超市）—J（晴明超市）。

三、确定配载方案

此次配载，将用实训室常见的专用纸箱和模拟配载车来模拟完成，模拟配载车相关信息如表8-19所示。

表8-19　模拟配载车参数信息

车型	外部主要参数	内部主要参数	备注
1号模拟车	车辆外尺寸：长4.10m、宽2.6m、高1.3m	车厢内尺寸：长4m、宽2.5m、高1.2m	车厢侧拉门1个、后双开门1个

所有客户订单涉及的货物外包箱尺寸汇总如表8-20所示。

表 8-20　货物外包装箱尺寸（实训专用纸箱）

序号	货物名称	外包装箱尺寸	备注
1	隆达葡萄籽油	600mm×600mm×400mm	
2	乐事无限薯片黄瓜味	500mm×300mm×400mm	
3	长城干红葡萄酒	330mm×245mm×235mm	
4	达利园法式小面包	400mm×200mm×300mm	
5	公牛插线板	400mm×300mm×200mm	
6	怡宝饮用纯净水	600mm×400mm×400mm	
7	江中猴姑酥性饼干	600mm×300mm×300mm	
8	娃哈哈桂圆莲子八宝粥	400mm×400mm×200mm	
9	周转箱	500mm×300mm×200mm	

常见的配载方式有两种，一种是按货物配载，将所有客户同类型的货物配载在一起；另一种是按客户配载，将同一个客户的货物配载在一起。

1．按货物配载

按货物配载一般适用于货物种类较少的情况，货物配载完后，车厢还留有一定的空余便于卸货，图 8-6 为按货物配载图示。

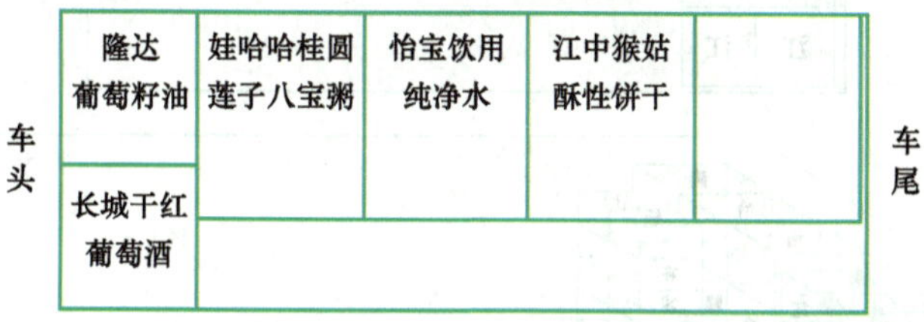

图 8-6　按货物配载图示

2．按客户配载

按客户配载适用于货物种类较多，车辆实载率较高的情况。按客户配载便于卸货，其装车顺序和配送顺序相反，一般按先送后装、后送先装的顺序进行配载装车，图 8-7 所示为本次任务的客户配载顺序。

图 8-7　本次任务的客户配载顺序

此次配载由于有 9 种货物品类，配载率也较高，因此，按照客户配载会便于卸货，节约卸货时间。

四、晴明超市配载装车

根据配送顺序，应该先配载晴明超市的货物，晴明超市的货物信息如表 8-21 所示。

表 8-21　晴明超市货物信息

序号	商品名称	单位	尺寸	单位体积 /m³	数量	总体积 /m³
1	娃哈哈桂圆莲子八宝粥	箱	400mm×400mm×200mm	0.032	10	0.32
2	江中猴姑酥性饼干	箱	600mm×300mm×300mm	0.054	10	0.54
3	隆达葡萄籽油	箱	600mm×600mm×400mm	0.144	5	0.72
4	怡宝饮用纯净水	箱	600mm×400mm×400mm	0.096	5	0.48
合计						2.06

具体的配载方案如下：

晴明超市配载图如图 8-8 所示。

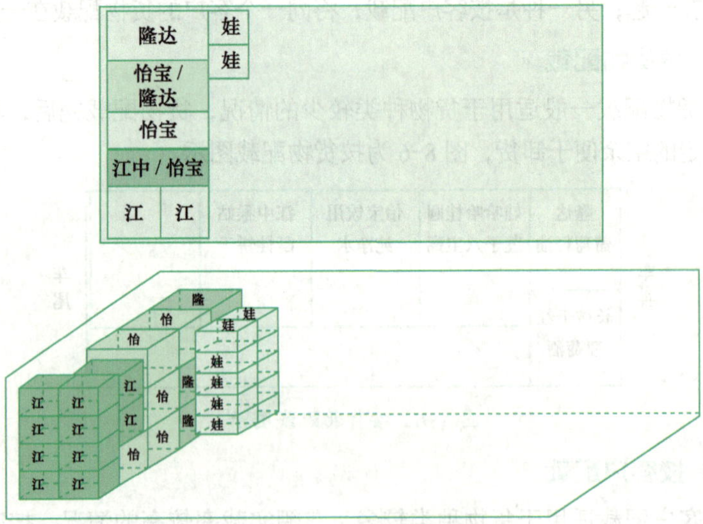

图 8-8　晴明超市配载图

隆达葡萄籽油（600mm×600mm×400mm）：可堆码层数为 3 层（1 200÷400），晴明超市需要 5 箱，可以堆成 1 列 3 层，1 列 2 层。

怡宝饮用纯净水（600mm×400mm×400mm）：可堆码层数为 3 层（1 200÷400），晴明超市需要 5 箱，可以堆成 1 列 3 层，1 列 1 层，并将另一箱放于 2 层的隆达葡萄籽油上（因为高度上满足 1 200–400×2–400=0）。

娃哈哈桂圆莲子八宝粥（400mm×400mm×200mm）：可堆码层数为 6 层（1 200÷200），晴明超市需要 10 箱，可以堆成 2 列 5 层。

江中猴姑酥性饼干（600mm×300mm×300mm）：可堆码层数为 4 层（1 200÷300），晴明超市需要 10 箱，可以堆成 2 列 4 层，并将另外 2 箱放于怡宝饮用纯净水上，（因为高度上满足 1 200mm–400mm–300mm×2=200mm）。

该配载方案最大宽度：600（隆达）×2+400（怡宝）×2+600（江中）=2 600（mm），小于模拟车内宽 2 700mm。

五、万家超市配载装车

万家超市货物信息如表 8-22 所示。

表 8-22　万家超市货物信息

序号	商品名称	单位	尺寸	单位体积 /m^3	数量	总体积 /m^3
1	隆达葡萄籽油	箱	600mm×600mm×400mm	0.144	10	1.44
2	乐事无限薯片黄瓜味	箱	500mm×300mm×400mm	0.06	15	0.9
3	长城干红葡萄酒（500mL）	箱	330mm×245mm×235mm	0.019	10	0.19
4	达利园法式小面包	箱	400mm×200mm×300mm	0.024	10	0.24
5	得力中性台笔	盒	500mm×300mm×200mm 散件装入一个周转箱	0.03	2	0.03
6	大华文具快干印台	个			3	
7	冰露包装饮用水（500mL）	瓶			3	
合计						2.8

万家超市的配载方案如下：

隆达葡萄籽油（600mm×600mm×400mm）：可堆码层数为 3 层（1 200÷400），万家超市需要 10 箱，可以堆成 3 列 3 层，1 列 1 层。

乐事无限薯片黄瓜味（500mm×300mm×400mm）：可堆码层数为 3 层（1 200÷400），万家超市需要 15 箱，可以堆成 5 列 3 层。

长城干红葡萄酒（330mm×245mm×235mm）：可堆码层数为 5 层（1 200÷235），万家超市需要 10 箱，可以堆成 2 列 5 层。

达利园法式小面包（400mm×200mm×300mm）：可堆码层数为 4 层（1 200÷300），万家超市需要 10 箱，可堆成 2 列 4 层，另两箱堆于隆达葡萄籽油上（注：实际堆 2 列 4 层，因为隆达有一列只堆了 1 层，1 200mm−400mm−2×300mm=200mm，因此，另两箱达利园法式小面包可堆放在隆达葡萄籽油上）。

周转箱（500mm×300mm×200mm）：1 个，置于一箱隆达和两箱达利园法式小面包这一列，（注：因为该列放了两箱达利园法式小面包、一箱隆达葡萄籽油后，还剩 200mm 空间，1 200mm−400mm−2×300mm=200mm，周转箱高度为 200mm，200mm−200mm=0）该配载方案最大宽度：400×2（娃哈哈）+600×3（隆达）=2 600（mm）

万家超市配载图如图 8-9 所示。

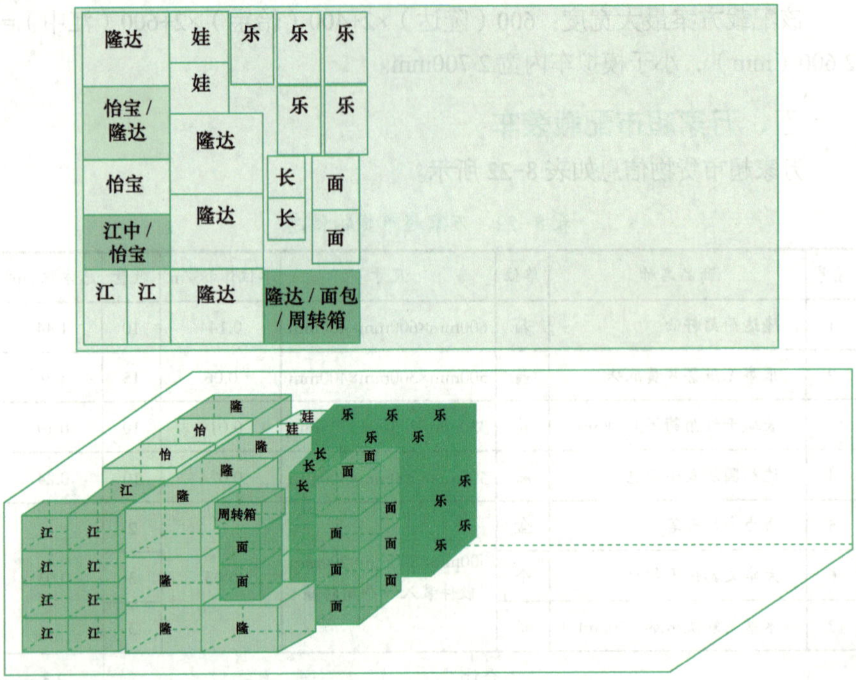

图 8-9　万家超市配载图

六、四季发超市配载装车

四季发超市货物信息如表 8-23 所示。

表 8-23　四季发超市货物信息

序号	商品名称	单位	尺寸	单位体积 /m³	数量	总体积 /m³
1	隆达葡萄籽油	箱	600mm×600mm×400mm	0.144	5	0.72
2	公牛插线板	箱	400mm×300mm×200mm	0.024	10	0.24
3	长城干红葡萄酒（500mL）	箱	330mm×245mm×235mm	0.019	8	0.15
4	怡宝饮用纯净水	箱	600mm×400mm×400mm	0.096	5	0.48
5	得力中性台笔	盒	500mm×300mm×200mm 散件装入一个周转箱	0.03	2	0.03
6	沐之韵洗发露	瓶			5	
7	奥德美状元满屋答题卡铅笔	支			2	
合计						1.62

四季发超市的配载方案如下：

隆达葡萄籽油（600mm×600mm×400mm）：可堆码层数为 3 层（1 200÷400），四季发超市需要 5 箱，可以堆成 1 列 3 层，1 列 2 层。

公牛插线板（400mm×300mm×200mm）：可堆码层数为 6 层（1 200÷200），四季发超市需要 10 箱，可堆成 2 列 5 层。

长城干红葡萄酒（330mm×245mm×235mm）：可堆码层数为 5 层

（1 200÷235），四季发超市需要 8 箱，可以堆成 1 列 5 层，1 列 3 层。

怡宝饮用纯净水（600mm×400mm×400mm）：可堆码层数为 3 层（1 200÷400），四季发超市需要 5 箱，可以堆成 1 列 3 层，1 箱置于隆达葡萄籽油上，1 箱可置于周转箱下（见后），或长城干红葡萄酒（1 列 3 层）下。

周转箱（500mm×300mm×200mm）：1 个，置于公牛插线板上。

该配载方案最大宽度：400（公牛）+400×2（怡宝）+600×2（隆达）= 2 400（mm）

四季发超市配载图如图 8-10 所示。

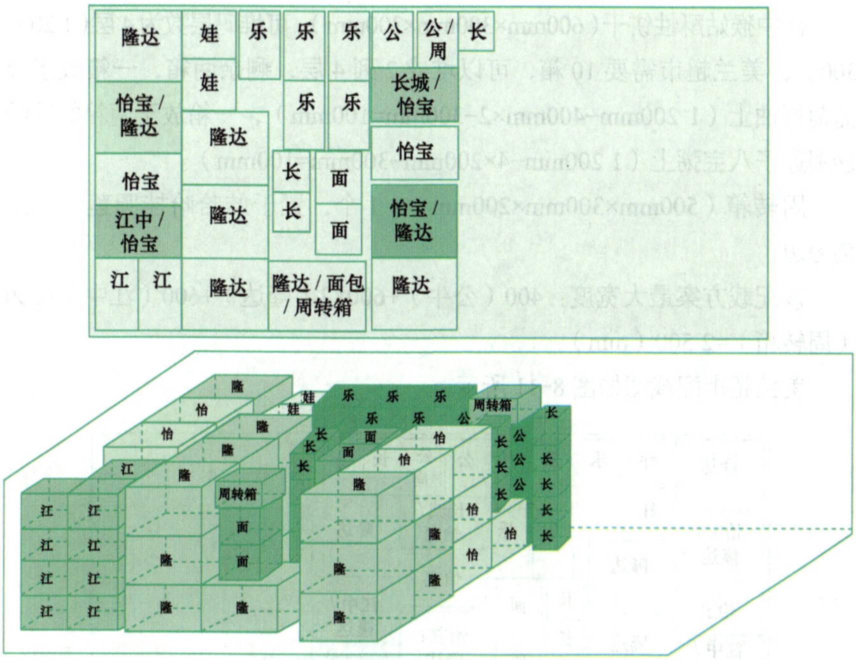

图 8-10　四季发超市配载图

七、美兰超市配载装车

美兰超市货物信息如表 8-24 所示。

表 8-24　美兰超市货物信息

序号	商品名称	单位	尺寸	单位体积 /m³	数量	总体积 /m³
1	娃哈哈桂圆莲子八宝粥	箱	400mm×400mm×200mm	0.032	8	0.256
2	江中猴姑酥性饼干	箱	600mm×300mm×300mm	0.054	10	0.54
3	隆达葡萄籽油	箱	600mm×600mm×400mm	0.144	5	0.72
4	公牛插线板	箱	400mm×300mm×200mm	0.024	6	0.144
5	得力中性台笔	盒	500mm×300mm×200mm 散件装入一个周转箱	0.03	3	0.03
6	沐之韵洗发露	瓶			2	
7	冰露包装饮用水（550mL）	瓶			4	
合计						1.69

装车示范

美兰超市的配载方案如下：

娃哈哈桂圆莲子八宝粥（400mm×400mm×200mm）：可堆码层数为 6 层（1 200÷200），美兰超市需要 8 箱，可以堆成 2 列 4 层。

隆达葡萄籽油（600mm×600mm×400mm）：可堆码层数为 3 层（1 200÷400），美兰超市需要 5 箱，可以堆成 1 列 3 层，1 列 2 层。

公牛插线板（400mm×300mm×200mm）：可堆码层数为 6 层（1 200÷200），美兰超市需要 6 箱，可堆成 1 列 6 层。

江中猴姑酥性饼干（600mm×300mm×300mm）：可堆码层数为 4 层（1 200÷300），美兰超市需要 10 箱，可以堆成 2 列 4 层，剩余两箱，一箱放于隆葡萄籽油上（1 200mm−400mm×2−300mm=100mm），一箱放于两箱娃哈哈桂圆莲子八宝粥上（1 200mm−4×200mm−300mm=100mm）。

周转箱（500mm×300mm×200mm）：1 个，置于娃哈哈桂圆莲子八宝粥旁边。

该配载方案最大宽度：400（公牛）+600×2（隆达）+600（江中）+300（周转箱）=2 500（mm）

美兰超市配载图如图 8-11 所示。

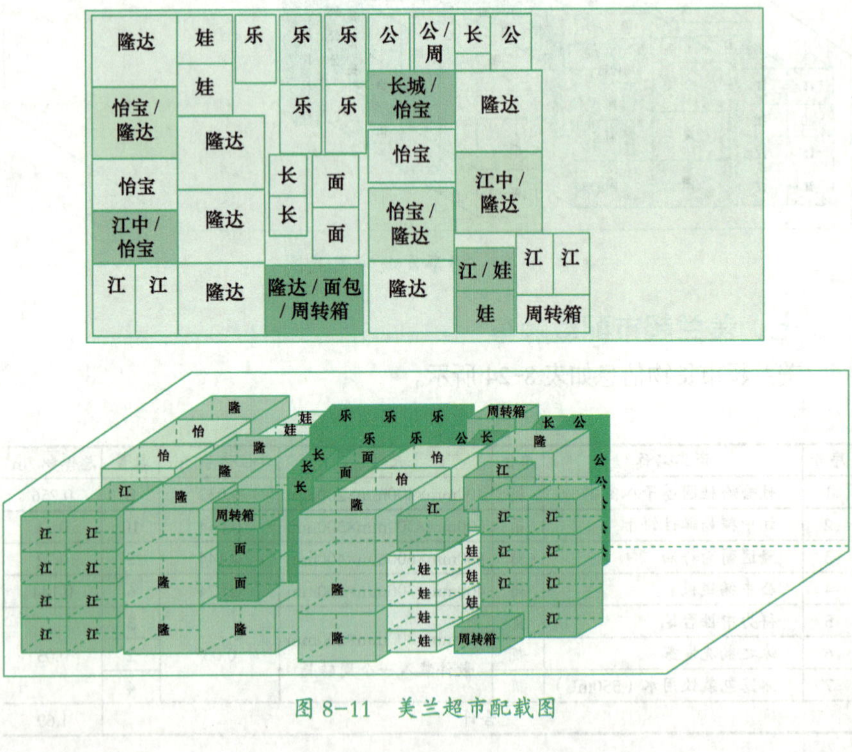

图 8-11 美兰超市配载图

八、乐美超市配载装车

乐美超市货物信息如表 8-25 所示。

表 8-25　乐美超市货物信息

序号	商品名称	单位	尺寸	单位体积 /m³	数量	总体积 /m³
1	娃哈哈桂圆莲子八宝粥	箱	400mm×400mm×200mm	0.032	20	0.64
2	江中猴姑酥性饼干	箱	600mm×300mm×300mm	0.054	10	0.54
3	隆达葡萄籽油	箱	600mm×600mm×400mm	0.144	5	0.72
4	长城干红葡萄酒（500mL）	箱	330mm×245mm×235mm	0.019	10	0.19
合计						2.09

乐美超市的配载方案如下：

娃哈哈桂圆莲子八宝粥（400mm×400mm×200mm）：可堆码层数为 6 层（1 200÷200），乐美超市需要 20 箱，可以堆成 4 列 5 层。

江中猴姑酥性饼干（600mm×300mm×300mm）：可堆码层数为 4 层（1 200÷300），乐美超市需要 10 箱，可以堆成 2 列 4 层，1 列 2 层。

隆达葡萄籽油（600mm×600mm×400mm）：可堆码层数为 3 层（1 200÷400），乐美超市需要 5 箱，可以堆成 1 列 3 层，1 列 2 层。

长城干红葡萄酒（330mm×245mm×235mm）：可堆码层数为 5 层（1 200÷235），乐美超市需要 10 箱，可以堆成 2 列 5 层。

该配载方案最大宽度：400×4（娃哈哈）+600（江中）+300（江中）= 2 500（mm）

乐美超市配载图如图 8-12 所示。

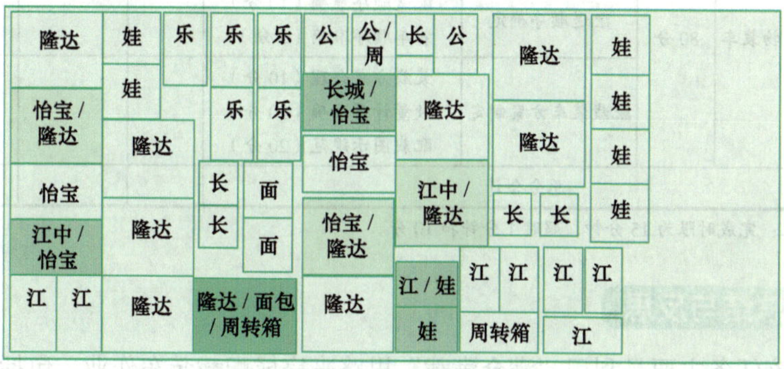

图 8-12　乐美超市配载图

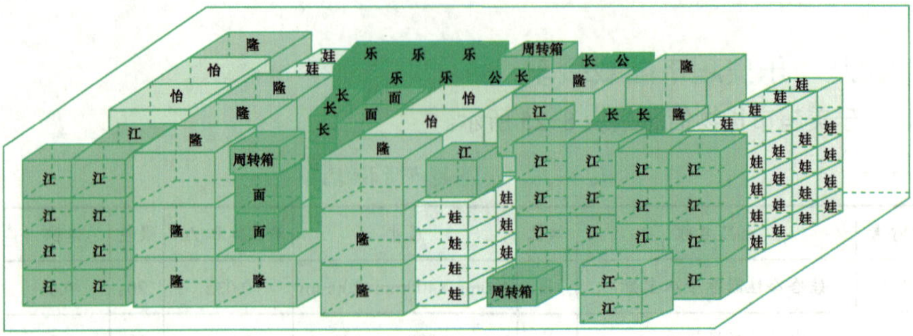

图 8-12　乐美超市配载图（续）

任务评价

对于该任务的完成情况，从职业素养和任务实施情况两个方面来制定评价标准，职业素养主要评价信息处理、数据核算、工作态度三个方面。任务实施情况的评价从月台点检、配送顺序确定、配载装车方案制定三个方面来进行。在上述评分标准的基础上，将任务实施的考核点细分，对练习和测试过程中的要点进行量化，从而形成出库货物装车任务的任务实施评分表，如表 8-26 所示。

表 8-26　出库货物装车任务个人评分表（课用）

任务实施人：　　　　　　　　　　　　　　　　开始时间：

评分人：　　　　　　　　　　　　　　　　　　完成时间：

评价内容	配分	评分标准		得分	超时扣分	备注
职业素养	20 分	信息处理	处理迅速（5 分）			
		数据核算	结果准确（10 分）			
		工作态度	细致耐心（5 分）			
出库货物装车	80 分	月台点检	点检快速（5 分） 点检数量准确（10 分）			
		配送顺序确定	配送顺序准确（10 分） 装车顺序准确（5 分）			
		配载装车方案制定	装载方式合理（10 分） 数量计量准确（20 分） 配载图示规范（20 分）			
总分合计						

注：完成时限为 15 分钟，超时 1 分钟扣 10 分。

总结与反思

该任务主要是利用“满仓满载”思路来完成配载装车作业，包括月台点检、配送顺序确定和配载装车方案制定三部分内容，难点在于对待装载货物的核算和摆放，应尽可能地利用空间，进行规范摆放，需要具备严谨细致的职业态度。认真回答下列问题，将有助于提升你的技能训练效果。你失分的主要原因是什么？你认为应该从哪些方面提高任务评分？请将你对该任务的总结与反思写在表 8-27 内。

表 8-27　出库货物装车任务总结与反思表

班级		姓名	
任务完成时间		任务实施得分	
职业素养得分			
和你情况相符的请打√	□月台点检数量错误　□配送顺序错误 □配载数量计算错误　□配载层数计算错误 □配载图示错误　□漏发错发 □其他________		
失分原因			
改进方向			
给老师的建议			

任务巩固

一、知识内化

请对整个任务知识进行复习，将你认为正确的答案填在（　　）中。

1. 重泡比是指（　　）。
   A. 重量 / 体积　　B. 体积 / 重量
   C. 重量 / 密度　　D. 密度 / 重量
2. 下列配装原则错误的是（　　）。
   A. 车辆配装过程应遵循重不压轻、大不压小的原则
   B. 大件货物先装，小件货物后装
   C. 车辆配装应遵循货物性质相斥的原则
   D. 配载时，车厢货物重量应分布均匀
3. 下列更适合按货物配载装车的是（　　）。
   A. 货物种类少　　B. 客户数量少
   C. 货物种类多　　D. 客户数量多
4. 下列更适合按客户配载装车的是（　　）。
   A. 货物种类少，客户数量少　　B. 货物种类多，客户数量少
   C. 货物种类多，车辆实载率高　　D. 货物种类少，客户数量多

5. 陆地运输中，重泡比若为“1:333”，那么下列（　　）为重货。

A. 1m³ 货物的重量 186kg　　B. 1m³ 货物的重量 288kg

C. 1m³ 货物的重量 315kg　　D. 1m³ 货物的重量 345kg

二、学以致用

2023 年 4 月 26 日上午，A 公司的仓配中心在经过配送路线优化作业之后，将万家超市、美兰超市、四季发超市 3 个客户的订单（如表 8-28～表 8-30 所示）装入模拟厢车（车厢内尺寸：长 3m、宽 2.5m、高 1.2m）中进行配送，送货顺序依次为美兰超市、万家超市和四季发超市，经过上面的任务准备，所有的货物装载重量和装载体积都满足装车要求，请完成以下作业要求，并请同学对任务完成情况进行评价，将得分与超时扣分情况填入表 8-31。

表 8-28　万家超市订单

序号	商品名称	单位	尺寸	单位体积 /m³	数量	总体积 /m³
1	娃哈哈桂圆莲子八宝粥	箱	400mm×400mm×200mm	0.032	20	0.64
2	江中猴姑酥性饼干	箱	600mm×300mm×300mm	0.054	12	0.648
3	隆达葡萄籽油	箱	600mm×400mm×400mm	0.144	6	0.864
4	怡宝饮用纯净水	箱	600mm×400mm×400mm	0.096	8	0.768
合计						2.92

表 8-29　美兰超市订单

序号	商品名称	单位	尺寸	单位体积 /m³	数量	总体积 /m³
1	乐事无限薯片黄瓜味	箱	500mm×300mm×400mm	0.06	10	0.6
2	江中猴姑酥性饼干	箱	600mm×300mm×300mm	0.054	15	0.81
3	隆达葡萄籽油	箱	600mm×400mm×400mm	0.144	10	1.44
4	怡宝饮用纯净水	箱	600mm×400mm×400mm	0.096	10	0.96
合计						3.81

表 8-30　四季发超市订单

序号	商品名称	单位	尺寸	单位体积 /m³	数量	总体积 /m³
1	乐事无限薯片黄瓜味	箱	500mm×300mm×400mm	0.06	10	0.6
2	江中猴姑酥性饼干	箱	600mm×300mm×300mm	0.054	20	1.08
3	公牛插线板	箱	400mm×300mm×200mm	0.024	15	0.36
4	怡宝饮用纯净水	箱	600mm×400mm×400mm	0.096	10	0.96
合计						3

作业要求：

（1）制定装车方案，确定装车顺序。

（2）规范安全的完成配载装车。

表 8-31　出库货物装车任务个人评分表（练习用）

任务实施人：　　　　　　　　　　　　　　　　开始时间：

评分人：　　　　　　　　　　　　　　　　　　完成时间：

评价内容	配分	评分标准		得分	超时扣分	备注
职业素养	20 分	信息处理	处理迅速（5 分）			
		数据核算	结果准确（10 分）			
		工作态度	细致耐心（5 分）			
出库货物装车	80 分	月台点检	点检快速（5 分） 点检数量准确（10 分）			
		配送顺序确定	配送顺序准确（10 分） 装车顺序准确（5 分）			
		配载装车方案制定	装载方式合理（10 分） 数量计量准确（20 分） 配载图示规范（20 分）			
总分合计						

注：完成时限为 15 分钟，超时 1 分钟扣 10 分。

参考文献

[1] 刘小玲．仓储与配送实务 [M]．2 版．南京：南京大学出版社，2017.

[2] 薛威．仓储作业管理 [M]．4 版．北京：高等教育出版社，2022.

[3] 沈文天．配送作业管理 [M]．4 版．北京：高等教育出版社，2021.

[4] 滕宝红．仓库管理实操从入门到精通 [M]．北京：人民邮电出版社，2019.

[5] 孙秋高，方照琪，周宁武，等．仓储管理实务 [M]．4 版．北京：电子工业出版社，2020.

[6] 柳荣．智能仓储物流、配送精细化管理实务 [M]．北京：人民邮电出版社，2020.

[7] 靳荣利．仓储与配送管理（基于 ITP 一体化教学管理平台）[M]．2 版．北京：机械工业出版社，2023.

[8] 杨叶勇，姚建凤．仓储与配送管理实训教程 [M]．2 版．北京：北京大学出版社，2015.

[9] 郑丽．仓储与配送管理实务 [M]．2 版．北京：清华大学出版社，2021.

[10] 蒋祖星．物流设施与设备 [M]．4 版．北京：机械工业出版社，2016.

[11] 王雅华．朱晓燕．物流设施与设备 [M]．2 版．北京：清华大学出版社，2018.

[12] 王猛，魏学将，张庆英．智慧物流装备与应用 [M]．北京：机械工业出版社，2021.

[13] 李明．智慧仓库规划与设计：自动化拆零拣选系统配置优化 [M]．北京：机械工业出版社，2018.

[14] 吴正心，陈建华，钟静．物流管理 [M]．长沙：湖南大学出版社，2017.